水戸維新

近代日本は
かくして
創られた

マイケル・ソントン
Michael Thornton

PHP研究所

序章

育まれた〃変革の原動力〃

私が初めて水戸を訪れたのは、十六歳の時である。といっても、水戸に立ち寄るつもりはなかった。鉄道とバスを使って三陸岩手の海と森を目指す安旅の途中、乗り換えのために水戸駅三番ホームで二十五分、滞在したに過ぎない。駅からみえる街は普通の県庁所在地といった風情《ふぜい》で、ティーンエイジャーの心を惹《ひ》きつけるような場所にみえなかった。

それから十五年が経ち、水戸という街が特別な場所であることを思い知ることになる。高校、大学、そして歴史家として、日本史を学べば学ぶほど、水戸そのものや水戸の人々に出会う機会が増えていった。

慶長《けいちょう》十四年（一六〇九）に生まれた水戸藩は徳川御三家の一つとして知られ、二百六十年の平和と安定の江戸時代にあって、この地を統治してきた。

十七世紀には、二代藩主・徳川光圀《みつくに》が、水戸を日本で最も重要な学問の拠点に変貌させ、国内のみならず、外国からの学者たちをも惹きつける場所となった。

十八世紀には、立原翠軒《たちはらすいけん》のような学者が、日本全国に蔓延《まんえん》した深刻な人口減少を改善させ、藩政改革の端緒《たんしょ》を開いた。

十九世紀には、会沢正志斎《あいざわせいしさい》や藤田東湖《とうこ》が国体論と「尊王攘夷《そんのうじょうい》」という言葉で示される理論を提示した。それは、西洋の帝国主義が到来するのに対し、幕府と三百諸藩からなる体制から、天皇を中心に統一された近代国家への道の入り口へと日本を導いて、大きく変えることになった。

一八三〇年代から四〇年代には、九代水戸藩主である徳川斉昭《なりあき》が日本の政治をリードし、軍備の強化、武士への教化から蝦夷地《えぞち》（北海道）の植民地化に至るまで、日本を守るための広範な主張を展開した。

これら水戸から高い熱量をもって発信された国家再構築の主張は、当時の武士はもとより朝廷から庶民までを突き動かし、現状打破、つまり明治維新への胎動《たいどう》へとつながったのである。慶応《けいおう》三年（一八六七）には、水戸家出身の十五代将軍・徳川慶喜《よしのぶ》が、将軍の地位を返上し、大政奉還することにより、その後の王政復古、そして天皇を元首とする新しい国民国家誕生への道筋をつけた。

言い換えれば水戸藩の武士と学者たちが、近代日本の基礎を築いたのだ。

しかし皮肉なことに、水戸藩は明治維新において、直接的な役割をほとんど担《にな》えなかった。水戸が生み出した強力な思想は、抑えることが不可能なほどの強い生命力を放ち、学派闘争、政治抗争、そして天狗《てんぐ》党の乱と呼ばれる壮絶な藩の内戦を引き起こすことになった。これにより、他藩にみられないような荒廃した状況に陥ってしまったのだ。

明治四年（一八七一）の廃藩置県以降、水戸藩はなくなり、新政府のもとで茨城県の一部として変貌を遂げていった。

ところが、薩長を中心とする諸藩の出身者で構成されていた新政府は、江戸時代の後進性を打破し、新しい国家体制を構築した自分たちの輝かしい役割を強調する一方で、自分たちの思想形成に大きな影響を与えたはずの水戸の教えと、水戸藩の貢献を軽視した。

二十世紀に入り、水戸の歴史は、日本の指導者たちが新しい危機に直面するなかで、再び今日的な意味を帯び始めた。

一九二〇年代、世界恐慌などの経済的危機、社会主義・共産主義の勃興《ぼっこう》、英米仏などのブロック経済による、日本の孤立化が顕著になり始めた。

水戸の幕末における危機意識が、当時の指導者層の危機意識と共鳴し、「尊王攘夷」が一九三〇年代の軍国主義のテンプレートとして利用され、アジア太平洋における戦争に至る。

だが、水戸学の復興は、昭和二十年（一九四五）の終戦をもって頓挫《とんざ》した。丸山眞男《まさお》などの学者は、戦前の超国家主義の勃発は水戸学に由来があったとし、水戸学の教えは不幸にも超国家主義に結びつけられ、戦後はタブーとされてしまった。

型にはまった扇動的要素のみに照射され、その意味を問い直すことすら憚《はばか》られた。水戸の歴史それ自体が、歴史学全体の隅《すみ》に追いやられたのである。

新世代の歴史家は批評的な視点に立って、水戸の歴史研究に乗り出した。水戸の伝統的な学者は、従来重視してきた水戸の思想家や藩主たちの研究を推し進めた。

また西洋の学者は、日本の民族主義の由来を探求する過程で水戸学に目を向けたが、その研究の多くは思想史の狭い見地からのものであった。

しかし最近、彼らはより広い視点から、文化、社会、政治などのあらゆる分野で、水戸の歴史の多様性を調べるようになっている。

本書では、この新しい研究動向に従い、私の専門である都市史の視点で水戸を取り上げたい。

水戸城下町を紹介することで、水戸がなぜ「尊王攘夷」などの有力な政治思想を創り出したかということを説明できると思う。

簡単に言えば、水戸独特の政治思想や改革のビジョンは、水戸藩とその中心にあった城下町が直面していた問題に応《こた》えていくことで、できてきた思想だと言えるのだ。

さらに、水戸の思想家と指導者を取り上げ、水戸の歴史を通史として紹介することで、現代では理解しづらい考えや行動などを、明らかにできるのではないかとも考えている。

現代の水戸は、交通の要衝として電車と人が慌《あわ》ただしく行き交《か》い、高層マンションにビル群、スプロール化する都市と郊外といった、ほかの日本の都市と一見かわらないようにみえるが、実は、とてつもない歴史の水脈がその地下に潜んでいる。

一八八〇年代に水戸を訪れた最初の外国人たちは、それをしっかり認識していた。

英語教師として日本を訪れた、若いアメリカ人宣教師エルネスト・クレメントは、水戸を「封建社会のボストン」と形容した。その学術文化都市ぶりがボストンの大学風景に似ているだけでなく、ボストン同様に、世界で最も重要な革命の生誕地であるからだ。

明治維新以降、日本は驚くべき速度で近代化を成し遂げ、植民地を有する帝国へと変貌し、戦後は、世界トップレベルの経済と民主主義の政治形態をもつ国民国家となった。

日本の近代革命たる明治維新の基礎を理解するためには、まず「始まりの地・水戸」を学ばなければならない。

また、日本の歴史におけるダイナミズムと多様性を俯瞰《ふかん》してみるのに、水戸はとても良い場所だ。

これから始まる「水戸人列伝」ともいうべき本書の中で、私は六人の最も有名な武士と学者を紹介し、それぞれの時代の中で彼らを位置づけてみた。

彼らの伝記を通じて、私は強い個性に彩《いろど》られた水戸という場所が、長い歴史の中でどう変貌していったのかを描き出せれば、と願っている。

水戸が最も有名なのは、幕末日本を変容させた有力な政治思想の発祥地として、である。日本のほかのどの地にもみられないほど、水戸の教えは水戸の人々を突き動かしていった。

しかし、水戸藩は思想が生まれた場所、といった説明だけではおさまりきらない。この学問以外の多様性を描くために、私は各章の終わりにコラムとして、あまり知られていない水戸の人々を紹介した。外国人の学者、漁師、幼稚園教師などである。

水戸のリーダーたちが生み出した理念と行動は、決して理論だけから生み出されたものではなかった。水戸という地理上の位置、地政学上の水戸という場所が思想に形を与えたのである。その意味では、水戸という場所そのものが本書の真の主題である。

もし、あなたが水戸駅を通ることがあるならば、電車を乗り換える以上のことをしてほしい。その時に本書が、駅を出て水戸の街とその素晴らしい歴史を探検する動機になってくれれば、これに過ぎる喜びはない。

環境問題が深刻化し、強大国のパワーバランスが崩れ、感染症が襲い……と、世界は現在、多くの問題を抱えている。それらを解消するには、世界は、そしてそこに生きるわれわれも変わらなくてはならないだろう。

だが、世界を本当の意味で変えるのは、「力」ではない。

それは、日本を変革する原動力となった水戸が証明している。世界を変えるのは、人の想いであり、それが昇華した思想であるはずだ。

変革の時代を迎えた今だからこそ、近代日本を創った水戸を改めて知ってもらいたい、それが私の最大の願いである。

水戸維新◎目次

序章　育まれた〝変革の原動力〟　1

第一章　水戸藩
全国に影響を及ぼすことができた理由　15
格式と釣り合わない石高／規制下でも繁栄／町人も武家も衰退／禁欲的で知られた町／「江戸との近さ」ゆえに…
コラム1　江戸の水戸藩邸――二重構造がもたらしたもの

第二章

徳川光圀《みつくに》

〝維新の源泉〟となった『大日本史』の誕生　35

「かぶき者」から名君のモデルへ／開明的な治世と蝦夷地《えぞち》探検／『大日本史』と水戸学派／宗教改革で目指したもの／藤井紋太夫《もんだゆう》殺害と丹頂鶴《たんちょうづる》事件／黄金時代の光と影

コラム2　朱舜水《しゅしゅんすい》――光圀の善政に貢献した亡命者

第三章

立原翠軒《たちはらすいけん》

「学問」と「政治」を融合しての変革　61

「維新の種」を播《ま》いた男／折衷《せっちゅう》主義と実用主義の政治哲学／人口減少へのアメとムチ／その一言が〝天下の要《かなめ》〟に／藤田幽谷の登場と学派の対立

コラム3　長久保赤水《ながくぼせきすい》――農政の改革者、そして地理学者として

第四章

会沢正志斎《あいざわせいしさい》
近代における「日本国家」を定義 93

政治感覚をもった有能な学者／大津浜《おおつはま》事件での西洋諸国との出合い／〝日本再興のマニフェスト〟としての『新論』／アヘン戦争、ペリー来航で認められたその世界観／影響を受けた志士～吉田松陰《しょういん》と真木和泉《まきいずみ》／尊王攘夷派への批判／逆説的に展開していった理論

コラム4 勇三郎《ゆうさぶろう》――英語を話すことができた大津浜の漁師

第五章

藤田東湖《とうこ》
「水戸の改革」から「日本の改造」へ 125

信念のために戦う〝硬骨漢《こうこつかん》〟／妥協せずに藩主・斉昭《なりあき》と衝突／藩主のサボタージュ「岩戸隠れ」で…／農村改革と天保の大飢饉／蟄居《ちっきょ》中に生み出した『正気《せいき》の歌』の影響／西郷隆盛への影響／彼のビジョンは維新のスローガンに

コラム5 小宮山楓軒《こみやまふうけん》――トップダウンではなくボトムアップで改革

第六章
徳川斉昭《なりあき》
近代日本の針路を指し示した〝ビジョン〟　159
水戸藩創立以来の争いを経て藩主へ／人事の刷新と文武一致の教育／愛民専《あいみんせん》一《いつ》の思想で危機を乗り越える／老中・水野忠邦《ただくに》との連携で〝ご意見番〟に／蝦《え》夷地《ぞち》への植民と失脚／藩士・農民たちによる雪冤《せつえん》運動／外国の脅威に対する〝不可欠な人材〟として／自らの米国派遣を幕府に提案／密勅、安政の大獄、そして桜田門外の変／日本をいかに独立国家たらしめるか
コラム6　黒沢止幾《とき》――斉昭支持者が日本初の女性小学校教師へ

第七章
徳川慶喜《よしのぶ》
新しい時代に埋め込まれた「水戸の価値観」　199
将軍継嗣《けいし》問題に敗れて謹慎《きんしん》・隠居／復権、そして京都政界での苦闘／天狗党の乱と二度の長州征討／近代的な政府への第一歩／大政奉還するも「朝敵《ちょうてき》」に

水戸藩の内戦に介入／日本を近代へと導いた「水戸の教え」
コラム7　豊田芙雄《とよだふゆ》——水戸の教えから女性教育・幼児教育の先駆者へ

終章　近現代への影響
それは、リーダーたちに継承された　235
新政府から遠ざけられた水戸／読み替えられて利用された水戸学／渋沢栄一も新渡戸稲造《にとべいなぞう》も…／現代に遺したものとは

付記　水戸歴史紀行——稲葉寿郎（清真学園高等学校中学校教諭）　262

水戸徳川家系図／水戸藩略年表／主要参考文献　293
著者あとがき　305
おわりに——堀 義人（水戸ど真ん中再生プロジェクト発起人・座長）　308

本書の主要な場所
樺太
千島列島
択捉島
石狩
蝦夷地
松前
筑波山
水戸
福井
敦賀
江戸
彦根
京都
神奈川／横浜
萩
兵庫／神戸
大坂
名古屋
駿府／静岡
下関
高知
和歌山
久留米
宇和島
長崎
鹿児島
© Fabian Drixler

本書に登場する水戸藩領

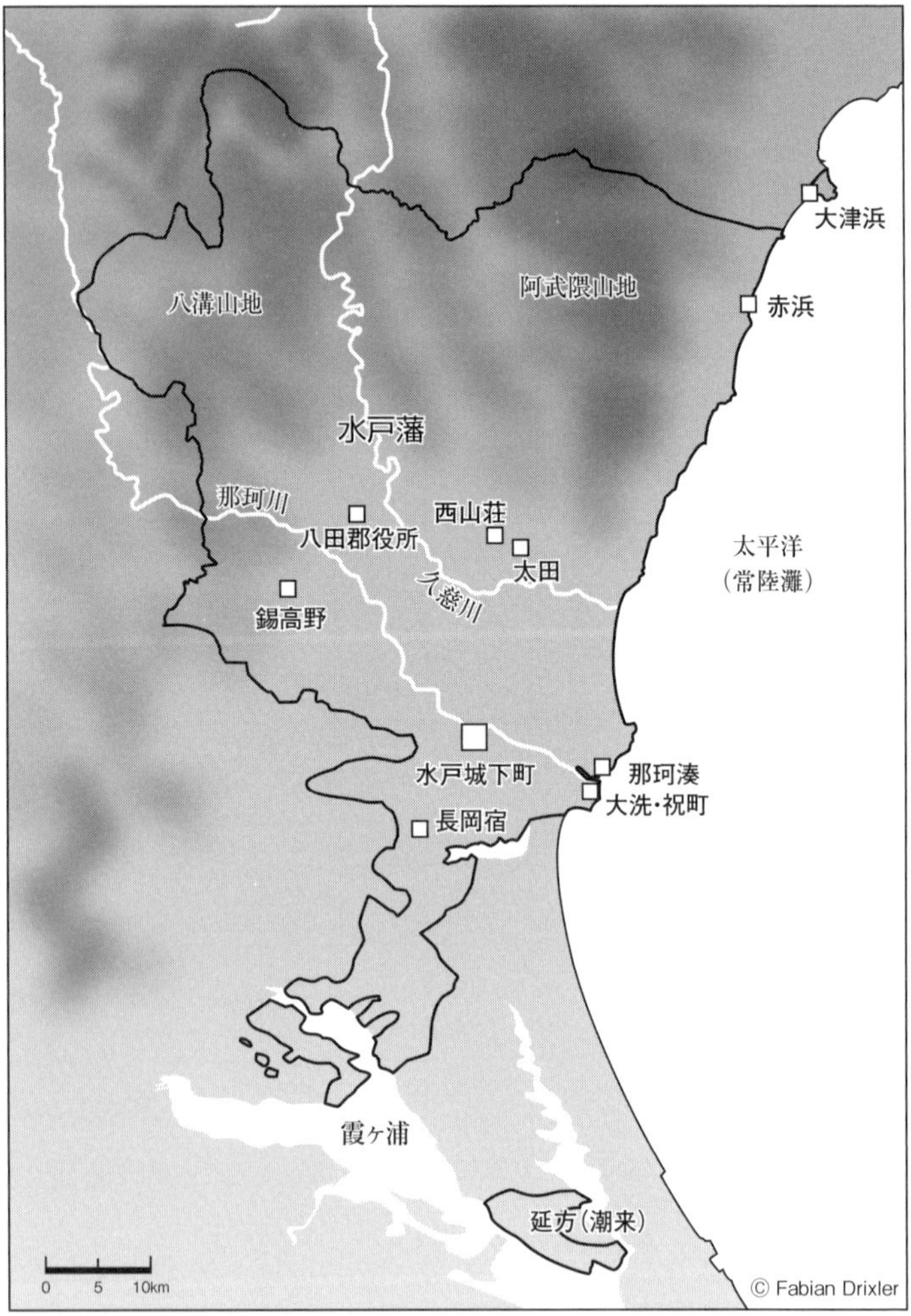

第一章

水戸藩全国に影響を及ぼすことができた理由

格式と釣り合わない石高

水戸学と水戸藩が、日本の近代化に果たした役割を論じる前に、まずは水戸という土地と水戸藩、そしてその歴史を概説しておきたい。

水戸は関東平野の北東部に位置し、北は那珂《なか》川、南は千波《せんば》湖に挟まれた、通称「馬の背」と呼ばれる狭い台地の上に形成された。

歴史学者・高倉胤明《たねあき》が、江戸時代後期の天明《てんめい》年間（一七八〇年代）に出した地誌『水府《すいふ》地理温故録』によれば、その語源を「水戸城に湧く貴重な泉という説もあるが、『水戸』は『湊《みなと》』を略したもので、那珂川に上陸する古代の港に由来するもの」としている。現代では、上流の淡水と海からの塩水が混じり合う汽水域「水」の、境目「戸」という意味の「水戸」という解釈が一般的だ。

いずれにせよ、天然の断崖上にあり、防衛上の要害である水戸が最初に文献に現れたのは、十二世紀（平安末期から鎌倉初期）である。常陸《ひたち》平氏で土着していた大掾《だいじょう》氏の一族、馬場資《すけ》幹《もと》が築城したのが始まりとされる。

室町時代の応永《おうえい》三十三年（一四二六）頃、水戸の北西を拠点としていた江戸通房《みちふさ》が、衰退していた大掾氏から水戸を奪い、城を拡張整備して本拠をここに移した。

天正《てんしょう》十八年（一五九〇）に常陸国をほぼ制圧した佐竹義宣《よしのぶ》は、翌年から水戸城を本拠とし、さらに城を拡張したが、慶長《けいちょう》五年（一六〇〇）の関ケ原の戦いで徳川方への支持を躊躇《ためら》ったため、佐竹氏は減封《げんぽう》のうえ、秋田へ転封《てんぽう》された。

慶長十四年（一六〇九）、水戸城は水戸徳川家の居城となった。水戸家は家康によって設けられた徳川御三家の一つである。

ただし、他の紀伊家や尾張家と比べて、領地は半分程度の石高《こくだか》しか与えられなかった。格式と釣り合わない石高は、慢性的な財政難をもたらす一因となるが、御三家として多大な尊敬を受けていたことには変わりない。

初代藩主・徳川頼房《よりふさ》は、寛永《かんえい》二年（一六二五）から寛永十六年（一六三九）にかけて、水戸城の修築と城下の整備を行なった。

「馬の背」台地の突端にある城は、断崖上というユニークな特性を生かしている。城壁は崖を切り出した斜面であり、台地に入り込む自然の谷も利用して、空堀で囲んだ。

本丸・二の丸・三の丸の三層から成り、建物は低層の木造で、屋根は木羽《こば》葺《ぶ》きと萱《かや》葺きが多かった。

二代藩主・徳川光圀《みつくに》は、藩の歴史研究機関である彰考館《しょうこうかん》を二の丸の一角に設置し（第二章参照）、九代藩主・徳川斉昭《なりあき》は三の丸に藩校弘道館を建てた（第五章参照）。

もちろん、藩主が在国時は居城の役割を果たした。二の丸には先祖と家族の霊廟《れいびょう》があり、代々伝わる書籍や甲冑《かっちゅう》や刀剣、茶器や絵画などの貴重品もコレクションされていた。

規制下でも繁栄

高倉胤明は『水府地理温故録』の第一巻を城の記述に費《つい》やし、第二巻からは藩士や町人が住む上町《うわまち》、下町《したまち》の境界を画《かく》して、それぞれの町について詳述している。

他藩同様、水戸藩はすべての武士に、城下町への集住を求めた。

初代・頼房の時代の万治《まんじ》三年（一六六〇）までに、六百ほどの武家屋敷があった。二代・光圀の時代の元禄《げんろく》三年（一六九〇）には八百三十に増え、恐らく三千人ほどの武士が藩主に仕えていたものと思われる。

家族や使用人まで含めると、一七〇〇年頃の水戸は武家人口が二万人ほどだったが、これに加えて、江戸の藩邸に数千人の藩士たちが住んでいた（本章後述）。

上町・下町ともに、水戸城を中心に街道沿いまで広がったが、慶安《けいあん》四年（一六五一）に「新道」と呼ばれる堤が千波湖に築かれるまで、上町と下町の往来は、城を通過するか、湖を渡し舟で渡るしかなかった。

この堤は光圀の時代に柳が植えられ、「柳 堤《やなぎのつつみ》」と呼ばれるようになった。光圀は、中国の杭州《こうしゅう》にある景観地・西湖《せいこ》の名所「蘇堤《そてい》」になぞらえたという。

まず、水戸の城下町の最古部である上町をみてみよう。

上町は水戸城の西に位置する。多くは武家屋敷で、城門から屋敷までの距離は家格を示し、重臣たちの屋敷は三の丸や城の近くの柵町《さくまち》にあった。

また、特定の職務をもつ藩士は同じ町に集住した。藩の監察役である目付《めつけ》は田見小路《たみこうじ》、大町などに住み、身分が低い与力《よりき》（城下の警備に当たり、警察の役割を担《にな》った）は、城から遠い西町《にしまち》や与力町に住んだ。

武家の生活は、その階級と性別によって異なる。

大多数は比較的給金が少なく、やりくりするためには、副業をする以外に道はなかった。学問を得意とする者は私塾を開いて家計を補《おぎな》い、その他の者は綿繰りなどの内職をしたり、屋敷の菜園で野菜を育てたりした。

男性は城の内外や他の場所に働きに出たが、女性はたいてい家にとどまり、家計、家事と育児に追われた。次男・三男はしばしば、他の武家の小間使《こまづか》いなどをして過ごした。

使用人を置いている家は少なく、家事は妻や母、娘たちが行なった。娘たちは通常、他家に嫁ぎ、男子のいない家庭は婿《むこ》を迎えて家を継がせた。

上町の北側に位置する田見小路の馬場は、武士の社交場だった。

田見小路から下る大坂の下は「風呂の下」と呼ばれたが、そこに若い男性が集まり、結婚の決まった男性に水をかける奇習があった。なお、喧嘩口論が起こりがちだったため、この習慣は規制され、江戸中期には消滅している。

田見小路の台地の下、那珂川の畔《ほとり》の青柳《あおやぎ》の渡し場には、数軒の宿があった。この地は水戸の町境で、水戸藩北部に向かう街道の起点だったが、釣りの人気スポットでもあった。

台地の南崖の幸町《さいわいちょう》は良い湧水が出ることで知られ、「金名水《きんめいすい》」と呼ばれる湧水は酒造に適していたという。この金名水の下には、鷹狩《たかがり》に使うクマタカの餌《えさ》となる野犬の肉の処理場が置かれていた。

また、台地の上には鷹狩の鷹を育てる鷹匠町《たかじょうちょう》、紀州堀を隔《へだ》てて向かい側には、千波湖の絶景で知られる備前町があった。

十七世紀初め、上町は急速に発展し、西に向かって大通り（広小路）を拡張した。大通り沿いの地域は町人地で占められ、商人、職人、石工《いしく》、酒屋、屑《くず》屋などにより、サービスが武士層に提供された。

江戸時代は、武士と庶民の区別がはっきりしていた。それゆえ城下町は武家地と町人地が分かれ、住人はそれぞれ異なる法で治められ、異なる責任を負った。

町人は女性が家長になる場合もあったが、ほとんどの家庭は年長の男性に率いられた。家長たちは、それぞれのレベルで町政に携《たずさ》わることができる代わりに、治安・防火・徴税などを負担した。なお、水戸藩は町人の土地に課税をしなかったが、運送などの労役提供を課している。

半自治的な地区だった町を監督するのは町年寄で、藩庁に町の出来事を報告し、町人たちへの監督責任を負った。

町人の多くは家族が同じ家に住み、家族全員で仕事をする形式が一般的であった。寛文《かんぶん》五年（一六六五）の記録によれば、水戸城下で最も多い職業は酒造業（一二百世帯）だった。

そのほかに、太物《ふともの》（綿・麻織物）屋、古着屋、染物屋、大工《だいく》、木挽《こびき》、鍛冶《かじ》屋などの職業があり、一定の地域に集中して住む「類寄《るいよせ》」と呼ばれる傾向があった。

現在でも「大工町」など、水戸の街にその名称をみることができるが、彼らは同業者組合を形成し、内部の自治組織をもっていた。また、藩から独占的販売権を認められることもあった。

上町の町人地の中核である金町《かねまち》には大きな制札場があり、町人に対する規則・規制が掲示された。制札の中には、キリスト教の禁教のように、全国的な法や規制も含まれていた。

その他の規制は防火・商業活動・治安維持など、過密な街で生きていくために必要な約束事だったが、大半は庶民の生活様式を制限するものである。

たとえば、「博奕《ばくち》や店舗前での昼寝、川での行水《ぎょうずい》を禁じる」「喧嘩口論に後から加勢した当事者の友人や野次馬は、当事者よりも厳罰に処す」「庶民は木綿か粗《あら》い絹織物しか身につけてはいけない」「新年に、玄関に置かれる門松は大きすぎてはいけない」等々、細かい生活規範が、城下町における日常生活を規制していたのだ。

こうした規制にもかかわらず、特に泉町周辺の繁栄が顕著だった。

泉町は十七世紀の終わり頃に、武家地から町人地に変更され、繁華街に成長した。水戸随一の魚市場が置かれ、菓子屋などの常設の専門店が軒《のき》を連ねた。

近くには、人形浄瑠璃《じょうるり》の大薩摩縫殿左衛門《おおさつまぬいざえもん》の芝居小屋もあり、歌舞伎や音曲《おんぎょく》なども演じられた。一七六〇年代（明和《めいわ》末年頃）に江戸から来た仲衛門という料理人が店を開いて繁盛した

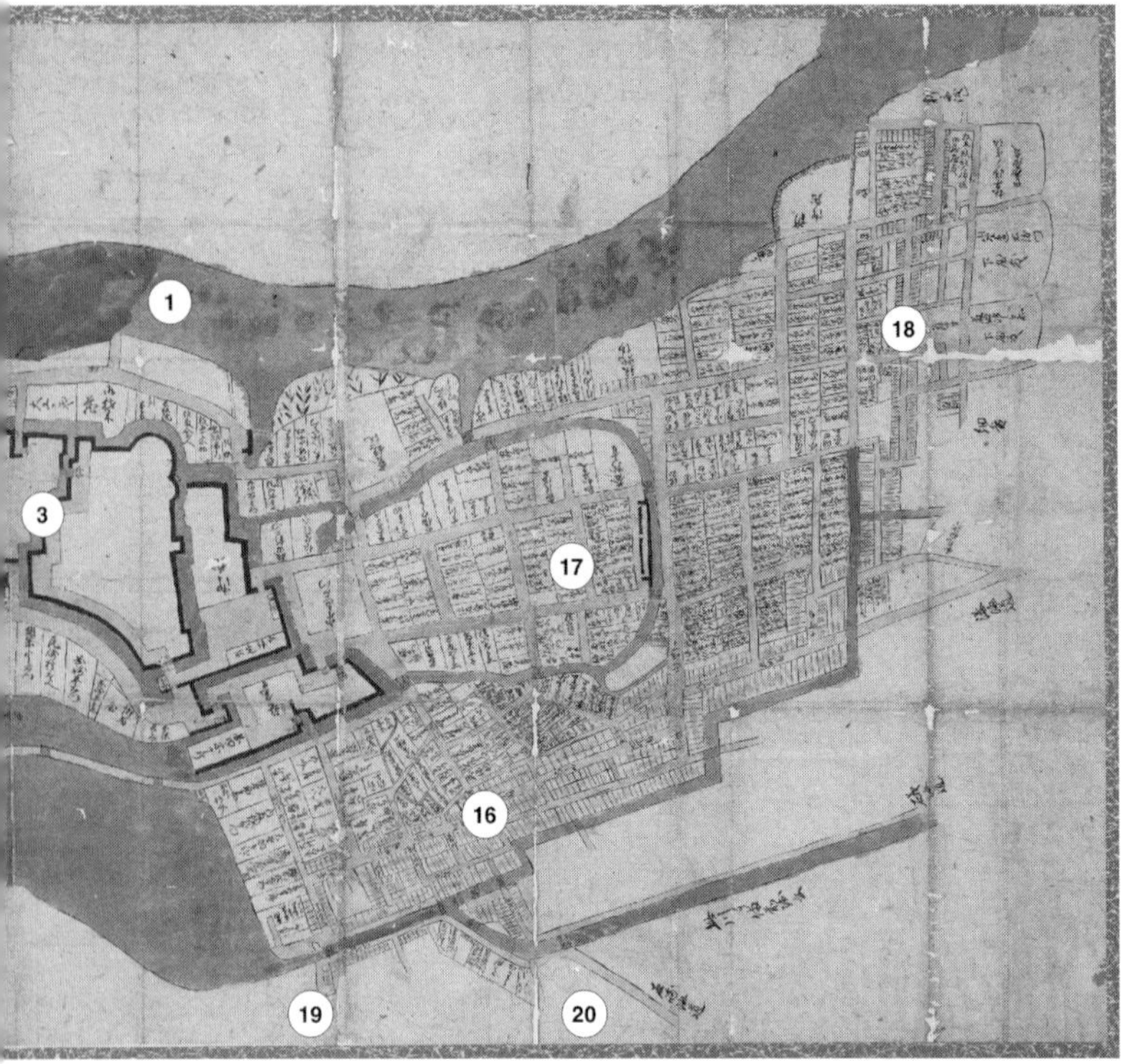

12	備前町
13	金町
14	泉町
15	梅香
16	本町
17	代官町
18	細谷
19	藤柄町・吉田神社・魂消橋
20	酒門共有墓地
21	常磐共有墓地
22	偕楽園・常磐神社

水戸城下町図

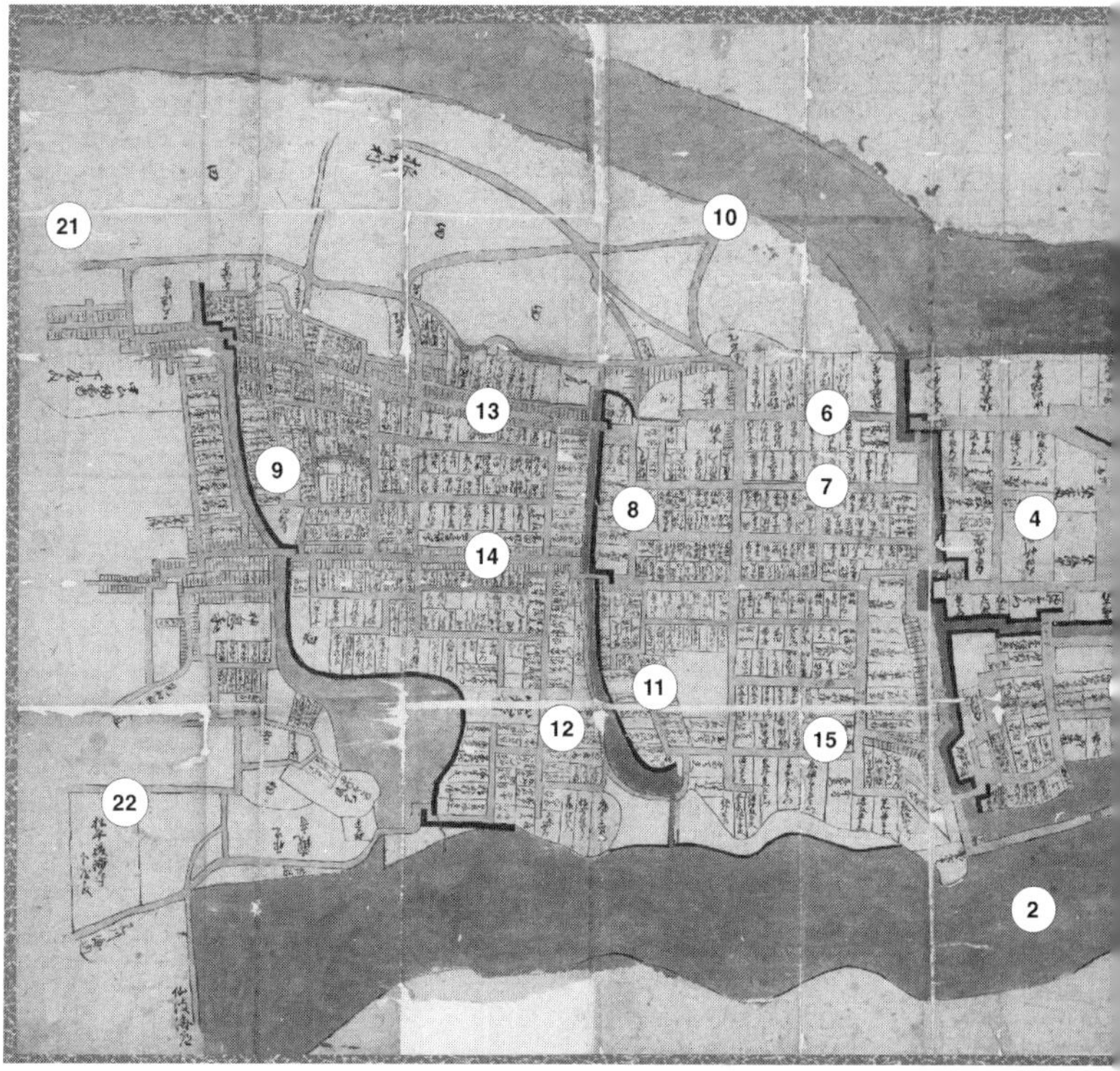

元図：江戸前期水戸城下図（茨城県立図書館蔵）

番号	地名
1	那珂川
2	千波湖
3	水戸城
4	三の丸・弘道館
5	柵町
6	田見小路
7	大町
8	西町
9	与力町
10	青柳渡し
11	幸町・鷹匠町

が、ここは宿屋の役割も果たしていた。

なお、当時の水戸は公認の遊郭がなかったが、明治初期までは、大工町の酒楼《しゅろう》が「忍び座敷」であることはよく知られていた。

泉町の繁栄は、比較的小規模で、かつ厳しい規制の下にあるにもかかわらず、水戸の都市生活が豊かであったことを物語る。

ただし、元禄十三年（一七〇〇）に町人の人口が一万二千人に達して以降、水戸は長期の人口減少に転じた（第三章参照）。そのため、藩庁はしばしば、人口減少や経済の活性化にテコ入れを図ったが、相対的に落ち込みが激しかったのは、上町よりも城下の南側に位置する下町であった。

町人も武家も衰退

寛永二年、人夫を雇って城の東側の低湿地を埋め立て、藩庁は商工業者たちを上町から移住させた。これは、経済発展を期した政策による。

この新しく開いた地域が下町である。当初は田町《たまち》と呼ばれたので、商工業者の移住を「田町《たまち》越《ごえ》」といった。

江戸へ向かう江戸街道や、太平洋岸を北へ向かう岩城《いわき》相馬《そうま》街道は下町で合流する。そのため交易商人、運送業者がこの地域に集まってきた。

下町の経済生活は、水戸で最も活気あるエリアだった本町を中心に展開された。米商人、魚の卸売業《おろしうり》、酒造業、人形屋、古着屋、宿屋などが、交通の便のよさを生かして商売を行なった。

他藩から来て、数日、あるいは長期滞在して商売をする者もおり、なかには定住して店を構える者もいた。

紀州藩から水戸へやってきた商人の道明作兵衛《どうみょうさくべえ》は、本町に大規模な酒肆《しゅし》を開き、入り口の上にオランウータンのような巨大なサルの木像を設置して、客寄せに使った。作兵衛は商売がうまくいかず、数年で水戸から撤退したが、何年もの間、地域の語り草になったという。

多くの武士も下町に住んだが、だいたいは城の南東側に集住した。水戸藩の各郡を支配した代官たちは、各方面に伸びる諸街道が近いためか、その辺りに屋敷を構えた。

また、本丸下に広がる平地には厩《うまや》が置かれ、近くには評定所《ひょうじょうしょ》もあった。

しかし、『水府地理温故録』の著者である高倉胤明の時代には、下町にはかなりの空き家と空き店舗が生じていた。

高倉はこれを、「江戸への交通の便がよくなった影響だ」とした。つまり、地方の農民や城下の町人が、ささいなことでも江戸へ行き、水戸の卸売業と商人たちから購入しなくなったことを、根本原因と捉えたのである。

放棄された空き地は畑などに変えられたところもあり、一七八〇年代までに城下町が衰退したことに対して、高倉は物悲しさを隠そうとしなかった。彼はこのような話を記している。

狐が空き地の隅《すみ》の暗がりや丘陵地に生息していたが、長五郎と呼ばれる狐は、三の丸の南に住み着いて通行人に取り憑《つ》き、細谷《ほそや》に住む狐は、しばしば月夜の晩に小豆《あずき》を洗いに現れたという。また、荒木町のある石に小便すると、妖狐《ようこ》が出てきて悪さをする……。十八世紀後半の水戸城下は、狐狸《こり》妖怪が蠢《うごめ》くような、不気味で荒れ果てた雰囲気になっていたのである。

十九世紀の半ばには、水戸の衰退が武士の家庭生活にも及んだ。慢性的な財政難だった水戸藩は、武士の俸禄《ほうろく》を何度も削減したから、生計を維持するために空き地を利用して、農作物をつくらなければならなかった者すらいた。

山川菊栄《きくえ》はその著『覚書幕末の水戸藩《おぼえがき》』の中で、天保《てんぽう》十一年(一八四〇)以降、政治的混乱と藩内抗争の結果、多くの武士が投獄されるか戦場に向かったため、武家の女性は家のすべてを切り盛りしなければならない立場に置かれた、と記している。夫が死ねば、子供のいない女性は実家に帰り、その家は断絶して、屋敷などは没収となった。

十九世紀中に、城下町の町人同様、武家の衰退ぶりは覆《おお》うべくもない状態になった。

禁欲的で知られた町

武家と町人だけが、水戸の住人のすべてではない。

神官・僧侶・修験者《しゅげんじゃ》などの宗教者、人形遣い・講釈師などの芸能者、かわた・非人などの被差別民の階層の人々もいた。

水戸の被差別民は、幕府の命令で東日本の被差別民を統括した弾左衛門《だんざえもん》の影響が及ばなかった。その代わりに、被差別民の世襲的指導者である五兵衛《ごへえ》という人物が、城下の南にある自宅から水戸藩全域の被差別民を統括した。

被差別民は農業と皮革加工を営む一方、警察的役割を担《にな》って水戸の治安維持に貢献していた。高倉胤明は「被差別民の女性たちが着飾って町を歩きまわっているなど、身分以上の行為をしていた」と批判している。

この見方は、かわた・非人に対する身分的、社会的差別を示唆《しさ》することは言うまでもない。しかしその一方で、彼らが必ずしも貧困生活を送ったわけではなく、都市生活から締め出されていたわけではなかったことも明らかにしている。むしろ彼らは、水戸城下の複雑な社会システムにおいて、重要な部分を形成していたと思われる。

神官、僧侶・尼僧《にそう》、修験者、陰陽師《おんみょうじ》などの宗教的職業に属している人たちも、少数派であったが、目にみえないような存在ではなかった。

もっとも、水戸藩では、光圀の時代から藩内における寺と神社の数が制限され、他藩に比べて宗教を厳しく統制されていたから、宗教が社会のいたるところで存在した他の地域とは多少、事情が異なる。

高倉の『水府地理温故録』には、一七八〇年代までに藩の寺社統制で消え去った寺院が記されているが、下町の一部と近隣の村々が、水戸における最も重要な神社である、吉田神社の管轄下にあったことにも言及している。

当時、神社は独自に税を徴収し、地域に対して独自の規則を設定しており、水戸の都市構造で別の層を形成していたといえよう。

宗教とは別の意味で、水戸には際立《きわだ》つ特徴があった。それは歴史の大半において、公認の遊郭がなかったことだ。

初代藩主の頼房は、吉田神社下の藤柄町《ふじがらちょう》に遊郭建設を許した。

この藤柄町を、町人や近郊の農民が着飾って遊び歩いた。庶民のみならず武士も訪れ、しばしば喧嘩騒ぎを起こしたという。

しかし、一六八〇年代頃には、藩が遊郭を東に十キロばかり離れた大洗《おおあらい》の祝町《いわいまち》に移転させ、城下における遊郭の営業を禁じた。

時として、茶屋や宿屋などが同様の役割を果たすこともあったが、それは公式に認められていなかった。

こうしたことから、全国的に水戸は質素で禁欲的なところだと知られていたのである。

「江戸との近さ」ゆえに…

十七世紀から城下町が経済的に成長するに従い、周辺の村々にもそれが波及して、町と農村部の境界がぼやけ始めた。

起業精神のある町人たちは城下町の周辺部に移住し、在村で商売を進めた。

これにより彼らは、城下で課せられた営業税などの負担を免《まぬが》れ、結果的に水戸周辺の村々を豊かにしたが、一方で、十八世紀に城下町経済が衰退する原因をつくることになった。

さらに、水戸城下より遠方の農村部の市場集落は、地域の重要な拠点として機能するところもあった。

水戸徳川家の霊廟・瑞龍山《ずいりゆうさん》（珍しい儒教式の墓制がみられる）がある北部の太田には、銭を鋳造する鋳銭座《ちゆうせんざ》が置かれた。

東部の那珂川河口には那珂湊が藩の中心港湾として存在し、東廻り航路や関東地方の河川湖沼などの内水面を航行する小型の船は、ここで合流した。それは、地域輸送における水戸藩の優越性を確保することにもなった。

領内に点在する四百六十二の小さな村々には、水戸藩の領民の大部分を占める農民が住んでいた。正保《しようほう》元年（一六四四）頃、水戸藩の人口はおそらく二十万人に近く、十七世紀末には三十万人を超えた。この上昇は、十七世紀の日本における人口と経済成長の一般的傾向を反映しており、水戸藩における新田開発などの結果を示している。

村々の自治は認められていた。しかし、時代の経過とともに、藩主たちは積極的に農村の生活に介入を始め、代官を派遣し、地方への視察で農村の生活習慣の改善を命じ、農業生産を増強することを促すようになる。

藩主や藩の上層部は、村々が自給的体制から遠く離れ、そこに貨幣経済と商業が浸透していることに気づいたのである。

タバコなどの商品作物が当たり前のように生産され、紙・漆器《しっき》といった産品が農村の手工業でつくられるようになった。

この農村の製造業化や商業化は、一部の農民に富をもたらす一方で、不平等を拡大させた。富裕な農民はその資本力で土地を買い、新しい起業活動に投資して、いっそう豊かになり、貧しい農民は、徐々に富裕な農民の小作人になっていったのだ。

こうした動きは十七世紀末から日本全国で広がっていたが、農村部への商業の浸透は、社会と道徳を崩壊させる予兆とみなされ、農村部の問題に藩主たちは忙殺されるようになった（第三章参照）。

それとともに、他藩同様、水戸藩でも組織を改編し、特に徴税方法を変更して、大きな変化の波に対応しようと努めている。

改めて振り返ると、水戸藩の立地条件は、商工業化が進む一因となったかもしれない。

水戸は東北と北関東、そして江戸などを結ぶ街道の交差地だが、途中の宿場で休みながら歩いても、二泊三日で江戸に到着する。つまり、江戸が近い。

実際、藩の役人、商人、そして荷馬や早飛脚《はやびきゃく》が、水戸街道を頻繁に往来していた。

「江戸に近すぎることが水戸の経済を歪《ゆが》めた」と、高倉胤明は指摘したが、比類なき利便性を十分に活用していたともいえるのではないだろうか。

また、この「江戸との近さ」は、参勤交代がない江戸定府《じょうふ》であることと相まって、他藩にない水戸藩の特徴をもたらした。

それは、真の権力の中心は国元の水戸城ではなく、藩主とその家族、そして重臣をはじめとする家臣が多く住む、江戸の藩邸にあったことだ。

水戸藩主の江戸「定府制」は、他のどの藩とも異なるものだった。

江戸幕府の統治制度の特徴は参勤交代にあったが、これにより藩主は、国元と江戸を定期的に往復して過ごさねばならず、妻と子供たちは江戸に人質として置かれていた。

また、この制度を通じて、幕府は大名たちの動向に目を光らせることが可能となり、同時に参勤交代によってかかる莫大な費用により、大名が軍事力増強を図ることを抑制させる効果があった。

草創期から幕府は、水戸家に参勤交代の義務を課さなかった。家康の末っ子である初代水戸藩主の頼房に目をかけていたのかもしれないが、水戸はこのような特権が与えられた数少ない、そしてその中の最大の藩だったのである。

将軍の都である江戸は、ネットワークで列島各地とつながっていた。江戸に藩の中心があることは、全国の政治に影響を及ぼすことも可能だったことを意味した。

コラム1

江戸の水戸藩邸――二重構造がもたらしたもの

水戸藩主は生活の大半を水戸城ではなく、江戸の豪壮な藩邸で過ごした。なかには八代藩主・斉脩《なりのぶ》のように、一度も国元に戻らなかった藩主も存在する。

最初の水戸藩邸は元和《げんな》二年（一六一六）、江戸城内につくられた。元和八年（一六二二）には、駒込村《こまごめ》（現在の東京大学農学部付近）に二つ目の藩邸が幕府から与えられ、寛永《かんえい》元年（一六二四）に、隅田川沿いの浅草に一群の蔵を構えた。

寛永六年（一六二九）、小石川《こいしかわ》の新しい藩邸がつくられた。そして明暦《めいれき》三年（一六五七）に起こった江戸の大火で江戸城内の藩邸が焼失した後、小石川は上《かみ》屋敷、駒込が中《なか》屋敷となった。

さらに、元禄《げんろく》六年（一六九三）に浅草から移された小梅《こうめ》の藩邸は、下《しも》屋敷と位置づけられて、明治二年（一八六九）まで水戸徳川家が管理し、大正十二年（一九二三）の関東大震災による焼失まで水戸徳川侯爵《こうしゃく》邸として存続していた。

江戸中期には目白にも中屋敷を構えたが、すべて幕府から与えられたものだ。それらのほかに、藩が百姓地を購入した抱《かかえ》屋敷をいくつか持っていた。

十七世紀末頃、水戸藩にはおよそ五千人の家臣とその家族がいたが、そのうち二千人余りが江戸住まいだった。

藩主と家族は主に小石川邸で暮らした。ここは行政の本部でもあり、規律と法が厳格に守られ、違反者は邸内の牢獄に収容された。

広大な敷地内には、日本を代表する回遊《かいゆう》式庭園として知られる後楽園が含まれている。

小石川邸より北側にある駒込邸は別荘の雰囲気があり、都市生活からの休息の場、そして、しばしば発生する火災からの避難場所として機能した。また、駒込邸には江戸における彰考《しょうこう》館《かん》とその書庫が置かれ、学者たちはここに住んでいた。

隅田川をはさんで浅草の対岸にある小梅邸は、蔵や種々の作業場、菜園などがあった。藩はしばしば水戸から涸沼《ひぬま》・霞ヶ浦《かすみがうら》・利根川・江戸川などの水路を使って、隅田川まで船荷を搬送した。

江戸の水戸藩邸における生活は、水戸での生活からはかけ離れたものであった。

十七世紀末までに、江戸は百万人を超える巨大都市に成長した。

江戸の庶民は活気ある経済を築き上げ、それにより豊かな芸術・文化が発達したが、江戸で暮らす藩主と家臣たちは、水戸ではお目にかかれないような、高級かつ新しい商品やサービスを楽しんだ。

さらに、江戸定府《じょうふ》により水戸藩主は、他の大名たちとは異なる、幕府との濃密な関係性を築いた。

水戸藩主は幕府内の役職に就《つ》くことはなかったが、御三家の家格と江戸に常駐する存在感が、並外れた影響力ある立場を与え、それゆえ江戸の士民は、水戸藩主を「天下の副将軍」と呼んだのである。

しかし、時が経つにつれて、江戸定府制の欠点もいくつか明らかになってきた。まず、江戸における藩主と側近の奢侈《しゃし》により、江戸でのコストが藩の税収を上回るほど増えて、財政の重荷になったことだ。

また、国元からみれば、藩主が遠く無関心な存在になってしまった。

さらには、統治機構の二重化を招き、水戸と江戸の両方に大きな行政組織を維持しなければならなかった。この二重構造は江戸と水戸の間に緊張関係を招き、水戸勤めの者は江戸勤めの者を羨《うらや》み、江戸勤めの者は水戸勤めの者を蔑《さげす》むという風潮を生んだ。

江戸定府による財政、政治、文化的欠点が深刻な構造的欠陥として、藩の財政と統治機構に大きな負担をかけたことは、十九世紀に水戸を支配した改革運動のメインターゲットとされ、藤田東湖《とうこ》などの改革の指導者たちの政治思想を規定する。

しかし、結局のところ、最大の欠陥は江戸と水戸の間で信頼を欠いたことだった。それは、改革運動の後に展開した党争、つまり政治とイデオロギーの違いを悪化させたといえる。

どのように傑出した指導者が出てきたとしても、数世紀にわたる江戸の藩邸と国元との分断を克服することは困難だったろう。

第二章

徳川光圀《みつくに》 〝維新の源泉〟となった『大日本史』の誕生

日本の友人に「水戸」という言葉から何を思い浮かべるかを聞くと、「水戸黄門」という答えが返ってくることが多い。昭和二十九年（一九五四）以来、ほぼ途絶えることなく放映されてきた人気テレビ時代劇である。

この時代劇の主人公は、隠居した第二代水戸藩主・徳川光圀《みつくに》（＝水戸黄門）で、身分を隠して全国を巡り、腐敗した役人を成敗するなどして、不正を糺《ただ》す。信頼する二人の供《とも》、助さん、格さんを従え、問題を知恵と力で解決するとともに、正しきことを伝え、民を導いていくのである。

光圀の業績やエピソードを基に、これ以前にも多くの水戸黄門の物語が作られているが、その中で彼は、理想の君主、理想の武士として称揚されてきた。とはいえ、物語の世界に表れたものが実像通りでないことは当然で、水戸黄門もまた例外ではない。

しかしながら、実際の光圀の人生は、物語化されたものよりも、ずっとドラマチックなのである。

幕末維新の原動力となった水戸学、そしてその源泉となった『大日本史』。その編纂《へんさん》を始めたのが、徳川光圀である。それは、光圀の代にとどまらず、連綿と水戸藩の事業として続けられた。

なぜ、これほどの大事業を光圀は始めたのか。そのドラマチックな人生をたどりつつ、抱いていた想いに迫っていくことにしよう。

「かぶき者」から名君のモデルへ

光圀の父は、徳川家康の十一男で初代水戸藩主となった徳川頼房《よりふさ》（一六〇三〜七一年）である。頼房は水戸家の老女を母に持つ谷久子《ひさこ》と恋に落ち、元和《げんな》八年（一六二二）に久子は懐妊した。

生涯、正室をもたなかった頼房だが、事実上の第一夫人として、お勝《かつ》という女性がいた。久子が子を宿した時、まだ子をもうけていなかったお勝は面白くなく、久子の子を堕胎《だたい》させるよう頼房に求めた。

頼房が信頼する家臣である三木之次《ゆきつぐ》の妻で、水戸家の老女も務めていた武佐《むさ》は、頼房の養母で、徳川家康の未亡人として隠然たる力をもつ英勝院《えいしょういん》に、このことを相談した。

結果、英勝院の提案により、久子は三木家の江戸屋敷に住むことになった。そこで久子は頼房の第一子を出産する。これが光圀の兄にあたる松平頼重《よりしげ》だ。

三木家がもつ公家《くげ》との縁から、のちに頼重は京都へ送られたが、少なくとも表向きには、頼房は長男の出産を知らないこととなり、お勝と揉《も》めずに済んだのである。

その後も久子に対する頼房の愛情は衰えなかったようで、六年後に久子は再び懐妊した。またも頼房は表向きには堕胎を命じておきながら、久子を三木家に託す。

今度は領地である水戸の三木邸に連れて行かれた久子は、寛永《かんえい》五年（一六二八）、男子を産んだ。これが光圀である。彼は実父からの正式な認知もないまま、水戸城下で人知れず誕生したのだ。

翌年、お勝が男子を出産すると、以後、数年にわたり、頼房、英勝院、久子、三木家とお勝との間で、水戸二代藩主の座をめぐる複雑なかけひきが繰り広げられた。

お勝は我が子を世継ぎにしたい。事実上の第一夫人という立場上、それは正当な要求と言える。一方、三木家と久子は、当然ながら光圀を支持した。

では、頼房自身は誰にしたかったのか。恐らく彼も、久子への愛から光圀を好ましく思っていただろう。しかし、このことを公《おおやけ》にすると、お勝の怒りを買いかねない。

それを避けるべく、頼房と三木家、英勝院は密かに手配して、三代将軍の徳川家光《いえみつ》から「光圀こそ正統な世継ぎである」との宣言を出させた。これにより、お勝はあきらめざるを得なくなった。

寛永十年（一六三三）、正式に光圀が世子《せいし》であることが発表されると、翌年、彼は江戸へ移り、水戸藩主となるための教育が始まる。

光圀は肝《きも》の据わった子どもだった。

たとえば七歳の時、江戸小石川邸内の隅《すみ》にある桜馬場《さくらのばば》で父・頼房によって処刑された罪人の首を屋敷まで引きずり、何ものにも臆しない蛮勇の片鱗をみせた。また十二歳の時には、大洪水の只中にある隅田川で、流れていく膨らんだ水死体を押し分けながら、激流を泳いだという。

こうした勇ましさを発揮する一方で、養育掛《がかり》たちにとっての光圀は、怠惰《たいだ》な生徒に他ならなかった。それどころか、次第に乱暴な面が目立ち始め、十代の頃は酷《ひど》い振る舞いをするようになる。

江戸での流行に感化された彼は「かぶき者」として闊歩《かっぽ》し、派手な服を着て三味線《しゃみせん》や琴を弾《ひ》いたりした。また、御三家の嗣子《しし》でありながら、教養を感じられない俗語を口にしたり、繊細な年ごろの兄弟たちの前で、あたり構わず大声で猥褻《わいせつ》な話をしたりした。遊郭に通い、大酒飲みにもなった。

養育掛に言わせれば、いずれも徳川家康の子孫として相応《ふさわ》しくないことである。

しかし数年のうちに、光圀は「かぶき者」を卒業した。この変貌は、司馬遷《しばせん》の『史記』に載《の》っている、伯夷《はくい》・叔斉《しゅくせい》という兄弟の一節を読んだことによるとされている。

伯夷と叔斉は紀元前千年代の中国北部に存在した小国の王子だが、弟の叔斉が後継者とされた。しかし、叔斉は長子相続の順を乱して争うよりも、むしろ別の兄弟を立てて兄の伯夷と一緒に退くという道を選んだ(なお、この兄弟は、天下を治める宗主国となった周《しゅう》の不道徳な君主・武王に仕えず、隠遁《いんとん》して餓死する道を選んだ。これは道徳的な純粋さのさらなる証《あかし》を示したともいえよう)。

光圀にとって、これは「痛いところ」を突く話だった。兄の頼重を押しのけて藩主の座を継ぐことに、彼は罪悪感を覚えるようになっていたからだ。

しかも、自身の乱暴で下品な振る舞いが、責任と名誉ある水戸家の世子の地位を汚しているという事実によって、その罪悪感はさらに強められた。彼は「生まれるべきではなかった」とまで感じていたかもしれない。

この負い目を克服する方途として、光圀は勉学に励み、善き統治者、善き弟となるために必要な教訓・道徳・規範を、特に歴史から学ぼうとした。実際、彼は世子の地位を頼重に譲ろうとさえしたが、それは叶《かな》わず、後年、頼重の子を養子に迎えることで、水戸藩主を兄の系統に戻している。

光圀の悪行に対して、父の頼房が募《つの》らせる苛立《いらだ》ち、それが引き起こす噂、あるいは助言者、養育掛や友人からの諫言《かんげん》が、彼の荒い気性《きしょう》を穏やかにさせたのかもしれないが、いずれにせよ、光圀の振る舞いは十八歳の誕生日以降、急変した。

歴史書を読んで、正常な青年期を取り戻したという逸話の真実性はどうあれ、藩主になるための教育の中で出合った儒学（倫理）と歴史に対する情熱が、十七世紀の日本における名君のモデルとして、光圀を他の大名と一線を画《かく》す、抜きん出た存在にしたのである。

開明的な治世と蝦夷地《えぞち》探検

寛文《かんぶん》元年（一六六一）、三十四歳の光圀は父の死去を受け、藩主となる。その三年後、藩主として初めて、彼は領地である水戸へ入った。

そして、わずか数カ月の滞在期間中に、二十数名の重要な人事異動を断行する。また、その治世を通じて、藩士をおよそ五千人に増員できるほど、水戸藩の領内統治は安定期を迎えるのである。

光圀は人事に当たって、家臣の弱点を過剰に批判するよりも、彼らの能力を最重要視するとともに、進言する際には自由に思うところを述べるよう促した。とはいえ、光圀には頑固な面もあり、後年、側近が彼の言動をはかりかねる事態が時折起きている。

彼は寛大な君主でありながら、厳格な君主でもあった。

統治の手法は、善政者たろうとする意欲を反映したものであり、中国の指導者たちに範《はん》を求めた。特に、その著作が「孔子の道を興《おこ》せり」と称された十二世紀の哲学者・朱熹《しゅき》の学、すなわち朱子学を信奉した。

徳川光圀（茨城県立歴史館蔵）

個人と社会、個人と自然との関係を、合理的かつ道徳的に分析することを強調し、得られたスキルを社会に適用する朱熹の実践的な考え方は、光圀にとって完璧なモデルだったのである。

また、社会階級における孝養や主君への忠義、義理などの具現化を強調する朱熹の社会理論に、彼は魅了されていた。

他の藩主と同様、光圀は家臣たちにも、

朱子学による統治上の開明的な手法を植えつけるべく、古典を真面目に学ぶよう促した。特に領民のニーズに対して、朱熹が提唱した「知識を実践問題に適応させる考え方」を重視した。

光圀は治世の間を通じて領内の各地を頻繁に訪れ、地域の出来事に関心を寄せ続けたが、民の生活に影響する事案へ、かなりの注意を払っている。

一例を挙げると、治世初期には水戸における「給水」が喫緊《きつきん》の問題だった。城下の下町《したまち》では井戸を簡単に掘ることができたが、低湿地のため水質が悪いことが悩みの種だった。

この問題を解決するため、水不足となるのではと懸念《けねん》する農民たちの抗議を押し切って、寛文二年（一六六二）、光圀は笠原《かさはら》水道の建設を命じている。この水道は、水戸の南に位置する笠原村の水源地から下町まで水を運び、地域の繁栄をもたらした。

また光圀は、経済発展に向けた諸政策を進める一方で、急速に発展する全国的な商業ネットワークの悪影響から、零細な農村を守ろうとした。注意深く領内への米の移入量を調節しつつ、酒・木綿・和紙といった水戸の主要な商品の売買を統制下に置いた。

特に製紙業は、より資金力のある江戸の製紙業者との厳しい競争に苦戦していたため、一六八〇年代に紙専売仕法を発し、藩が一括して買い上げることでこれに対抗した。

そのほか、光圀の治世を通じて、鉱山開発や植林事業、那珂《なか》川沿いの漁業などの産業が発展を遂げた。

注目したいのは、経済成長の促進に関する光圀の興味が、水戸藩の藩境を越えて広がっていったことである。それを象徴するのが、治世の初期の段階で実施された外洋航海船の建造だ。

寛永の武家諸法度（一六三五年）以来、大型船の建造は正式に禁止されていたが、恐らく水戸藩と幕府との密接なつながりと、十分な根回しによって、このプロジェクトの許可を得ることができたのだろう。

一六六〇年代から一六七〇年代にかけて、試作の船が何艘《そう》か造られたが、沈没したり、沖合で行方不明になったりしたため、光圀は西洋の航海計器と海図を長崎経由で注文し、航海技術を改良させた。

こうした努力は報われ、貞享《じょうきょう》三年（一六八六）に「快風丸《かいふうまる》」と名づけられた船が、蝦夷地《えぞち》（北海道）の南端にある松前《まつまえ》まで、初航海を行なった。

十七世紀の松前は、日本の辺境に位置する場所だった。松前の領主は他領の大名同様に扱われたが、税収は農産物からではなく、蝦夷地や樺太《からふと》、千島《ちしま》の先住民族であるアイヌとの交易に課されたものであり、領地経営は他と異なる。

徳川幕府は、松前藩にアイヌとの交易と外交関係の維持責任を委任し、広大な地域への独占的な支配権を付与していたのである。

十七世紀の末までには、特に蝦夷地沿岸で獲れた魚の取引で、松前藩の交易は大きな利益を上げるようになった。

日本（和人）の商人たちが漁獲場への直接取引権を強く要求し、松前藩は徐々に交易の統制を譲歩していくのだが、すでに大坂など西日本にいる富裕な商人たちは、北陸、長崎や大坂などと松前を結ぶ、列島西岸の交易ルート（いわゆる北前船《きたまえぶね》の航路）をつくり上げていた。

これに対して光圀は、快風丸を派遣することで、列島の東海岸に沿った別ルートを設定し、水戸経由で蝦夷地と江戸を結ぶことを考えていた。それは、水戸藩の比較的小さな農業基盤を増強する資金の確保につながるだけでなく、商業化が進む全国経済の中で影響ある地位を確保、強化しようとしたのである。

松前藩は蝦夷地における独占権を守るために、快風丸の第一回（一六八六年）と第二回（一六八八年）の航海いずれにおいても、松前以遠に航海することを拒絶した。

しかし、元禄《げんろく》二年（一六八九）の第三回の航海では、それが認められた。蝦夷地の西岸を北上した快風丸は、最も利益の上がる交易地と漁場である石狩《いしかり》まで到達する。

そこで四十日間を過ごし、石狩川の探検、現地の地図の作成、地元のアイヌとの接触、塩鮭《しおざけ》やラッコの皮といった交易品のサンプルの収集などを行なった。

快風丸による蝦夷地への航海は、アイヌの土地に潜在的な経済力があることを浮かび上がらせた。そして、蝦夷地の開発が日本全体の利益につながることを、光圀は鋭く見抜いた。

その眼差《まなざ》しが、水戸をして、藩内の農業生産に立脚した保守的な経済政策から脱却させるとともに、「蝦夷地の植民地化」という、より急進的な計画が一世紀以上後に立てられる先例となったのである。

しかし、元禄三年（一六九〇）、健康悪化を理由として、光圀が政治の表舞台から正式に引退すると、後継者たちの下《もと》で、水戸藩の蝦夷地への興味は衰えていく。

その背景には、水戸藩における財政と経済問題の悪化があった。もう一つの原因としては、隠居した光圀がプロジェクトへの興味を失ったことが挙げられるが、その代わりに彼は、水戸の歴史において特筆される文化・学術事業に、エネルギーを集中させたのである。

『大日本史』と水戸学派

伯夷・叔斉兄弟の逸話を知ったことで、光圀は善政への情熱が刺激されたが、それはまた、学問の価値への終生にわたる信念をも引き出した。

後年、「学問は四民ともにする事なれど、就中《なかんずく》士たるもの、むねと勤《つとむ》べきとぞ」と書いた彼は、多くの中国古典とともに「正しい道徳的支配者として家臣が学ぶべきだ」と信じる歴史的人物を列記している。

こうした光圀の教育に対する信念は、他の大名と比べて特異というほどではない。しかし、彼らよりはるかにそれを促進するための「熱意」があった。特に歴史への情熱は、水戸藩を近世日本の「一大最先端学究センター」に押し上げたといっていいだろう。

明暦《めいれき》三年（一六五七）、光圀は江戸の駒込《こまごめ》邸に小さな史局を設け、寛文十年（一六七〇）には三十人の学者を抱える規模にまで拡大した。

寛文十二年（一六七二）に、この史局を「彰考館《しょうこうかん》」と改名する。これは『春秋左氏伝《しゅんじゅうさしでん》』の「彰往考来《しょうおうこうらい》」（「過去〈往〉を彰《あき》らかにし、将来を考える」という意味）に由来する。光圀の史局に対する構想と、この施設の役割を端的に示しているといえよう。

彰考館の事業の中心は日本の通史を作ることであり、光圀の没後、三代藩主・徳川綱條《つなえだ》によって、正徳《しょうとく》五年（一七一五）、それは『大日本史』と命名された。

『大日本史』の編纂はその後、二百年にわたって続き、完全版は明治三十九年（一九〇六）にようやく完成する。

プロジェクトの巨大な規模に加え、注意深い歴史分析に根ざしたきめ細やかな研究方法により、『大日本史』は近代以前の日本史において最も意義深い史書の一つとなった。

三百九十七巻のボリュームを誇るこの史書は、皇室を中心に据えた視点から日本史を俯瞰《ふかん》するものである。代々の天皇を詳述することにより、水戸の歴史学者たちは、日本の歴史と社会を倫理的に捉える歴史観をつくった。

正統な皇統が最高の権威の源であり、その統治の歴史が正統性の基盤を形成する。転じて、その正しい著述が日本の歴史を理解するうえで最適な方法になる、というわけである。

中国の伝統的な歴史観を採用することで、光圀は日本の歴史を、文明的文化の根源たる中国のそれに等しい位置に置こうとした。その一方で、日本の歴史を皇統の系譜を通じて解釈することは、のちに水戸学派が国学者と交流することにつながるのである。

国学者は、万世《ばんせい》一系の皇統こそ日本の独自性の根源であり、王朝交代（易姓《えきせい》革命）がある中国とは対照的であるとした。さらに中国との違いとして、「中世以来、何世紀にもわたって、天皇本人には権力がわずかか、あるいは全くなかった」ことに焦点を当てた。

中世以来、実際に権力をもった将軍や大名ではなく、歴代天皇に焦点を当てることで、当時の支配者である徳川将軍家の正統性に対する「静かな抵抗」と解釈しうる余地が、そこに生まれたのである。それは言い換えるならば、皇統の至上性《しじょうせい》を述べることにより、将軍と天皇が衝突した時、幕府批判につながるドアを開け放してしまったといえるだろう。

今のところ、光圀が幕府を倒そうとした証拠はない。むしろ彼は、「皇室史を述べることが、高潔なリーダーシップの在《あ》り方を探求する方法」とみていた。幕府にしても『大日本史』プロジェクトを称賛し、光圀と水戸には日本中からとてつもない尊敬が寄せられた。

十八世紀初めの日本には、将軍と天皇の衝突はどこにもみえなかったから、それは当然だった。しかし、「皇室が日本の中心である」という信念は、徳川幕府の権力が衰え始めた際に、志士たちにとって強力なイデオロギーの基盤となったのである。

視点を再び彰考館に向けておきたい。

元禄三年に彰考館は五十人体制に拡充された。この年に光圀は隠居し、彰考館を水戸に移した。

それから十年後の元禄十三年（一七〇〇）に光圀が没すると、半数の学者は江戸に戻っている。しかし彰考館には、史局員のほかにも多くの客員学者がいた。そうした学者は日本国内に限らず、より遠方からも招聘《しょうへい》されている。

明《みん》の遺臣である朱舜水《しゅしゅんすい》はその一人である。江戸の水戸藩中《なか》屋敷内に屋敷を与えられた彼は、当時の中国における儒学研究理論を彰考館の史局員に伝えるという、重要な役割を果たした（コラム2参照）。

彰考館の学者たちは、歴史書や資料を求め、日本列島を歩き回って『大日本史』の執筆に取り組むだけでなく、江戸の藩邸にいる他藩の学生に講義もしている。

また、光圀の文教振興活動は歴史に限らなかった。

彰考館の学者たちは、『万葉集』などの古代文学、宮中に伝わる儀礼慣習、あるいは様々な神道《しんとう》儀式の記録を考察して、自国の伝統を探求した。それから、漢詩文と和文を集め、文献の目録を作成した。さらに、医療科学や天文学、和算の普及も奨励している。

このような奨学事業は、江戸の水戸藩邸と水戸という地を、学問の中心地に変えた。同時に後世の学者たちによって名づけられたものだが、いわゆる前期水戸学派の台頭によって、日本における文化・学術の力学バランスは、列島の東側にシフトすることになった。

それはまた、水戸のエリート層が思想と真面目に向き合い、それが社会と歴史を形成しうる力になると認識することにもつながったのである。

「宗教改革で目指したもの」

光圀が治政を行なった時期、水戸における日常生活での最も劇的な変化は、修史事業のような学術的な取り組みからではなく、城下町での宗教改革による、仏教寺院の破却や僧侶の追放から始まった。

寛文三年（一六六三）に、光圀は領内のすべての寺院の人口調査を命じた。そして、「檀家《だんか》がない」「葬儀も祈禱《きとう》なども行なわない」「年貢地などを占拠している」といった事実が確認された寺院は破却された。その数は、領内の二千三百七十七寺のうちの半数にのぼった。

加えて、神仏習合であった神社から仏教の要素を除去し、神社を純化しようともしている。

さらには寛文六年（一六六六）、どの寺院とも関係のない共同墓地を設立し、儒教か神道の埋葬法を採用するように武士へ向けて促した。光圀の死後、それは長く続かなかったが、寺院と関係がない無宗派の墓地は、現在も水戸市内に残っている。彰考館総裁を務め、『水戸黄門』の格さんのモデルとなった安積澹泊《あさかたんぱく》が埋葬されている常磐《ときわ》共有墓地や、幕末の執政《しっせい》・戸田《とだ》蓬軒《ほうけん》の眠る酒門《さかど》共有墓地が、それにあたる（付記参照）。

「仏教は仏教、神道は神道、そして修験《しゅげん》は修験である」と光圀は論じ、異なる崇拝対象の分離という方針を示した。その宗教改革への興味は、朱舜水のように仏教の影響を否認する儒学者への敬意と、神道への信仰という知的側面に起因する。

後年、水戸の宗教改革者たちは、廃仏の先覚として光圀の宗教改革を参考にし、神道を日本の「真の宗教」として位置づけようとした。しかし光圀は、後世の改革者が思ったほど、廃仏に熱心ではなかった。

仏教寺院の数を極端に減らしたにもかかわらず、古代・中世に端《たん》を発する、ほぼすべての寺院を赦免《しゃめん》したし、自身の母親の供養《くよう》に建てたものを含めて、新しい寺院を建立《こんりゅう》している。

こうしたことを踏まえると、彼が行なった宗教改革には理念的なものにとどまらず、より実用的な理由があったと思われる。

宗教の宗派は、キリスト教であれ仏教であれ、長い間政治的には一揆《いっき》などの発生原因であり、社会の不安要因だった。

水戸においても、江戸時代初期から宗門《しゅうもん》改め等によるキリスト教の残滓《ざんし》が出現し、隠れキリシタンが存在していたことがわかっている。島原の乱は寛永十四年（一六三七）、光圀が十歳の時に発生した。キリシタン禁教令は光圀の世代にとって、決して非現実的なものではなかったのである。

また、仏教各派は巨額の富を握って権勢を誇り、腐敗している僧侶たちも多数いた。

これらを考え合わせれば、光圀のみならず、他藩の改革者たちにとって、宗教活動の統制は「信仰の純粋性を確立する」という、イデオロギー的な信念と同じくらい重要だったのである。

藤井紋《もん》太《だ》夫《ゆう》殺害と丹頂鶴《たんちょうづる》事件

隠居した光圀は、水戸城や別荘の高枕亭《こうちんてい》で半年を過ごしてから、水戸城下から約二十キロ北方にある西山御殿《にしやまごてん》（通称・西山荘《せいざんそう》）に移り、詩作、学術事業の継続、宗教改革の監督に携《たずさ》わった。

元禄七年（一六九四）、五代将軍・徳川綱吉《つなよし》から、「一年間だけ江戸に戻ってほしい」と求められた光圀は、その要請を受け入れた。江戸に入った彼は、将軍や他の大名を訪問したり、自邸で会合を催《もよお》したりした。

そして、この年の十一月二十三日に、小石川《こいしかわ》邸で能興行を催している。招いたのは幕府の老中、その他の将軍の家臣、数名の大名だった。

光圀自身が主役の二演目を演じることになっていた。最初の演目の後、光圀は楽屋に戻り、二人の側近に水戸藩の重臣である藤井紋太夫《もんだゆう》を呼び出すよう命じた。

二人の先導で紋太夫が楽屋に入り、側近は入り口で待機した。数分後、刀を手にした光圀が紋太夫を引き倒し、首を二回刺すと、血が流れ出ないよう紋太夫の着物を傷に押しつけて、刀を抜いた。紋太夫は出血多量で死亡した。

光圀は事件の数日前に、異例にも楽屋を視察していることから、この一件を慎重に計画していたようだ。

水戸藩からの幕府への公式な報告書では、紋太夫の高慢で横暴な振る舞いに対する懲罰《ちようばつ》だったとされている。光圀は紋太夫が無礼を働いたと主張し、彼の水戸での政治が、役人と庶民に不安定な状態を引き起こしたとした。

しかし、紋太夫は藩の大老に昇進するほど、長年光圀より寵愛と信頼を受けたので、突然の殺害は驚きをもって受けとめられたに違いない。公式な説明の裏にはもっと複雑な理由があるのではないかと、事件が発生した当時から今まで疑問が残っている。

巷《ちまた》の噂では、紋太夫が水戸で反乱を計画しているというものもあったが、この見方を補強する証拠はない。幾多《いくた》の改革で、光圀が紋太夫を信頼し、彼の異例の出世を後押ししたが、その際、多くの門閥出身者が差し置かれていたから、恐らくそうした噂が流れたのであろう。より事態を混乱させたのは、紋太夫を殺害した後、光圀が紋太夫に汚名を着せることを避けたことである。紋太夫の二人の息子が連座して死刑になるのを免除し、後年には、光圀自身が日課とする死者への祈りの対象に紋太夫を加えたほどだ。

また、すぐに紋太夫の自宅からすべての書類を押収し、写しも取らず、自分の死後は速やかに焼却するよう求めている。

これらの行動から光圀と紋太夫の関係は確かに親密だったと考えられているが、両者の関係にはまだ謎が多いのも事実である。

むしろ、その関係が親密であるからこそ、劇的な反応をもたらしたのではないか、と考えておきたい。光圀の最も重要視する『大日本史』編纂事業が、藩財政に過剰な負担をかけていると、紋太夫が批判した。これは、光圀をひどく失望させることだったと思われる。編纂事業に対する批判が最も信頼した紋太夫より伝わってきたことを、個人的な裏切りと捉えたのではないだろうか。

史料の乏しさで、殺害の原因については議論が続くかもしれない。事の真相がどうあろうと、光圀が紋太夫を殺害した一件は、水戸藩の家中において、門閥層と、学問や政治の能力で藩主の注目を集めて登用された若い下級武士との間に、亀裂が生じていることを示している。

この亀裂は時間が経つにつれて広がり、江戸後期には、保守派や上級武士層と若い改革派層が争い、水戸藩を不安定にする要因となった。

もう一つ、光圀が引退した後のエピソードを取り上げておきたい。それが、水戸藩の抱えた深刻な問題を示しているからだ。

西山荘の庭には、松前から運ばれてきた番《つが》いの丹頂鶴《たんちょうづる》が飼われていた。ある日、そのうちの一羽が、首に鎌状の傷を受けて死んでいるのが近くの池でみつかった。数日後、近くの農家の下人・長作という者が、処刑を覚悟で「自分がやった」と自白した。

光圀は長作を連れて来させ、四、五回、刀で両肩を切る真似をしてから、「処刑の場」に集めた家臣に向かって叫んだ。

「この男を殺しても、儂《わし》の鶴は生き返らん」

そして、長作を解放し、米を与えるよう命じた。

なぜ、鶴を殺した者を許し、米まで与えたのか？　長作が飢餓のあまり、この凶行に及んだことが判明したからである。

光圀を称《たた》える人々は、この逸話を彼の寛大さと民への慈愛の証として、しばしば引用する。しかし一方、長作の自暴自棄は、光圀がいかに名君であろうとも軽減できなかった、蔓延《まんえん》する民の苦難を反映している。

光圀の治世の間、村落によっては五〇パーセント近い税をかけられたところもあったが、彼の死から数年後、藩財政の苦境に直面した後継者は、出費を減らすという対策に加え、徴税強化を実行せざるを得ず、民を取り巻く状況は一段と悪化した。水戸の庶民にとって、光圀の治世は、必ずしも慶賀すべき時代ではなかったのである。

黄金時代の光と影

光圀は元禄十三年十二月三日に死去した。

京都の朝廷から死を悼《いた》む和歌と手紙が届けられ、江戸では「天《あめ》が下　二つの宝　尽き果てぬ　佐渡の金山　水戸の黄門」と歌われた。

このように世間で広く知られていた光圀だからこそ、十九世紀には心温まる講談や歌舞伎、浪曲、演劇、映画に至るまでの素材となり、それが最終的に戦後の人気テレビシリーズ「水戸黄門」につながったのだろう。

しかし、こうした没後の称賛にもかかわらず、光圀の遺《のこ》したものについては評価が分かれている。

光圀は水戸藩の構造と体制を強化して、健全な経済を促進する諸政策を実行し、また藩内のインフラ改善も手がけて、繁栄期をつくり上げた。さらには「蝦夷地との交易」のような冒険的な構想の先例を遺した。

それに加えて、学術・文化事業が顕著な成果を収めたことも確かだといえよう。

彼は同時代の最高頭脳を何人も招聘し、歴史的かつ文化的な重要資料群を収集・駆使して、『大日本史』を編纂した。これによって歴史研究手法の水準を高めたし、また学問・芸術・科学を保護・奨励することで、江戸の屋敷と水戸城下町を学問の中心地として繁栄させたことは、紛《まぎ》れもない事実である。

しかし一方で、光圀の諸政策は限定的な成功にとどまったことも、事実として否定できない。

農業政策は時として村々を荒廃させる一因となったし、脆弱《ぜいじゃく》な徴税基盤による藩の財政問題にも、効果的な解決方法を打ち出すことはできなかった。また、商人や職人を保護する政策は、結果的に江戸時代中期以降の経済の急速な商業化に対して有効ではなかったのである。

学術・文化事業にしても、光圀の業績は矛盾をはらんでいる。

皇統を日本の中心に置くという彼の信念は、名目上の権力をもつ天皇の権威と、実権をもつ幕府の権威とに二分する構造を想定させる「種」を宿していた。この構造的パラドックスをどう解釈すべきかという議論は、その後の水戸の学者と政治エリートとの間に大きな亀裂をもたらし、ひいては「徳川の世」の屋台骨を揺るがすことになってしまったのである。

では、どうバランスよく光圀を評価すべきなのか。

歴史家が使うステレオタイプの決まり文句になぞらえるなら、最も簡単な答えは、「彼は複雑な人物であり、寓話《ぐうわ》としての『水戸黄門』に例示されるような、篤《あつ》い崇敬に値するとも値しないとも言える」ということになるだろう。

それでも、同時代の水準に比べ、光圀がどれほど複雑だったかを考えることに意義があるように思える。

十七世期末の日本は、徐々に世界情勢から孤立して停滞し始めたとはいえ、儒教道徳を基盤とする社会秩序は、その厳格さを強めていた。

この文脈において、光圀は時代を先取りした指導者だったし、水戸こそが明代中国の倫理価値を継承できると信じた先覚でもあった。それゆえに、日本全体における「善政」のスタンダードを決定づける役割を担《にな》うことになった。

光圀の改革は、水戸藩の政治経済のリソース不足のため完全に成し遂げることができなかったが、彼の野心的な社会改革の構想による力とその影響は、時代を超え、そして水戸藩の境界をも越えたのである。

コラム2

朱舜水《しゅしゅんすい》――光圀の善政に貢献した亡命者

一六七〇年代、水戸藩の学者たちは、苦労して中国語の単語と発音を習得し、膨大な古典文献に当たろうとした。そんな彼らがその下に就《つ》いて学んだのが、寛文《かんぶん》五年（一六六五）に水戸の二代藩主・徳川光圀《みつくに》に仕えることになった、中国明《みん》朝の遺臣たる学者の朱舜水《しゅしゅんすい》（一六〇〇〜八二年）であった。

もっとも、舜水が日本語を話せなかったので、筆談か通訳を通して彼の講義を聞いたが、熱心な者は中国語そのものを学ぼうとした。

この明からの亡命者が、なぜ水戸で敬愛されるようになり、影響力ある学者の地位に就いたのか。そして彼の亡命は、日本と世界において水戸をどう位置づけることになったのだろうか。

中国東沿岸の主要港である寧波《ねいは》からほど近い余姚《よよう》という小さな町で、舜水は官吏の家系に生まれた。

彼は漠然と官吏の道を目指していたが、一六四四年に明朝が崩壊すると、その生活は混乱に陥《おちい》る。

一六四五年から一六五九年にかけて、亡命者となった彼は、長崎や安南《あんなん》（現在のベトナム）と中国の沿岸都市を往復した。

舜水は中国を統一しつつあった満洲勢力（清朝《しん》）への対決姿勢を示したが、明朝の残存勢力には仕えなかった。平和で秩序ある社会の理想（大同之治《だいどうのち》）を広めることこそが、己の使命だと考えていたからである。

その理想は、様々な古代中国の統治者の善政を例に示し、性別・年齢・教養に応じた上下関係を重んじるものだった。清朝がこれを受け入れないと判断した舜水は、日本に行って自らの理想を実現しようとした。彼が申請した日本定住願いは万治《まんじ》二年（一六五九）に許可され、以後、亡くなるまで日本に居住した。

最初は、国際商業都市である長崎で地元の学者を教える傍《かたわ》ら、明朝崩壊に関する著述を執筆して、数年を過ごした。その後で徳川光圀の目に留まって江戸に招かれ、その個人的な相談役になる。

舜水は光圀に、古代中国の統治者を模倣するよう促し、それにより中国ではすでに失われた、秩序ある理想的な社会を実現させることを求めた。

また、水戸藩が江戸にもつ広大な庭園である後楽園の設計についても助言し、後楽園の一部に中国の代表的景観を再現させてもいる。

また、舜水は水戸藩に儒教儀式を導入するよう奨《すす》め、寛文十二年（一六七二）には儒学生に孔子を祀《まつ》る儀式を教えたり、明風の衣装を製作したりと、光圀の求めに応じて儒学の普及に努めた。

大成殿《たいせいでん》という孔子を祀る祠堂《しどう》を建てるための計画図と木造模型も作成したが、これは藩の財政悪化で実現されなかった（幕府の湯島聖堂はこの木造模型を基に造られている）。しかしながら、光圀が儒教の教訓に深く根ざした善政を興《おこ》したことに、舜水が貢献したことは確かである。

なお、光圀に助言するだけでなく、舜水は水戸と江戸を往復しながら、農業政策を論じたり、女性に織物を奨励したりするなど、実用的な面においても講義している。

あるいは、天皇への忠誠で知られ、水戸の学者から忠臣とみなされてきた楠木正成《まさしげ》の墓所に光圀が碑を建てる際、その裏面の賛《さん》も作っている。

舜水は日本に順応したといっていいだろう。しかし、故郷への思いは断ちがたかったようだ。満洲族の支配に抵抗する明の残党のために、与えられた禄を節約し、死後に三千両という大金を遺《のこ》したことからも、それはうかがわれる。

朱舜水（茨城県立歴史館蔵）

また、糸杉材で自分の棺《ひつぎ》を設計し、満洲人たちが打倒されれば、遺骸が中国に運ばれるよう望んだが、これは叶《かな》わなかった。清朝が中国を統一し、舜水は永久追放となったからである。

天和《てんな》二年（一六八二）に没した舜水は、水戸の北にある瑞龍山《ずいりゅうさん》に設けられた、水戸徳川家の墓所に埋葬された。この墓所には水戸徳川家の一族以外は埋葬されないのだが、朱舜水の墓は唯一の例外である。これは、水戸藩における彼の地位とその影響力を物語っている。

第三章

立原翠軒《たちはらすいけん》

「学問」と「政治」を融合しての変革

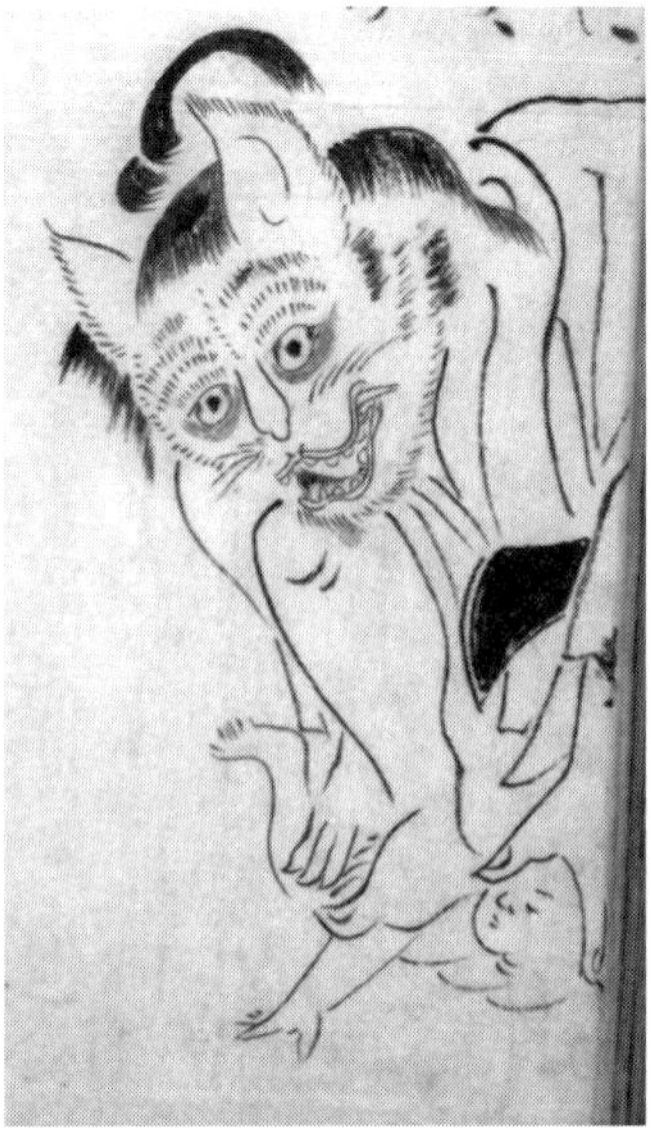
間引き（木村謙次「惻隠語録」より、北海道大学附属図書館蔵）

寛政《かんせい》元年（一七八九）、化け猫の顔をした女性が我が子を踏みつけている絵の入った冊子が、水戸近郊の村々に配布された。これは「間引《まび》き」といわれた嬰児《えいじ》殺しをやめさせる藩の政策の一環だった。

十八世紀を通じて、間引きは特に東日本の貧しい農村に広がった慣習で、水戸藩でもみられた。下級武士・貧農を問わず、多くの家にとって子供の数の制限は異常なことではなく、とりわけ経済不況時には、間引き・口減らしは理に適《かな》ったことだったのである。

また、宗教や倫理の面でみれば、当時の多くの日本人は、出生そのものと、独立して人生が始まる時とで、「人間の誕生」を区別していた。完全に母親に依存する嬰児と、成長して一人前になる子供は異なるものだった。

こうした理由から、東日本の人々は間引きによって、家族の人数をやりくりできる規模に抑え込んでいたと思われる。

十八世紀には、水戸藩内で生まれた子供の三人に一人が間引きされていた、という見方すらある。しかし、十八世紀末の十年間、六代藩主・徳川治保《はるもり》を中心とした水戸藩の指導層は、領内に悪風をもたらす間引きに対して、育子策を積極的に展開した。

間引きは道徳的に失敗というだけでなく、ある研究によれば、江戸前期からの百年間に水戸藩の人口を二五パーセントも減少させた原因だとされる。それに加えて、中部や西日本といった地域からみれば、間引きは東日本の倫理的後進性の象徴とみられていた。

この問題に真剣に取り組み始めた水戸藩の指導者たちは、領民の習慣を変えさせる知的で政治的な変革が求められたが、その芽は、十八世紀後半の水戸藩で、最も有力かつ影響のある学者だった立原翠軒《たちはらすいけん》の中にあった。

前述した化け猫の絵は、小宮山楓軒《こみやまふうけん》(コラム5参照)が師の翠軒と、間引き対策を熱心に話し合った時に使われたものだ。

翠軒は学問的な関心だけでなく、各地で活躍していた改革者の行動にも関心を寄せ、水戸藩の社会問題をよく認識していた。学問を喫緊《きっきん》の政治的・社会的課題と結びつけて考える責任感と、水戸藩が日本中の広範な変革をリードする、という信念をもっていたのである。

従来、彰考館《しょうこうかん》で行なわれてきたのは抽象的な道徳と歴史学の研究だったが、翠軒による学問と政治の融合という認識は、水戸藩の指導者たちによる政治改革の嚆矢《こうし》となったといえる。

「維新の種」を播《ま》いた男

翠軒の改革思考を理解するために、まずは水戸藩が困難な下降期をたどった十八世紀初頭をみてみることにしよう。

宝永《ほうえい》六年（一七〇九）一月、数十名の農民が水戸藩北部から江戸へ潜入した。目的は、財政改革の一環として導入された勘十郎堀《かんじゅうろうぼり》と呼ばれる運河開削《かいさく》事業や、増税についての苦情申し立てである。

彼らは村々で回覧されていた「袋廻文《ふくろかいぶん》」と呼ばれる密書によって呼び出され、江戸の水戸藩邸前での訴願《そがん》活動を計画した。これは不法行為であり、大胆な行動だった。

農民たちの宿泊先は、日本橋馬喰町《ばくろちょう》に点在する訴訟者のための公事宿《くじやど》である。そこは水戸藩の目付《めつけ》が探索に来ても、宿主たちが匿《かくま》ってくれる安全な隠れ家となるはずだったが、宿主の中に例外が一人いた。農民のうちの数名が気に入らなかった宿を出て、浅草の宿に移ると、予定の収入が減ったことと農民たちの忘恩に腹を立てた宿主が、水戸藩に通告したのである。

藩が農民たちを捕縛訊問した時、この機会を捉えて農民たちは要望書を手渡した。これ以上の不始末が広がることを恐れた役人たちは、要求を一部呑むことに同意し、二度とこのような方法で抗議しないよう、厳しく言い含めて放免した。

しかし、農民たちは藩の厳命を四日間しか守らなかった。彼らはいったん江戸郊外に退《しりぞ》いたが、水戸藩南部の農村からやってきた三百名にのぼる同志と合流し、徒党を組んで再び江戸に向かった。

彼らは、藩主の徳川綱條《つなえだ》が登城する行列へ、直訴《じきそ》（駕籠訴《かごそ》）に及ぼうと企《くわだ》てた。しかし、直前になって登城ルートが変更されたため、小石川《こいしかわ》の水戸藩邸正門に集まり、口々に「俺たちは水戸の誇りある農民だ、ここに訴えに来たぞ」と叫んだ。しかし、門内に入ることはできず、やがてちりぢりに宿へ戻った。

翌日、首謀者たちは戦略を練り直し、水戸藩の分家である守山《もりやま》藩の藩邸に、三名の代表を送り込んだ。そして、守山藩の役人を介し、彼らを水戸藩邸に送らせたのである。

正式な紹介があったので、水戸藩の重役たちは彼らを受け入れ、差し出された要求書に目を通すと、さらに三百名もの農民が江戸へ向かっていることを知った。

藩主の綱條は、数日後に将軍・綱吉《つなよし》の葬儀で登城するという最重要事が迫っており、領民による大規模な抗議行動が江戸で起これば、水戸家の汚名は雪《そそ》ぎがたいものになると思われた。藩の重役たちは農民たちの要求を受け入れ、国元に領民を救済する改革を命じたのである。

これは水戸の農民にとっては勝利だったが、徳川光圀《みつくに》の治世後に起こった財政難から脱するために、「宝永の新法《しんぽう》」と呼ばれた一連の改革に望みをつないだ藩にとって、大打撃となった。

水戸藩はさらなる借金を重ねることになり、家臣の俸禄《ほうろく》はカットされ、税率は上がり、「御用金」(領主への貸金)という婉曲《えんきょく》的表現で、商人や豪農からの半強制的な献金が増加した。

享保《きょうほう》八年(一七二三)、小石川の水戸藩邸が火事で焼失し、水戸では洪水の被害があった。さらに享保十一年(一七二六)には、水戸の町で大火が発生した。こうした災難に見舞われるなかで、宗堯《むねたか》・宗翰《むねもと》と、二代にわたる虚弱で短命な藩主が続き、藩主が水戸を訪れることは稀《まれ》になっていた。

水戸城下の庶民は享保十一年十月、変化する経済構造からの保護を求める請願書を藩庁に提出した。二十年近く前の宝永一揆《いっき》に感化されてのことである。

嘆願書にはいくつかの課題が示されていた。

まず、「あらゆる種類の商人が村に店を構え、客を呼び止めては売っている」として、城下町に境を接する村が、活発な商業活動の拠点となっていることに不平を訴えた。

また、「高い徴税と手数料、都市部の高人件費（夫役《ぶやく》）により、多くの職人が城下町を去っている」という事実を訴えた。

それから、「地方の米や魚その他の卸《おろし》問屋が、江戸や大坂の同業者と直接交易を始めており、城下町を完全に回避してしまっている」という現状を訴えた。

最後に、「北日本の長距離貿易商が、江戸や大坂の商人と交易する場所として、水戸に見向きもしなくなっている。代わりに、日本全土に広がる大規模で豊富な交易ネットワークに属する商人と直接交易している」といった状況を訴えた。

これらの結果、城下町における経済活力を喪失し、人口が減少した。水戸の町人の数は、元《げん》禄《ろく》十三年（一七〇〇）の一万二千九百六十四名から、享保十一年には一万九百九十一名まで減ったのである。

一七三〇〜四〇年代には多くの洪水と火事が水戸藩を襲い、さらにはコレラの壊滅的な流行もあった。しかし、財政が追い詰められた水戸藩の藩政は、藩主と側近が居住する江戸と国元の水戸に二分され、十分な対応ができない。

寛延《かんえん》二年（一七四九）、しびれを切らした幕府が正式に水戸藩の諸問題に介入し、一連の財政・行政・道徳の改革が行なわれた。

外部から押しつけられた形の改革指令は藩内の反発を招き、一七五〇年代半ばには立ち消えになり、恥と当惑だけが残る後味の悪い結果となった。

このように、十八世紀前半は、水戸藩にとっては憂鬱《ゆううつ》な時代だった。

しかし、下級武士や、水戸の領内で商機をつかもうとする起業家精神あふれる農民や職人たちにとって、藩の政治構造・経済構造の変化は新たな機会を生み出すものであり、野心ある人々が新たな哲学や政策、政治形態を模索していた。

この動きが文字通り水戸藩を変革し、日本全体をも変えていくが、立原翠軒はこうした変革者の一人だった。彼の登用は、十八世紀末の水戸に播《ま》かれた「維新の種」といえるだろう。

折衷《せっちゅう》主義と実用主義の政治哲学

延享《えんきょう》元年（一七四四）六月八日、立原翠軒は水戸城下に生まれた。

立原家は古代から水戸地域に根づいていた常陸《ひたち》平氏・大掾《だいじょう》氏の一族で、水戸藩南部の立原村が姓の由来となっている。

享保十一年、翠軒の祖父である達朝は庶民から士分に取り立てられ、男子がいなかったので、享保十二年（一七二七）に賢く読書好きの少年を養嗣子《ようしし》に迎えた。これが翠軒の父・蘭渓《らんけい》である。

蘭渓は養父・達朝の死に伴って、寛保《かんぽう》三年（一七四三）に家督を相続し、翌年微禄ではあるが、養父より身分の高い中級武士となった。宝暦《ほうれき》七年（一七五七）、彼は再度昇進し、彰考館の書物番に就《つ》いた。これは比較的栄進といえる。

しかし、徳川光圀が始めた『大日本史』の編纂《へんさん》に関わる史館員たちは、蘭渓を取るに足りない書庫の番人程度に考えており、彼は編纂に直接携《たずさ》わる立場にはなかった。

蘭渓の学問的能力がどうあれ、彼と妻の稲にとって、子の翠軒の教育は最重要事であり、可能な限り、最高の教育を与えることに没頭した。

立原父子双方の師である彰考館総裁・名越南渓《なごやなんけい》が、「鳶《とんび》が鷹《たか》を生んだ」と形容した翠軒の学問は、儒教古典の素読《そどく》から始められた。

俸禄は多くなかったが、蘭渓は翠軒が欲しがる書物の写しは何でも与え、中国の古典や漢詩などを学ぶように促した。稲は家族の衣類と食事を節約し、翠軒に墨と紙を与えた。

翠軒が学問に没頭できる環境を、両親は全力で整えたのである。

江戸時代の学問は、儒学の中でも朱子学が主流だった。将軍・大名たちは統治の手段として、上下秩序の重要性を強調する朱子学を利用したからだ。

『大日本史』はさらに一歩踏み込み、同時代の領主たちにとって道徳規範として構想された歴史書だったが、光圀が元禄十三年一月に他界した後、財政難のために水戸藩から優秀な学者たちが流出した。

朱子学の厳正な形式を継承することに、強い自負をもっていた水戸の学者たちは、朱子学の規範に固執《こしつ》し、ますます他の学術理論や研究手法を排斥するようになり、十七世紀の中盤には、硬直化した朱子学が「正統な学風」の座を占めた。そして、他の学派からの影響を受けないように、注意深く護《まも》られる傾向がみられた。

若い時の翠軒は、こうした水戸の学者たちの下《もと》で学び、その系譜に連なって、『大日本史』の編纂者となることを熱望した。

彼はこの編纂事業の完成こそが、水戸の学者にとって最大かつ唯一の仕事だと信じており、そうすることで光圀の遺志が叶《かな》い、家臣としての倫理的な義務を果たせるとの信念をもっていたのである。

その一方で、翠軒は、日本中に広まった新しい思想も貪欲《どんよく》に吸収している。

立原翠軒（渡邉崋山画、田原市博物館蔵）

宝暦十年（一七六〇）、荻生徂徠《おぎゅうそらい》の孫弟子にあたる田中江南《こうなん》が水戸を訪れ、翠軒は徂徠の学説にふれる機会を得た。

荻生徂徠は、理想社会の倫理基盤を詳《くわ》しく考究することより、社会の役に立つ実用的な法制、慣習などを理解しようと努めた人である。

言い換えれば、徂徠の理論は、最適な統治方法を確立するために、利用可能なあらゆる文献資料など、多様な情報を求め、その折衷《せっちゅう》的な方法を活用して、実用的な価値を唱える政治哲学であった。

翠軒は徂徠の折衷主義と実用主義に心を奪われ、新しい歴史研究の手法と『大日本史』を完成させる可能性を見出す。それは水戸の学問にとって、最高の業績になりうるものだった。

しかしながら、翠軒の師や先輩、上司にあたる学者たちは、彼の熱意を理解しなかった。むしろ彼らは、水戸における徂徠学の浸透を警戒して、排斥を図った。

翠軒の彰考館採用の話が最初に立ち消えになった際も、彼が徂徠学徒であったことが関係したが、こうしたことにも負けず、宝暦十三年（一七六三）に江戸の彰考館書写場傭《しょしゃばやとい》になった後も、翠軒は徂徠学の研究を続けた。

その後、十年以上にわたって、翠軒は上役と衝突し続けた。後年、藤田幽谷《ゆうこく》や小宮山楓軒といった水戸学を代表する学者たちを育てた自らの塾で、徂徠学を教えていたことを上役たちに問題視されたからだ。

これに対して、安永《あんえい》四年（一七七五）、翠軒は、彰考館総裁・鈴木白泉《はくせん》に弁明書を提出した。「自分は博覧を好み、広く書物を読む。だから荻生徂徠や伊藤東涯《とうがい》の本などを読む」と書き始めた翠軒は、折衷的研究が朱子学を弱体化させるようなものではないと説明し、他の理論を研究することで、朱子学の正当性がより洗練強化される助けになると主張した。

また、嫉妬深い彰考館の幹部が、翠軒の学問方法の弁明や『大日本史』完成の約束を無視することに、辛辣《しんらつ》な批判を綴《つづ》っている。

翠軒がこうした意見をもつに至ったのは、彰考館の人材採用が門閥主義になっており、「能力の高い館員が極めて少ない」との認識に基づく。

当時、彰考館の編纂作業はほとんど止まっており、上役さえ許せば、少しでも早く完結させて、光圀以来の夢を達成させることを、翠軒は願っていた。

彰考館総裁への翠軒の意見書に対して、上役たちの反応は痕跡すら残っていない。彼らが現場を退くまで、徂徠学への否定的な態度を改めることはなかったのだ。

それにもかかわらず、翠軒は怯《ひる》むことなく、歯に衣《きぬ》着せぬ言動と豊かな学識で次第に理解者を得て、チャンスをつかんでいく。

翠軒の最大の転機は、天明《てんめい》三年（一七八三）に到来した。

実力ある学者で、彼の父の友人でもあった長久保赤水《ながくぼせきすい》（コラム3参照）が、翠軒を水戸藩六代藩主・治保の侍講《じこう》に推挙したのである。その後、十五年にわたり、翠軒は治保の側近である指南役として仕えた。

人口減少へのアメとムチ

徳川治保は明和《めいわ》三年（一七六六）、父・宗翰の他界により十六歳で藩主に就任した。その前後の水戸藩は深刻な経済的危機に陥《おちい》り、新しい経済社会の現実に適応しようと、格闘しているさなかにあった。

治保が藩主になった年、水戸で大火があり、安永元年（一七七二）には凶作と洪水が起こった。安永二年（一七七三）以降は、藩士の俸禄の一〇パーセント近くを削減せざるを得ない状況に陥った。

安永三年（一七七四）も壊滅的な不作で大幅な減収となり、水戸藩の疲弊《ひへい》は続いた。

そして安永七年（一七七八）、ついに水戸藩は幕府からの財政再建命令を受けた。これは前藩主・宗翰の時代以来の不名誉であり、藩にとっては屈辱的なことだった。

治保と翠軒はこの不名誉を挽回し、水戸を競争力のある藩に再建することを決意した。

そのためには、まず人口の減少に立ち向かう必要があった。

享保十五年（一七三〇）以降、水戸藩の農村人口は、ピーク時の三十一万人から二十三万人にまで、つまり二六パーセントも減った。

特に一七八〇年代は壊滅的で、天明三年の浅間山の大噴火で東日本の大部分が火山灰で覆《おお》われたために、その年の収穫はほとんどなくなり、天明の大飢饉へと至る。

水戸藩は籾蔵《もみぐら》を開いて一日に籾二〜三合を支給するなど、領民救済策をとった。これにより他藩が餓死者を多く出しているなかで、記録に残るほどの餓死者は出なかった。

それでも、度重《たびかさ》なる凶作は多くの農家を壊滅的な状況に追い込み、家を捨て、家財を売って江戸へ逃散《ちょうさん》する農民が増加したのは確かだろう。

しかし、改革派の学者や藩士たちのみるところ、人口減少の最大の要因は間引きの蔓延《まんえん》であった。

本章の冒頭に掲げた絵で、化け猫となった母親の眼差《まなざ》しが示すように、翠軒は明らかに間引きを深く憂《うれ》いていた。

このことは彼の弟子の一人である木村謙次《けんじ》が、寛政三年（一七九一）に農村対策について述べた長文の意見書『足民論《そくみんろん》』からもうかがえる。

木村は、「たとえ貧困に陥っていない庶民ですら、数日に一度だけ味噌を食べられるぐらいで、肉や魚は一切食べられない者までいる。くしゃみの後に鼻を拭《ぬぐ》う懐紙《かいし》にすら事欠く始末で、みな指で鼻をすすっている。洗顔する時の布すらなく、用便の時には紙を使わず、葉っぱか藁《わら》を用いている」として、間引きは、農民の間に広がる過度の貧困のためだと論じた。

そして、悲惨な生活状況に置かれた庶民が間引きに向かうのは当然のことであり、その原因は藩庁が完全に機能不全に陥っているからだ、と木村は批判している。

木村の意見書は治保の下に届けられた。その意見を受け入れた治保は、藩主として間引きの問題に取り組むべく、アメとムチの両方の育子策を用意する。

アメの面では、多くの子供を育てた家族と村に報酬を与え、子沢山《こだくさん》ぶりを褒《ほ》め称《たた》えて、扶養手当の制度を設けた。ムチの面では、堕胎《だたい》と間引きに対して厳重な禁令を発した。

また、妊娠を監視する制度を導入し、村役人に対して地域の女性が妊娠した際には、藩庁に報告する義務を課した。定期的に村の女性たちの妊娠状況を藩吏たちが調査するほど、念を入れていた。

これらの育子策が、結果的には成功を収めた。

一七九〇年代後半には、幼児期以降まで成長できた子供の数が、母親一人当たり三人となって低下傾向に歯止めがかかり、増加に転じ始めた。十九世紀中盤には、この比率が一人当たり四人までに改善している。

一方で、多くの女性が育子策の抜け穴を見つけたようだ。記録によれば、疑わしい数の妊娠八~九カ月の女性による転倒・落下が含まれ、かなり怪しい流産がみられたのである。

二十世紀に入ってからも、旧水戸藩領周辺の一部の地域にも間引きの痕跡がうかがえるが、藩の命令で庶民の習慣を一気に変えられたわけではなかった。

とはいえ、木村のような人物や治保のような藩主が、間引きと格闘した努力は報われた。一世紀近くにわたる藩政改革の試みと失敗の連続のあと、人口減少を回復させる育子策の成功は、水戸藩復興の劈頭《へきとう》を飾ったのである。

水戸藩の上層部は、人口の大部分を占める農村部の危機を重視していたが、城下町での生活も厳しいものであった。

一七二〇年代には三十もの酒蔵が操業していたが、一七八〇年代にはたった四軒に激減してしまった。

魚屋は十五軒が三軒になり、残った三軒も商売を続けられないほどの苦境に立たされていた。

家を修繕する金もなく、貧しい町人たちは、竹と雑草に取り囲まれた文字通りのあばら家に住む有様《ありさま》だったし、家を貸す大家たちにしても、借り手もなく、店子《たなこ》が皆無の時もあった。

店舗だった場所は菜園にとってかわり、町の長老たちは、「これでは町とはいえない」と嘆いた。

城下町全体で、町人の人口がピーク時に一万三千人だったものが五千人にまで落ち込み、そのうち二割の住民は他藩で働き、千三百人が無職だった。商業取引の総額は、一七二〇年代の二十分の一に下落していた。

この人口減と商業の衰退の一方で、矛盾にもみえる繁栄があった。

安永年間（一七七〇年代）になると、下町《したまち》地区で「江戸風」を売りにした料理屋が店を構えた。

遊郭のない水戸城下では、音曲《おんぎょく》や座敷芸が宿屋などで演じられたが、一七八〇年代までには人形浄瑠璃《じょうるり》、歌舞伎を演じる常設の場所もできた。

また、詩歌、絵画、書道、彫刻、刀鍛冶《かじ》、彫金《ちょうきん》などの文化が栄え、武士と豪商は流行りの着物をまとって、観劇に相撲見物にと繰り出し、目新しい飴細工《あめざいく》屋に人々は群がった。

江戸と水戸を往来する商人や藩士たちによって、躍動する江戸の文化が水戸にも到来したのである。

この文化的な繁栄は、農村の貧困や町人の嘆願と一致しないようにみえる。今日から振り返った時、「富裕層は時間とお金を娯楽に費《つい》やし、一般の庶民たちは苦労していた」ということは、拡大していた格差の象徴と解釈できるであろう。

当時でも治保は、「富裕層のみが繁栄するのは決して良いことではない。藩内の格差を広げ、問題を大きくする」と信じていた。

また、過剰な消費は道徳頽廃《たいはい》の兆《きざ》しであり、消費に対する欲求と都市生活への憧《あこが》れは、農民を農村から遠ざけ、年貢の減収につながってもいた。

破綻した財政の立て直しのために、富裕な庶民が多額の献金献穀《けんこく》を行なうのと引き換えに、藩は武士の特権を許した。いわゆる献金郷士である。

藩の財政破綻《はたん》により俸禄が相当に減らされていた武士からすれば、庶民の富裕層に対する不公平感が広がったのは当然として、何よりも武士と庶民の身分差が損《そこ》なわれることは、江戸時代の社会の基礎であった身分制度を揺るがすことを意味する。

この身分の綻《ほころ》びが庶民を勢いづかせた。彼らは頻繁に藩へ抗議の声を上げ、武士に敬意を欠いた振る舞いをするようになった。

こうした水戸の庶民の道徳的頽廃に、治保は厳しい批判を発したが、不幸にも数十年にわたる弱い藩主の治世で、水戸藩の重役たちは強力な藩主の不在に慣れきっており、治保の改革要求には冷ややかに反応するのみだった。

そして、財政負担の多い国元への帰国がたった一度しかできなかったことが、治保の改革に推進力を失わせたといってもよいだろう。

「その一言が〝天下の要《かなめ》〟に」

水戸藩における道徳的頽廃について、翠軒は治保と同じく批判的だった。

翠軒は治保に、より強い態度でのぞむよう勧めたが、究極的には幕府そのものが道徳の基準低下の責任を負うものだと、二人は考えていた。

当時の幕府を主導していたのは、老中の田沼意次《おきつぐ》である。田沼は商業の活性化による経済成長路線を推進し、幕府の財政難を克服しようとした。これに対して、富裕な商人に強大な力を与えるだけで、武士の地位を弱体化させるものだとの批判があった。

治保と翠軒は田沼を罷免《ひめん》すべき、との考えに至る。

そして天明六年（一七八六）、治保は御三家の紀伊・尾張の当主たちとともに、賄賂《わいろ》などの理由で田沼を糾弾《きゅうだん》、権力の座から追放して、八代将軍・吉宗の孫で、白河《しらかわ》藩主の松平定信《さだのぶ》を後任に据えた。

定信は、道徳引き締め、財政緊縮策、農村対策などを中心とする「寛政の改革」を断行したが、治保の侍講であった長久保赤水は、「畢竟《ひっきょう》先生（翠軒のこと）の御諷諫《ごふうかん》の一言、天下の要《かなめ》に相成り候《そうろう》」として、翠軒が藩主に定信を推挙したことが、この政変の要となったことを称賛している。

江戸時代の三大改革の一つの契機を、翠軒がつくり出したのである。

幕府の政策に大きな転換をもたらした翠軒は、治保から全幅の信頼を得ただけでなく、国政への影響力をもつことになった。

天明七年（一七八七）、翠軒は求めに応じて、日本が直面する最大の課題を列挙した「天下

「三大患」についての意見書を、松平定信に提出した。

「三大患」の一つ目は、水戸藩の仏教政策を背景にした、一向宗（浄土真宗）への取り締まりの件である。

二つ目は、経済的負担の大きい割に外交上の利益のない朝鮮通信使縮減の件で、これは改めて治保から幕府へ上申され、家斉《いえなり》が十一代将軍に就任した際の慶賀の通信使は中止されている。

三つ目は、喫緊の課題だった、「蝦夷地《えぞち》に来航するロシア船への対応」である。

蝦夷地は、光圀の時代から水戸藩が強い関心をもち続けてきた場所であった。

一七〇〇年代後半にはロシア人が毛皮交易のために出没し、北千島《ちしま》のアイヌたちが松前《まつまえ》藩に逃げ込むなど、国家レベルの懸念《けねん》材料となっていることが、工藤平助の『赤蝦夷風説考《あかえぞふうせつこう》』を通じて知られるようになっていた。

蝦夷地の支配は、南部を拠点とする松前藩に委任されていたが、松前藩には、西洋の帝国勢力の来訪に対応する力などなかった。

一方、先住民であるアイヌは、かなり緩《ゆる》くではあるものの、日本の主権を認識していたが、松前藩によって行なわれる交易の待遇の悪さに憤《いきどお》っていた。

さらに、十八世紀を通じて、日本の漁民や商人たちが蝦夷地に進出してくることにより、アイヌと和人の関係は悪化した。和人たちはアイヌたちを過酷な使役によって追い詰め、莫大な富と力を集積していたからだ。

その結果、東蝦夷地で、寛政元年の「国後《くなしり》・目梨《めなし》の戦い」といわれる、アイヌの蜂起《ほうき》へと発展したのである。

換言すれば、一七八〇年代の蝦夷地は、商業がもたらした不協和音ともいうべきものを内包しており、他の地域とは違う独自の倫理的・地政学的な課題をもっていた。

それに加えて、僻遠・極寒の地であることが、ロシアの南下に対抗して防衛するうえで、幕府の悩みの種となっていたのである。

ロシアの脅威に強い関心を寄せた翠軒は、蝦夷地への旅行記録や役人・旅行者の記録を探し回るなど、蝦夷地とロシアについての情報を集めた。

寛政四年（一七九二）、ロシアの使節としてアダム・ラクスマンが根室《ねむろ》に来航し、日本との交易を迫った（第四章参照）が、治保は翠軒の弟子の中から数人を、蝦夷地へ派遣するように依頼した。

翠軒は優秀な弟子である木村謙次を指名し、木村は寛政五年（一七九三）に、藩の密命を帯びて蝦夷地に渡っている。

その五年後、翠軒は幕府の公式な蝦夷地探検に木村を加えるよう取り計らい、木村は寛政十年（一七九八）の夏、千島列島の択捉島《えとろふとう》に上陸した。

遠征隊を率いる幕吏の近藤重蔵《じゅうぞう》・最上徳内《もがみとくない》の指示で、木村は木柱に「大日本恵登呂府《だいにほんえとろふ》」の文字を書き入れ、幕吏と自分、アイヌの道案内役十二名の名前を刻み込んだ。

一般には近藤・最上の功績とされているが、木村による木柱建立《こんりゅう》は、初期の国境線画定《かくてい》において、水戸藩の重要性を際立《きわだ》たせるものとなった。

また、千島の択捉島の日本領有を宣言したことは、国家としての日本が近代的な国境を画定する端緒《たんしょ》であると同時に、帝国主義の兆しでもあったといえるかもしれない。

藤田幽谷の登場と学派の対立

間引き撲滅《ぼくめつ》のための戦いと、幕府の蝦夷地政策形成における水戸藩の立場は、翠軒の影響力の大きさを、藩の内外に見せつけることになった。

その翠軒の愛弟子《まなでし》に対する観察眼は、改革者としての識見を反映していた。なかでも、木村謙次は最たるものだった。

水戸藩北部の寒村（現在の常陸太田市天下野《けがの》地区）に農民の子として生まれた木村は、蝦夷地探検の功により、郷士に取り立てられたが、元来は藩の政策に貢献したり、藩の密命を帯びて蝦夷地で命がけの探検をするような身分ではなかった。

幼い時から学問が好きだった木村は、近くの寺での読み書きに飽き足らず、十六歳の時に翠軒の塾の門を叩いた。

翠軒は木村の知性を見抜き、自分の身近にある課題に目を向け、それに集中するように励ました。

翠軒の木村に対する支援は、個人の能力への信念に端《たん》を発している。

前述の翠軒が彰考館総裁・鈴木白泉に提出した弁明書では、門閥採用の弊害を辛辣に批判したが、翠軒は一貫して、若く有能な人材を藩の職務に推薦し続けた。

そして、治保という英明な主君を得て、木村のような人物を、重要な役割に採用してもらうことができた。

木村の択捉島上陸から明治維新までの約六十年の間、志ある下級武士や庶民は次第に水戸藩政の中枢を掌握《しょうあく》し、門閥保守勢力と対立する。

こうした人々が、水戸藩を核心から揺るがす改革をもたらし、その影響が日本の歴史の流れを変えていくことになった。

この大変革の震源地は『大日本史』編纂の地、彰考館であろう。翠軒が推薦することで、その彰考館に入った若き才能の持ち主のうち、最も劇的な結果をもたらしたのは藤田幽谷だった。

藤田幽谷（東京大学史料編纂所模写）

幽谷は安永三年に、水戸城下の古着商の次男として生まれた。

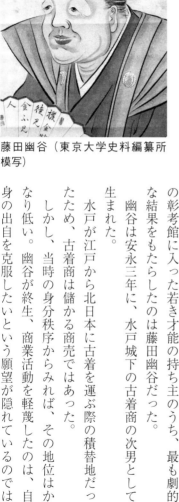

水戸が江戸から北日本に古着を運ぶ際の積替地だったため、古着商は儲かる商売ではあった。

しかし、当時の身分秩序からみれば、その地位はかなり低い。幽谷が終生、商業活動を軽蔑したのは、自身の出自を克服したいという願望が隠れているのではないだろうか。

それはさておき、幽谷は木村謙次と同じく勉強が好きだったが、低い身分から脱出する道として、父母は息子に学問の道を進むように促した。

十歳で翠軒の門下に入り、十代で四書五経《ししょごきょう》を身につけ、漢詩、漢文を書くまでになり、秀才の誉《ほま》れが高かった。

翠軒もその明晰《めいせき》さを高く評価し、幽谷が十五歳の時、彰考館の史館小僧《しかんこぞう》の役目を与えた。翌年には正式に館員となり、十八歳で士分に取り立てられ、異例の出世を遂げた。

これは翠軒の推挙によるものであるが、翠軒と幽谷の関係は、師弟というより親子に近い間柄《あいだがら》だったといわれる。

翠軒は幽谷に驚くべき機会を与えた。寛政三年、幽谷が十八歳の時に松平定信から政治への意見を求められ、それに応《こた》えて提出したものが「正名論《せいめいろん》」であった。

「正名論」における幽谷の主張は、次のようなものである。

君臣上下の秩序は天地と同じく不易《ふえき》なもので、これを確立することで世の秩序が保たれる。したがって、天下の安寧《あんねい》のためには名分《めいぶん》の厳正さこそが必要である。

日本においては、「開闢《かいびゃく》以来、皇統一姓」が不変である天皇を尊ぶことが重要で、幕府が皇室を尊べば、諸侯も幕府を尊び、その下も同じことになる。そして「上下相保ち、万邦《ばんぽう》協和」の理想的な社会が実現する。

幽谷のこの論文は、「幕府批判の恐れがある」と必要以上に警戒した翠軒によって、定信のもとには届かなかったとされるが、天皇家の尊厳と日本の優越性、そして朝廷と幕府の関係における「名分の重視」の強調は、その後の水戸学の展開に大きな影響を与えた。

同時に、この「正名論」において幽谷は名声を勝ち取り、『大日本史』編纂に携わる道が開かれたといってよい。

光圀により一六六〇年代に開始された『大日本史』の編纂事業は、一七九〇年代には、彰考館の業務の主流になっていた。

翠軒と幽谷の二人は、『大日本史』が完結することを信じ、それは彼らの義務だと考えていた。

しかし、二人はその方法論で対立することになる。それは彰考館の学者を大きく二分した、「実用主義」と「純粋主義」の立場を反映していた。

彰考館の規模と出費を削減する手始めとして、治保から大きな圧力をかけられた翠軒は、編纂事業のうちで全く進んでいなかった、分野史の「志」と官僚の一覧表である「表」を廃止することを渋々提案した。

幽谷はこれに猛然と反対し、「文書のいかなる部分の削減も、事業の倫理的な価値を損なうものだ」と論じた。

二人の意見は、内容をめぐっても食い違った。どの資料を用いるか、問題のある歴史挿話《そうわ》をどう書き直すか、そして、そもそも題名が妥当かどうか（幽谷は国号を用いた『大日本史』の呼称は勅許を得ておらず、天皇への献上は無礼にあたるなど四点を指摘した）という点に至るまで違っていた。

こうした議論は、時が経つにつれ、深刻さを増していく。

翠軒は『大日本史』の最終版を、光圀没後百年にあたる寛政十二年（一八〇〇）までには提出したいと思っていたが、原稿を急がせるほどに間違いが増えていった。

寛政九年（一七九七）には、彰考館の同僚に向け、公開書状「校正局諸学士に与ふるの書」を幽谷は書き、哲学的かつ方法論的な論点において、暗に翠軒を批判した。

この「校正局諸学士に与ふるの書」が公《おおやけ》になって間もなく、幽谷は友人に誘われ江戸の遊里・吉原に登楼《とうろう》した。

藩主の治保により、士風の引き締めが叫ばれていた水戸藩において、それは武士・学者としてあるまじき行為とみなされ、幽谷は正式に譴責《けんせき》を受けた。そして、短期間ではあるが、藩主への目通り差控《さしひか》えの処分が下された。

しかし、これが幽谷を怒らせた。

彼は藩政改革の不備を指摘し、治保の学問の修め方にまで批判の矛先《ほこさき》を向け、藩政のみならず、対外関係の憂慮を表明する「丁巳封事《ていしふうじ》」という意見書を、目通り差控えを無視して提出する。

さすがに町人から士分に取り立てられたばかりの二十四歳の若者が、藩主の姿勢にまで批判の矛先を向けていることは、傲慢《ごうまん》であるとの批判を免《まぬが》れなかった。幽谷を買っている治保も、これを許さなかった。

幽谷は江戸の彰考館勤務の職を解かれ、水戸へと戻された。優れた弟子を見守ってきた翠軒も、一連の言動に当惑し傷ついて、ついに幽谷と絶縁してしまった。

翠軒は『大日本史』編纂事業の主導権を取り戻し、完成に心血《しんけつ》を注いだが、二年後の寛政十一年（一七九九）に、藩内の訴訟問題に容喙《ようかい》したとして、謹慎を命じられた。

『大日本史』の紀伝の浄書《じょうしょ》が完成し、光圀の廟所《びょうしょ》に献じられる儀式が催《もよお》された時、その場に翠軒の姿はなかった。

『大日本史』の完成に半生を費やし、光圀没後百年に間に合わせるべく十年間躍起になり、志・表を廃止して規模を削る判断を下すなど、重要な仕事をしながらも、この結果は翠軒にとって残酷であったに違いない。

寛政十二年に翠軒は閉門を解かれ、彰考館総裁に復帰する。しかし、享和《きょうわ》三年（一八〇三）、すでに完成していた『大日本史』紀伝に付随する「論賛」削除の議論が巻き起こり、藩主・治保の命令で削除が決定すると同時に、翠軒は致仕《ちし》を命じられた。

論賛削除の問題で忸怩《じくじ》たる思いを抱えながらも、藩政から解き放たれて隠居した翠軒は静かな余生を過ごし、幽谷と和解することなく、文政六年（一八二三）に亡くなった。

翠軒が失脚する一方で、幽谷は返り咲いている。

寛政十一年に、農村の諸問題に取り組む「勧農或問《かんのうわくもん》」という思慮深い提案を提出し、これが治保の信頼を取り戻す契機となった。

文化四年（一八〇七）に幽谷は彰考館総裁に任命され、人員を一新することで翠軒の影響を恒久的に排除し、翠軒が行なった事業削減を元に戻した。

しかし、行政・農政・学術改革に関する幽谷の提案全般を支援した治保が、文化二年（一八〇五）に亡くなったことは、幽谷にとって痛手であった。

ついで七代藩主・治紀《はるとし》が文化十三年（一八一六）に死去すると、八代藩主・斉脩《なりのぶ》にも声はかけられたが、幽谷は、藩上層部における庇護者をすべて失ったような境遇に置かれた。

藩主への直諫《ちょっかん》を厭《いと》わないだけでなく、摩擦を起こすような幽谷のやり方は、友人や仲間を遠ざけることになったのは事実だろうし、藩がより温和な翠軒の弟子たちを取り立てたことが、幽谷の孤立を深めたことも間違いないだろう。

幽谷は翠軒の死から三年後に亡くなった。

翠軒の知的で政治的な力量が、「水戸の宝」ともいうべき修史事業を復興させたことは疑いないが、彼が亡くなる頃には、幽谷が残した弟子たちと翠軒が残した弟子たちが、派閥争いを展開し始めていた。

幽谷の下で学んだ改革者は純粋主義に偏《かたよ》る急進派になり、翠軒の影響が強かった改革者は実用主義的な立場で、穏健派を構成した。

しばしばこの両者の争いを調停し、その争いを利用したのが、第三の勢力である保守門閥層だが、彼らは急進的な変化を好まなかった。

藤田派、立原派の派閥争いは、その後、数十年にわたって激化し、水戸藩に善政を再興しようとした翠軒の多くの努力を無にしてしまった。

翠軒の弟子たちは彰考館総裁に就任するなど、多くが藩の信頼できる助言役として活躍した。しかし、その後の六十年間で水戸学を牽引《けんいん》していったのは、会沢正志斎《あいざわせいしさい》（第四章参照）など、明らかに幽谷門下であった。

コラム3

長久保赤水《ながくぼせきすい》――農政の改革者、そして地理学者として

長久保赤水《ながくぼせきすい》(一七一七～一八〇一年)は水戸藩北部、松岡領(水戸藩附家老中山家の支配地)の赤浜村(現在の高萩市)で、庄屋の家に生まれた。

彼は幼い時から学問を好み、若い頃は医者・修験者《しゅげんじゃ》・農民など、地元の好学の徒が集まるグループの一員となって、漢学・詩文について語り合い、研鑽《けんさん》を積んだ。

このグループは「竹林《ちくりん》の七賢《しちけん》」になぞらえ、「松岡の七友」と呼ばれた。七友の一人、柴田平蔵の父である豪農の柴田平太夫は、彼らの研究のために書籍の購入など、惜しみない援助を与えた。

彼らの評判が六代水戸藩主・徳川治保《はるもり》の耳に達し、宝暦《ほうれき》三年(一七五三)、七友は水戸城に招かれた。

同じ頃、赤水は最初の師である医者の鈴木松江《しょうこう》の紹介で、のちに彰考館総裁となる名越南渓《なごやなんけい》の門人となり、古典や漢詩文を学んだが、立原翠軒《たちはらすいけん》の父・立原蘭渓《らんけい》とも交流があったという。

当時、江戸を中心に評判になりつつあった荻生徂徠《おぎゅうそらい》の徂徠学について、赤水は名越南渓と論議する機会があった。

これによって徂徠学を知った赤水は江戸に出て、徂徠の弟子数名に学び、すぐに徂徠の最も

重要なメッセージである、「学問を実用上の問題に適用する重要性」を肝《きも》に銘じた。農家に生まれた赤水は、徂徠学者が関心をもつ、実用上の諸問題を直接経験していたからだろう。

明和《めいわ》五年（一七六八）、学問精励により、赤水は郷士の身分に取り立てられた。そして、一七七〇年代を通じて水戸藩領内を隈《くま》なく旅し、農民たちが直面する困難を見抜いて、様々な農業改革を提案した。

彼はまた、蔓延する間引《まび》きの習慣にも警鐘を鳴らし、妊娠の監視制度と間引きを行なった親への罰金制度によって、農村人口減少への歯止めをかけるよう提案してもいる。

長久保赤水（茨城県立図書館蔵）

安永《あんえい》六年（一七七七）、赤水は藩主・治保の侍講《じこう》に抜《ばっ》擢《てき》された。
水戸藩は光圀《みつくに》の時代から、身分にかかわらず、学問に秀《ひい》でた者を公職に取り立てることを誇りとしていた。赤水の抜擢でこの傾向が加速し、その後、数年にわたって微賤《びせん》の身ながら並外れた知性と教養を身につけた数名が、藩の高位に栄達した。
赤水は、藩主・治保や翠軒のような学者たちへ、水戸藩内外の諸課題に対する助言をし、同時に『大日本史』編纂《へんさん》事業のうちで、地理部門の編纂にも関わった。
実は、農業の改革者としての役割以上に、赤水は優れた地理学者として知られていたのだ。

彼の地理学、製図法、天文学への興味は、名越南渓に学び始めた若年期に遡《さかのぼ》る。南渓や水戸藩の天文家・小池友賢《ともかた》の地図などを借りながら、コツコツを学び始めた赤水は、水戸藩を越えて外の世界に夢を馳《は》せるようになっていた。

明和四年（一七六七）、安南《あんなん》（現在のベトナム）国に漂着し、清《しん》国船で送還された水戸藩の漂流民を引き取るため、赤水は長崎に行ったが、滞在中、出島のオランダ商館を訪れ、衣類や器具、文字等を仔細《しさい》に観察して、日記に記録した。

また、唐人《とうじん》屋敷も訪れ、熱心に書物を購入し、中国系住民の文化・習慣を記録している。

外界の知識にのめり込み、ヨーロッパの地球儀や地図を探し求めた赤水は、安永四年（一七七五）、経度緯度線を記入した最初の日本地図である『日本輿地路程全図《にほんよちろていぜんず》』（安永八年刊行）を完成させた。

四十二年後に、伊能忠敬《いのうただたか》の『大日本沿海輿地全図《だいにっぽんえんかいよちぜんず》』ができている。しかし、これは幕府により非公開とされたため、行き届いた配慮と科学的手法を用いた赤水の地図が、十九世紀後半まで、日本で最も人気ある地図であり、日本中の地理学者や地図製作者に書き写されて広まった。

赤水は長崎への旅の頃に、清国にいたイエズス会宣教師のマテオ・リッチが、一六〇二年に製作した『坤輿万国全図《こんよばんこくぜんず》』という世界地図を目にしていたが、一七八〇年代初めまでに、比率を保持し、注意深く経度緯度線を書き込んだ『坤輿万国全図』の正確な複製を、彼は作った。

そして、緯度経度線が意味するところを長文で解説し、地球が球状であること、赤道に関連する気候の違い、さらには時間帯の概念まで説明した。

日本地図同様、赤水のこの世界地図（『改正地球万国全図』）もベストセラーになった。

赤水の成功と名声は、水戸藩が学問に対して並外れた理解をもっており、彼を受けとめることができたことが大きかった。それに加えて、彼の土台には多様な関心と好奇心があった。

また、水戸藩の農村が直面した問題への彼の鋭敏な観察眼により、藩主をはじめ上層部にその実力が認められたことで、彼は政治的な尊敬と権威を得た。

その上さらに、彼は日本中を旅して回る自由と、世界地図を作成する機会を手に入れた、ということができるかもしれない。

第四章

会沢正志斎《あいざわせいしさい》
近代における「日本国家」を定義

十九世紀初頭から後半にかけて活躍した水戸学者・会沢正志斎《あいざわせいしさい》。彼は青年時代に、いくつかの心配事を抱えていた。

水戸藩大坂蔵屋敷番となった老父・恭敬《きょうけい》が病《やまい》に倒れたこと、最初の仕事となる彰考館《しょうこうかん》における研究職のことなどの私事もさることながら、公事の心配事もいくつかあった。その中には驚くべきことに、水戸藩の経済問題と並び、「ロシアに対する懸念《けねん》」があった。

「ロシア問題」が会沢の念頭から離れなくなったのは、寛政《かんせい》四年（一七九二）、ロシアの外交官アダム・ラクスマンが蝦夷地《えぞち》東部に来航し、日本との通商許可を求めたこと（ラクスマン事件）がきっかけである。

ラクスマンの来航に、徴候がなかったわけではない。

前年には蝦夷地とその周辺で、ロシア人探検家が活動しているとの情報が幕府に届けられた。また、三年前の寛政元年（一七八九）に起こった、東蝦夷地のアイヌが和人商人へ反旗を翻《ひるがえ》した事件（国後《くなしり》・目梨《めなし》の戦い）では、その背後にロシア人がいるのではないかとの疑いが生じていたのだ。

それはさておき、外国から公式に通商開始が申し込まれたのは、鎖国以来、実に百六十年ぶりのことだったから、日本に与えた衝撃は大きかった。

当時十歳だった会沢は、師の藤田幽谷《ゆうこく》から「ラクスマンの来航は、日本の領土を侵《おか》す重大な脅威を示唆《しさ》する」と聞き、「ロシアに対する懸念」を抱《いだ》いたのである。

その後、十年にわたって会沢は、清《しん》朝の康熙《こうき》帝に仕えたベルギー人宣教師フェルビーストによる中国語のロシア史文献や、蝦夷地を探検した最上徳内《もがみとくない》の旅行記など、手に入るロシアと北方情勢に関する資料・書籍を読み漁《あさ》った。

そして、享和《きょうわ》元年（一八〇一）に『千島異聞《ちしまいぶん》』を著《あらわ》した頃には、恐らく日本で最もロシアと蝦夷地の情勢について深い知見を有する一人となっていた。

研究を重ねることで、当初の懸念は確信に変わったが、一方で会沢はロシアを評価してもいる。

特にピョートル大帝に対しては称賛を込めて、「専《もっぱ》ら民を安んじ国を富ます。土工を起して利を広め、葡萄《ぶどう》などを植《う》えて民食を足し、学校を立て、法教を弘め、兵を練《ね》って敵国をおとす。（分かれていたロシアを併合）して単にロシヤと称し」たと論じた。

それとは対照的に、日本はピョートル大帝のような強力な指導者が存在せず、国としての統一感に欠け、貪欲《どんよく》に領土を狙う外国の帝国主義勢力に曝《さら》されていると、さらなる危機感をもった。

「ヨーロッパ列強による支配が進んでいる世界の中で、日本が独立を守るためには、国柄《くにがら》を完全につくり直さなければならない」

これがロシア研究を通して得た会沢の認識であり、以後、彼は日本を西洋の諸帝国に対抗しうる国へ変革することに、その身を捧《ささ》げ続けることになる。

そして、会沢が提案した数々の方策は、幕末の志士たちを駆り立て、明治維新の達成、さらには近代国家日本の建設に結びついた。

その意味で、会沢の生涯は、まさに近代日本の国家的アイデンティティ形成の物語と軌《き》を一《いつ》にする。ただし、その主張に「いのち」が吹き込まれた時、会沢自身も止められないほど強い影響力をもち、彼にとって予想外の結果をもたらしたことを見落とすことはできない。

政治感覚をもった有能な学者

天明《てんめい》二年（一七八二）の晩春、会沢正志斎は水戸城下に生まれた。

内大臣を務めた藤原伊周《これちか》を始祖とする大森氏の流れをくむ会沢家は、水戸徳川家に仕えた当初、藩主の飼う鷹の餌《えさ》となる小鳥を供する、「餌指《えさし》」という下役《したやく》の家柄だった。しかし、祖父の代に郡方手代《こおりかたてだい》となり、有能な人物として知られた父の恭敬は、士分に取り立てられて、最後は大坂蔵屋敷を取り仕切る役職にまで昇進した。

貧しい暮らしの中で、教育熱心な両親は、正志斎のための「書を買うために借金をし、教師をみつけてくれた」と、文化《ぶんか》四年（一八〇七）に記された追悼の詩文にあるが、この「教師」が、前章の立原翠軒《たちはらすいけん》門下の藤田幽谷である。

父の恭敬は自然な選択として、同じ町内に住んでいた幽谷に息子を預け、会沢本人も幽谷に親しみを感じていた。両者ともに近年、武士に取り立てられた家の出であり、両親が子どもの教育に熱心であったことも、その理由だろう。

会沢が入門した時、幽谷は十八歳だったが、すでに博識と知性で藩内外からの名声を得ていた。

のちに「青藍舎《せいらんしゃ》」と名づけられた塾で、幽谷は会沢に、『論語』『孝経』といった儒学の古典を中心として厳格な教えをほどこした。それは、忠孝の教え、上下秩序（「君臣の義」）という道徳的リーダーシップに重きが置かれたものであった。

ただし、王朝の交代が繰り返された中国と異なり、皇統が一度も途絶えたことがない日本は、中国の歴史と思想を学ぶことは重要でも、中国そのものを特に尊敬してはならない、と幽谷は説いた。

また、「忠孝の教えや上下秩序などの道徳的な価値は普遍的なものであり、中国よりは日本がそれを純粋な形で具現化している」とした。

会沢正志斎（個人蔵、茨城県立歴史館寄託）

それから、抽象的な学問を生かして、水戸と日本が直面した、様々な国内外の問題解決にも力を入れるべきだという点も強調した。
これらの教えは、会沢に大きな影響を与えた。
寛政十一年（一七九九）、会沢は彰考館写字生の職を得て、『大日本史』編纂《へんさん》事業に関わり、研究者としての第一歩を踏み出した。
享和三年（一八〇三）、江戸の彰考館に移った会沢は、藩主・徳川治保の弟で、家老の座にあった中山信敬（のぶたか）の専横の振る舞いを直言して諌（いさ）めた。このことから、彼は「寸鉄先生《すんてつせんせい》（体が小さいのに舌鋒《ぜっぽう》鋭い学者）」と呼ばれるようになった。

江戸にいる間、彰考館での『大日本史』編纂とは別に、会沢は身のまわりで見聞した、社会問題や政治問題に関する意見をまとめている。

水戸藩や幕府が直面する進行中の財政問題、農村の人口や生産の減少、社会経済上の不平等などを取り上げて、それらが社会秩序の綻《ほころ》びの兆《きざ》しだと、彼は捉えた。

「社会の弱体化が露呈すると、強力な外国の勢力に立ち向かえなくなる」

ここに会沢の危機意識があり、変化する世界秩序の中で、国内の様々な問題に対応しながら、日本を強化する方策を考えることは、以後の六十年間、彼の頭から離れることはなかった。

会沢の研究における最初の成果は、享和元年（一八〇一）に出版された『千島異聞』である。

これはロシアと蝦夷地に関する著作で、前述したように、ロシアの脅威と称賛がともに語られたが、それに加えて、日本における国家としての一体性について、彼はビジョンを描き始めている。

その核となるのは、「文明の中心たる日本は、キリスト教などの異教を信奉する『野蛮人』に包囲されている」という考え方である。

これは「文明の中心（中華）から離れるほど野蛮度が増す」とする、儒教の「華夷《かい》思想」を日本に置き換えて論じたものだった。

当時の会沢に、世界は華夷秩序と対照的に、「独立した対等の国々が織りなしている」という認識はなかった。むしろ、建国以来、途絶えることのない皇統、道徳性ある統治、忠孝といった価値観が、日本を優越した国にしたと考えていた。

しかしその一方で、道徳的美徳が生み出す一体性だけでは、外国の脅威から国を守ることに十分ではないとの認識も、会沢はもっていた。

それを示すのは、「帰属のはっきりしない土地に日本人を移住させ、日本の領土を定義する必要がある」と指摘したことだ。

この考え方は、日本を漠然としか理解していなかった当時の人々に、領土という国家の主権をもつ国としての日本を、改めて気づかせることにつながった。

『千島異聞』を著した後、会沢は文化七年（一八一〇）に小林元《もと》を妻に迎えた。文化十年（一八一三）に長女を授かってから十年で五人の子をもうけたが、この間も『大日本史』編纂の作業に集中し、出版へ向けた道筋について、上司が感銘するほど優れた提言を行なっている。

文政《ぶんせい》二年（一八一九）、会沢は上方《かみがた》に向かった。大坂で亡くなった父の遺骸を引き取るためだったが、その途中、伊勢、熱田、京都など、天皇家ゆかりの場所を巡った。

翌年、水戸に戻ると、二十六歳から務めてきた、藩主の公子たちの教師役である侍読《じどく》を免ぜられた。そこで会沢は塾を開き、儒学古典を教え始めるが、文政六年（一八二三）には、彰考館のナンバー2にあたる総裁代役に任ぜられた。

これは会沢が有能な学者であり、かつ鋭敏な政治的感覚の持ち主であったことを示している。

大津浜《おおつはま》事件での西洋諸国との出合い

文化三年（一八〇六）、ロシア軍が、樺太《からふと》・択捉《えとろふ》などにある日本の交易場所を攻撃した（文化露寇《ろこう》）。

これ以後、ロシアの脅威は弱まりはしたものの、文化四年（一八〇七）六月、鹿島灘《かしまなだ》の沖を航行する外国船が目撃され、水戸藩内は騒がしくなった。藩領の周辺で外国船が確認されたのは、慶長《けいちょう》十六年（一六一一）以来、約二百年ぶりのことだ。

このときから四十年間、水戸藩では沿岸を通過する百四艘《そう》の外国船の様子が記録されているが、それらの多くは、豊穣な海に引きつけられたイギリスとアメリカの捕鯨船だった。

外国船が目撃されるたびに、水戸藩は下役人の捕方《とりかた》や漁民を派遣して対応していた。

もっとも、外国人が水戸藩領内の沿岸に上陸したという記録は皆無に等しく、ほとんどの場合は、何の行動も起こさずに済んだ。唯一の例外が大津浜《おおつはま》事件である。

文政七年（一八二四）五月二十八日、水戸藩の北辺近くに位置する漁村・大津村の沖に外国船が停泊し、十二人の英国人水夫が隣接する大津浜に上陸してきた。彼らは四艘から成る捕鯨船団の乗組員で、新鮮な食料と水を求めた。

英国人たちは平和的に接触を試み、村人と交渉して銃と鶏肉を交換したが、大津村を知行地として預かる家老・中山氏の役人により捕らえられた。

水戸藩は幕府へ通報するとともに、まず数十人の藩士を派遣した（この他に、水戸藩および隣接する藩の約二千の兵が出動している）。そこに筆談役二名が加わっていたが、その一人が会沢だった。

彰考館の総裁代役になるまでの間も、将来不可避となる西洋諸国との遭遇に備えることを考え続けていた会沢は、自らがもつ外国に関する知識を発揮できる機会に飛びついたのだろう。彼は大津浜に駆けつけ、三日間にわたって、船長のジョン・ギブソンをはじめとする乗組員を訊問した。

藩命は、「彼らがどこから来たのか」「ここで何をしているのか」を問いただすことにあった。

しかし、それは容易なことではなかった。英国人たちは日本語を全く理解できず、筆談しようにも、漢字どころか仮名もわからないのだ。

会沢はキリル文字で「ロシア」と書いてみせるが、ギブソンたちはそれを凝視《ぎょうし》したものの反応はなかった。

ついにはギブソンがアルファベットを書き始め、大声で文字を読み上げた。この時、会沢は彼らがオランダ人ではないかと思い始めたが、「ワン、ツー、スリー」と英語で数字を唱えるのに及んで、英国人であることを理解した。

会沢の有するロシア語、オランダ語、英語の能力が限られていたにもかかわらず、世界地図をみせることで、ギブソンたちがどこから来たのかを知り、航海ルートなどの情報を集めた。

ただ、それにも限界があった。ギブソンは、船が海に三十二カ月間出ていることを伝えようとして、月の絵を描き、そこに三十二という数字を加えたり、自分たちの目的が捕鯨であることを説明するために、鯨の潮吹きを真似たり、両手を用いて捕鯨砲手の仕草をしてみせた。

しかし、ギブソンをみていた会沢は、「本当のことを言わないことに憤慨し、実情を問いただそうとしたところ、銛《もり》の図などを描いて話をそらし、言葉を濁《にご》してしまった」と、『諳夷《あんい》問答』に書き残している。

会沢はギブソンの言うことを信じなかった。鯨に興味があるフリをしているだけで、彼らが日本に侵攻する準備のために上陸した、と思い込んでいたのだ。

数日後、幕府代官の古山善吉、蘭学者で通詞《つうじ》の吉雄忠次郎、天文方の高橋作左衛門《さくざえもん》らが到着して、ギブソンたちの訊問にあたった。

その結果、彼らが捕鯨船の乗組員であり、薪水《しんすい》を求めて上陸したとわかり、薪水などを与えた上で、二度と戻らぬように警告して解放した。

これに対して、英国人のずる賢さを考慮しない愚かで甘い判断だと、会沢は猛烈に批判する。

そして、「英国人は通商が目的だと語り、いたるところで友好的に近づいているが、国の強弱を確かめ、弱い国には兵力をもって攻め込み、強い国にはキリスト教で民衆をたぶらかして国を奪うのだ」と論じたのである。

会沢は、数十年にわたる西洋の歴史と西洋諸国の植民地拡大に関する研究から、西洋文明がずる賢いというイメージをもち、上陸した西洋人を「宗教と通商を通じて日本を転覆しようとする、キリスト教イデオロギーの走狗《そうく》」とみなしていた。

大津浜で英国人と会おうとしたのは、そうした西洋諸国に対する恐怖感を確かめ、長年信じてきた西洋諸国に関するイメージを確認する材料を見つけたかったのかもしれない。

〝日本再興のマニフェスト〟としての『新論』

文政八年（一八二五）二月、日本沿岸に現れた外国船に対する新しい政策、いわゆる無二念《むにねん》打払令《うちはらいれい》を幕府が出した。

この指令は、沿岸を警備する役人に対して、陸に近づく外国船に発砲するように命じる単純なものであった。その一方で、オランダ・清《しん》・朝鮮の船と、明らかな遭難船は除外されるなど、運用上の例外が多かった。

それでも、外国人の上陸を阻止するという点で、大津浜事件でもみられたように、丁寧に外国人への退去を求め、どの外国船にも食料と水などを供給する対策からの転換点となった。

なお、無二念打払令の見逃せない影響として、鎖国という考え方が政策に組み込まれ、一種の国法となったことが挙げられるだろう。

後年、水戸学者たちは、「鎖国は江戸時代初期以来の国法であるから、外国人は日本へ入ることができない」と繰り返し述べ、幕閣はこれを前提に、開国と通商要求への対応を議論した。

しかし、「江戸時代初期以来の国法」は真実ではない。無二念打払令のような政策を厳格につくり上げる過程で、そのストーリーができ上がったに過ぎなかった。

しかしながら、幕府が天保《てんぽう》十三年（一八四二）に、天保の薪水給与令を出して無二念打払令を打ち消すまで、「鎖国は日本古来の国法」という考え方が、日本の為政者や学者たちの間で「ゆるぎない常識」として存在することになった。

話を会沢に戻すと、大津浜事件の結果として、幕府が鎖国政策を強化したことは、「キリスト教圏の西洋諸国に対抗して日本を強国にする」という彼の主張に、関心を寄せる者が増えることを意味した。

この機会に会沢は、「日本再興のためのマニフェスト」を一気に書き上げた。それが『新論』である。

文政八年に著した『新論』の中で、会沢は以下のようなことを述べた。

日本は、これまで経験したことのない世界情勢に直面している。日本沿岸に現れた夷狄《いてき》は、過去にやってきた者たちとは違う。そのため、幕府は先例のない事態に対処するため、体制を立て直す必要がある。

数十年にわたる研究をもとに西洋諸国をみてみると、日本に迫ってきている西洋諸国には、国民の精神的一体性と国家への忠誠が生み出す力がある。軍事力よりも、この精神的な強さこそが日本にとって最大の脅威である。諸外国の王たちが「愚民《ぐみん》」たちの統合に成功した唯一の理由は、「邪僻浅陋《じゃへきせんろう》」（よこしまで浅薄）な「耶蘇教《やそきょう》」、すなわちキリスト教にある。

西洋諸国の脅威に対処するため、会沢は幕府に包括的な改革を求めた。具体的には、武士精神の復興、農兵の導入、沿岸警備隊や火薬廠《しょう》の建設、そして参勤交代を減らして費用負担を軽減することで、雄藩《ゆうはん》を強化することなどが唱えられている。

会沢にとって、無二念打払令は重要な起点となった。

無二念打払令が布告されて進むべき道は定まったのだから、「大いに振起作興《しんきさっこう》するところあり、速《すみ》やかに驕虜《きょうりょ》を駆除して、以《もっ》て大義を天地に立つべきなり」。つまり自らを鼓舞して、速やかに外夷《がいい》を打ち払い、大義を打ち立てるべきだ、と論じている。

ただし、会沢にとって、外夷を打ち払うことは計略の一部でしかなかった。というのも、彼は士民の統一を図る上で、精神的な一体化をも論じたからである。

『新論』において、この「精神的な統一性」を「国体」と呼び、なぜ日本から「国体」が消え、いかにすれば再び「国体」が得られるのかを、以下のように説いた。

「国体」の核心は臣から君に対する「忠」にあり、親子における「孝」とパラレルな関係にある。

これら価値の創始者は太陽の女神たる天照大神《あまてらすおおみかみ》であり、日本の天皇家の始祖にして、広くとらえればすべての日本人の始祖でもある。

父子の孝、君臣の忠という倫理的関係に加えて、天照大神とその子孫は、軍備と士民の福祉を価値づけるものである。ともに、これらの価値が日本の国家的エッセンスを構成する、と会沢は考えた。

これは、日本独自のものというより、儒教思想に表された理想社会の普遍的倫理価値に根ざしたものであった。それを日本の神話に照らし、万世《ばんせい》一系の皇統に結びつけて考えることで、日本独自の感覚として示したのである。

見方を変えれば、普遍的な価値観を皇室に結びつけることで、新たな脅威に対して、国家がどのように強化されるかを説明したともいえるだろう。

特に天照大神と皇統への敬意、すなわち尊王《そんのう》の重要性を強調し、皇室の祭祀《さいし》儀礼を国全体で復興させることによって、尊王を具体的に表現できるとしているが、宗教的な視点からみれば、これはキリスト教を寄せつけず、日本古来の神道《しんとう》の教えを中枢に置くことを意味する。

それは同時に、幕府による厳格な儒教正統教学、すなわち朱子学との決別を意味し、同時に、日本社会に深く根づいた仏教勢力への評価に、攻撃を加えるものでもあった。

実は、『新論』における幕府に対する提案の数々は、暗に幕府を批判する要素が含まれている。端的《たんてき》なものでは、幕府の根本政策である参勤交代や兵農分離の廃止がそうだ。天皇と将軍の上下秩序は「忠」の典型的なものであると、会沢は信じていた。しかし、彼の意図するところとは異なり、『新論』は読み手の思いによって、幕府の存立基盤を危うくしかねないものに変貌していく「可能性」を秘めていたのである。

厳密にいえば、『新論』は研究書ではなかった。幕府や水戸藩の重役たちを動かすための、論争の書といってよいだろう。

外夷、愚民、暗愚な学者への言及がちりばめられた『新論』は、意気地《いくじ》なしの役人、僧侶、西洋の学者、迷信土俗の信者、無知な農民、堕落した武士、過去の遺物と化した公家《くげ》たちなど、すべての人々を激しく批判したからである。

会沢の刺激的な文体は、危機感と尊王攘夷《じょうい》の精神を煽《あお》り立てたという意味で、『新論』は強力な檄文《げきぶん》だったし、幕藩体制の秩序を批判する側面がある以上、「危険な書」であったと言わざるを得ない。

こうした内容ゆえに、当時の水戸藩主・徳川斉脩《なりのぶ》は『新論』を一読しただけで、幕府への献上を認めなかった。さらに斉脩は、出版するにしても名前を伏せるよう、会沢に警告している。

その後、三十年間、『新論』は出版されることがなかった。しかし、会沢の弟子や同僚たちが写本を作って密かに配布された。

その結果、広がりつつあった弟子たちのネットワークを通じて、領土状況への危機感と日本の神聖な国体の解釈が広まり、『新論』を読んで感動した志ある武士たちが、会沢に学ぶために水戸を訪れるようになる。

アヘン戦争、ペリー来航で認められたその世界観

文政九年（一八二六）に会沢の師である藤田幽谷が他界し、彰考館総裁代役だった会沢は、幽谷の後継者として水戸学における頂点に立った。

文政十二年（一八二九）、藩主の斉脩が亡くなり、徳川斉昭《なりあき》（第六章参照）が藩主に就任したことで、もう一つの大きな転機がやってくる。

継嗣《けいし》の斉昭は若い頃、侍読だった会沢に学び、その世界観を心から支持する改革者だった。藩主就任後すぐに、斉昭は会沢を郡《こおり》奉行に任じ、彼の改革理念を実行に移すように求めた。しかし、永年蓄積されて凝《こ》り固まった利害関係を崩すことは、行政の経験に欠けていた学者の会沢には難しく、一年で学究生活に戻った。

それでも会沢は斉昭の改革をサポートし続け、文武両道を旨《むね》とする教育改革の実行、あるいは神社振興・寺院整理の社寺改革などを建言し、水戸藩を立て直すために必要な改革（それは、精神、軍事、経済と幅広い）の実行策を大量に書き送った。

また、天保年間（一八三〇年代）には、藩士の子弟や庶民が理解できるよう、『新論』の考

え方を簡単な言葉に置き換えて、二つの小論を書き著している。

彰考館での修史事業と斉昭の側近の役目とは別に、会沢は水戸城下中心部にある私塾（通称・南街《なんがい》塾または正志斎塾）で、若い藩士たちを教えた。

彼は『新論』を軸に、国土の危機に注意を払い、すぐにでも実行すべき防禦《ぼうぎょ》について考えるよう、弟子たちに促した。

会沢の改革思想は、迫りくる対外的緊張と社会・政治問題に対する主張であったがゆえに、若い下級武士層から熱烈に支持された。

その一方で、水戸藩内の保守派からは反発を買った。彼らは会沢の改革建議が、保守派の立場と藩内秩序を乱すものだ、と認識したのである。

水戸藩の保守派は、会沢の建議と斉昭の決定に異議を唱えた。それだけでなく、斉昭を取り巻く改革派の弱体化を画策し、保守派に同情的な幕閣に向かって、会沢や斉昭の行動を密告、讒言《ざんげん》した。

それが功を奏し、弘化《こうか》元年（一八四四）、斉昭や会沢は幕命により蟄居《ちっきょ》に追い込まれた（弘化甲辰《こうしん》の国難）。この後、八年もの間、会沢は公務から遠ざけられ、会沢の影響を受けた若き改革者たちも、保守派門閥層に抑圧された。

しかし、会沢の名声は日本中でうなぎ登りであった。

諸藩で改革を志向する武士たちは、一八三〇年代に行なわれた水戸藩の天保の改革を耳にして、積極的に水戸への遊学を試み、会沢や他の改革派の指導者たちを訪れて教えを乞うた。水戸遊学を果たした諸藩の藩士たちにより、水戸の改革気風と会沢らの思想が、日本全土に広まっていくのである。

そうした動きに加え、政治に関心をもつ人々の間で、会沢の存在感を決定的なものにしたのは、一八四〇年代から五〇年代にかけて生じた、大きな政治的変化だ。

一八四二年八月二十九日、南京《ナンキン》に停泊する英国戦艦上で、清国全権は英国使節団との間で、アヘン戦争を終わらせる屈辱的な条約（南京条約）に調印した。

強大な清帝国が「遠方の蛮人」たる西洋国家に膝を屈し、中国を外国商人と宣教師団に開放した。その事実は東アジア全体に衝撃を走らせた。

さらに、清帝国は米露などとも同様の条約を結ばされたから、もはやアジア諸国の指導者たちは、西洋諸国を無視できなくなった。

もちろん、清帝国敗北の報が日本の指導者層にも衝撃を与えたことは、言うまでもない。それはまた、会沢の西洋帝国主義に対する警告が、切実かつ緊急なものとなったことを意味する（なお、中国大陸で英国がみせた膨大な火力は、無二念打払令の限界も明らかにし、「異国船に砲火を浴びせれば、西洋諸国の攻撃を引き起こす」という懸念が広がって、無二念打払令はこの年に廃止されている）。

弘化元年、オランダ国王ウィレム二世が幕府に国書を送り、開国は避けがたいと勧告したが、幕府はこれを無視した。

弘化三年（一八四六）には、米国海軍司令官ジェームズ・ビッドルが江戸湾に来航したが、幕府は長崎回航を指示し、その要求を受け入れなかった。

しかし、このような対応が永遠に使えるとは、だんだん考えられなくなっていたと思われる。

七年後の嘉永《かえい》六年（一八五三）夏、米国のマシュー・ペリー提督が、威嚇《いかく》的に煙を吐く四隻《せき》の蒸気船を率いて江戸湾に来航し、「条約が締結されなければ退去しない」との決意を示した。

このときは「条約交渉が不調ならば、実力行使し屈服させる」と、最後通牒《つうちょう》のような言を残してペリーは引き上げ、一年経たずに再来日するが、ペリー来航が示した脅威は、幕府に開国が避けがたいことを理解させた。

アヘン戦争からペリー来航までの十年間は、新しい世界秩序に対して日本が準備不足であると、国中の危機感が高まった時期であった。それは、会沢の世界観が認められ、その思想を重く受けとめる動機づけともなった。

嘉永年間（一八五〇年代初め）頃までに、会沢の『新論』は国内で燎原《りょうげん》の火のように広がり、全国から若き武士たちが水戸に遊学して、外国の脅威に立ち向かう最善の方策を学び始めた。

会沢の主張する「攘夷」が幅広く支持されたのである。

影響を受けた志士〜吉田松陰《しょういん》と真木和泉《まきいずみ》

『新論』は志士と呼ばれる武士たちの聖典となり、会沢は師として仰がれるようになるが、彼の教えに心酔し、明治維新の礎《いしずえ》をつくる役割を果たした人々のなかで、際立《きわだ》つ二人の人物がいる。

一人は長州藩の兵学者・吉田松陰《しょういん》である。

松陰が最初に会沢の著作にふれたのは、肥前平戸《ひぜんひらど》藩を訪問中の嘉永三年（一八五〇）だった。平戸前藩主の松浦静山《まつらせいざん》が、徳川斉昭との親交を通じて入手したのであろう。松陰はこの地で『新論』の写本を読んだ。

翌年、江戸に出た松陰は、会沢の国防論を高く評価する兵学者の佐久間象山《しょうざん》に学んだ。佐久間の主君である信州松代《まつしろ》藩主・真田幸貫《さなだゆきつら》もまた、斉昭と深い親交があった。

こうしたつながりを通じ、会沢の著作と民衆動員に関する見識に対する松陰の興味は増していった。

嘉永四年（一八五一）の暮れ、松陰は藩の許可を得ぬまま、水戸や東北への旅に出発し、翌年一月にかけて約一カ月間、水戸に滞在した。

会沢は数度にわたって訪れた面識のない松陰に酒を勧め、夜中まで深く語り合った。また、他の水戸藩士の家にも足しげく訪れた松陰は、そのたびに歓待を受けた。

他藩士に胸襟《きょうきん》を開いて国事《こくじ》を語る水戸の気風と、水戸人たちの日本の直面する課題を解決するための献身と覚悟に、松陰は圧倒され興奮した。

長州に戻ったのち、安政《あんせい》四年（一八五七）に松下村塾《しょうかそんじゅく》を開いた松陰は、水戸で学んだことを若き武士たちに教えた。

松下村塾では、会沢の『新論』や藤田東湖の『回天詩史《かいてんしし》』がテキストとなり、久坂玄瑞《くさかげんずい》・高杉晋作《しんさく》・木戸孝允《たかよし》（塾生ではなく門弟）・伊藤博文といった倒幕、明治維新、そして維新後の新政府の代表的人物となる男たちが、水戸学の洗礼を受けた。

もっとも、長州人である松陰は、水戸藩のように徳川家の血縁に束縛されなかった。そのため、松陰は会沢よりも幕府の支配に対して挑戦的であった。

たとえば、在野の民衆が立ち上がることを促す「草莽崛起《そうもうくっき》」を提唱し（実はこれも水戸遊学によって気づかされたことであるが）、西洋諸国に対して「必戦の覚悟」を表明して、好戦的な立場をとった。

安政六年（一八五九）、安政の大獄に連座した松陰は、江戸小伝馬町《こでんまちょう》の牢で刑死したが、水戸学の教えは弟子の久坂玄瑞・高杉晋作などに受け継がれた。高杉によってつくられた、日本初の近代的軍隊である奇兵隊の隊旗「忠義塡骨髄《ちゅうぎこつずいにうずむ》」は、藤田東湖の『回天詩史』を転用したものであったことを思えば、長州に及ぼした水戸学の影響は計り知れない。

こうして長州は、尊王攘夷運動の本拠地の一つに発展していくのである。

もう一人の人物は、真木和泉《まきいずみ》だ。

九州・久留米《くるめ》藩出身の神官である真木は、早い時期から『新論』を読み、衝撃を受け、水戸行きを切望していた。そして弘化元年に水戸へ向かった。

わずか八日間しか滞在しなかったが、そのうちの四日間は会沢を訪ね、長時間にわたって国事を論じ合った。会沢が著した「学制略説」を借りて自ら筆写したことからわかるように、真木は水戸藩の教育改革にも関心が高かった。

その後、京都に赴《おもむ》いた真木は、尊王派の公家たちとの関係を構築し、会沢の尊王思想を共有した。

嘉永五年（一八五二）、真木は久留米藩の藩士たちとともに、水戸学に基づく藩政改革を断行しようとした。しかし、保守派の巻き返しにより、幽閉謹慎の身となってしまう。ただ、その間も門人をとり、会沢の『新論』をテキストとして講じていたという。

文久《ぶんきゆう》二年（一八六二）に真木は脱藩、薩摩から京都へ入った。その後は長州藩と行動をともにして「王政復古」を唱えた。だが、それは討幕論をも含んでいたことが物語るように、会沢が重んじた天皇と幕府の主従関係（つまり儒教的な「忠義」の表出）を捨て去ったものだった。

元治《げんじ》元年（一八六四）、長州藩と行動をともにした真木は禁門の変で敗退、追い詰められ自刃した。

禁門の変は失敗に終わったが、真木は会沢を根源とする「王政復古」の思想を、朝廷に深く植えつけることに成功した。

もともと朝廷は、水戸藩に対する敬意が存在していた。二代藩主・光圀《みつくに》の頃から、『大日本史』などで皇室の優位性を強調し、尊王の念をもっていたからだ。

これに加えて、会沢の思想が、より直接的な政治変革（「王政復古」を含む）を目指そうとする動機を、公家たちに提供することになったのである。

尊王攘夷派への批判

攘夷の気運が過熱する一方で、会沢は若き日の著作がもつ過激な立場から、一歩引くようになっていく。

ペリー来航以来、幕府は徳川斉昭と会沢ら側近たちを復権させ、海防など軍事面における水戸藩の専門知識を利用しようと躍起になった。そうした政治的要因が、会沢を抑制的にさせた一面はある。

しかし、それよりも、アヘン戦争以降の地政学的な現実（西欧帝国主義のアジア侵入）に適応する新政策の必要性と、幕府内の派閥対立、朝廷、自らの利益のために動く藩といった要素が織りなす国内政治の複雑さを、会沢が認識したことが大きかっただろう。

ペリーが最初に江戸湾に現れた一年後、幕府が米国との条約協議を始めた。このとき、過激な攘夷論者と思われていた会沢は、外国への開港地設置に反対を唱えず、大坂の開港開市を防ぐことに力を注ぐという、かなり現実的な立場をとった。

これは、水戸藩が海防の役割を担っているがゆえの意見だろう。会沢は、「大坂は京都に近く、外国人を入れることはリスクが高すぎる。そのリスクは、外国勢力が容易に京都に攻め込めるというだけでなく、幕府の畿内における軍事能力に注目が集まり、その弱体ぶりに批判が集中して、幕府の権威を貶《おとし》めることになる」と論じている。

嘉永七年（一八五四）、幕府は日米和親条約に調印し、そこで示された開港地は下田《しもだ》・箱館《はこだて》だった。会沢の危惧《きぐ》したリスクは回避されたわけだが、日本社会はペリー来航の余波に翻弄され、流言《りゅうげん》と不安が渦巻くなかで、会沢の思想の影響を強く受けた攘夷論者が激増していった。

会沢自身が老獪《ろうかい》な政治家のごとく成熟する一方で、会沢の若き信奉者たちは、外国勢力の脅威が増すにつれて先鋭化した。

彼らの多くは下級武士であり、正式な政治力をもたないが、後年、各藩の政治改革や、政治を動かすための画策や幕府要人への襲撃など、幕末の政治を大きく影響する「志士」となった。そして、外国人に対して厳しい政策をとるように扇動《せんどう》し、朝廷をはじめ、倒幕精神が発展していた長州藩などで同志を作り始めた。

一方、幕府では嘉永六年（一八五三）に十二代将軍・家慶《いえよし》が他界し、徳川家定《いえさだ》が十三代将軍となった。家定は病気がちで跡継ぎが期待できないため、将軍後継者をめぐり、大名や幕閣が推す二人の候補者（一橋慶喜《ひとつばしよしのぶ》と紀州藩主・徳川慶福《よしとみ》）を軸として、幕府を二分する派閥争いが起こる。

この危機の只中の安政四年、駐日米国公使タウンゼント・ハリスが、包括的な通商条約の交渉を始めたいと申し出た。

幕府は「この条約締結は不可避である」と諸藩などに知らしめるが、事の重大さを鑑《かんが》みて、老中たちが京都に赴き、孝明《こうめい》天皇の勅許《ちょっきょ》を得る方針を決定した。

幕府は成立以来、外交関係を独占的な権利としたから、たとえ相手が朝廷であっても、外交問題で伺《うかが》いを立てることは「幕府支配」の後退を意味する。これはかつてない動きだった。

悪いことに、朝廷はもはや受身ではなかった。孝明天皇と摂関家などの上層の公家たちは、西洋諸国との通商に強く反対し、幕府に対して、御三家・諸大名を交えて条約を協議するように命じた。

これは、江戸幕府始まって以来、初めての朝廷による外交問題の不同意であり、幕府の賭けは裏目に出た。

しかし、大老に就任した井伊直弼《なおすけ》が条約交渉を推し進め、安政五年（一八五八）六月、日米通商航海条約が勅許を得ないまま調印された。

これを知った徳川斉昭や一橋慶喜は許可なく江戸城に押しかけ、井伊直弼大老や幕閣に詰め寄ったが、覆《くつがえ》すことはできなかった。

無勅許での調印に朝廷側も激怒し、天皇の意思を無視した代償を幕府に払わせるべく、安政五年八月、尊王攘夷の中心地たる水戸藩に密勅《みっちょく》を出した。いわゆる「戊午《ぼご》の密勅」で、その内容は、幕府を攘夷政策で立て直せというものだった。

水戸藩への密勅降下は、「無勅許調印に対する幕政批判は正しかった」と、水戸の尊王攘夷派を喜ばせたが、会沢は密勅を受け入れることに恐れを感じていた。彼は「幕府の頭越しに、水戸藩に来た密勅を受け入れることは、幕府の反発を買い、藩への重い処罰につながるのではないか」と危惧したのである。

さらに会沢は、「この問題が朝幕関係の分断を避けがたいものとする引き金になり、日本の国体を弱体化させる」と考えた。

ここに至り、彼は自分が教え育てたといってもいい水戸の尊王攘夷派に対して、「その行動はむこうみずであり、藩を破壊し、君臣の忠に悖《もと》るものだ」と、批判を向けた。そして藩に対し、密勅を返納するように促した。

水戸藩の重臣たちは、藩主の徳川慶篤《よしあつ》と前藩主である斉昭に相談した上で、勅書（密勅）を返納することにした。

ところが、尊王攘夷激派の志士たちは勅書返納反対を主張し、水戸街道の長岡に集まって、勅書が江戸に送られることを阻止しようとした。

水戸城下や長岡で衝突が起こり、死傷者が出たことを聞いた会沢は言葉を失った。この藩内の対立は、水戸藩にとって悲劇の始まりとなっていくのである。

逆説的に展開していった理論

会沢が危惧した幕府の反発は、間もなく現実になった。

安政の大獄で井伊直弼は、各地にいる尊王攘夷の志士たちの多くを投獄した。その中には水戸藩士も含まれている。

これに反発した水戸の志士たちは、翌安政六年春、水戸街道の小金宿《こがねじゅく》に屯集《とんしゅう》した。斉昭と改革派の指導者は解散を促したが、志士たちは従わなかった。密勅への対応に加え、小金宿に屯集した志士たちの行動は、激派（改革派）と鎮派（穏健派）の溝を深める結果を招いた。

さらに、この年の八月、幕府が斉昭に永蟄居《えいちっきょ》を命じると、保守派の勢力が復活し、改革派内部でも分裂が起こってしまった。

会沢は尊王攘夷派の中で、穏健な鎮派の側に立った。国内外の危機に直面するなかで、対立よりも和解と国内の統一を希望したのである。

しかし、広がりをみせる激派の行動を前に、会沢の主張の大部分は無視された。

万延《まんえん》元年（一八六〇）から、水戸藩の政治危機が一層深刻になった。三月三日に、尊王激派の数人が桜田門外の変を起こし、井伊大老を暗殺した。その数カ月後、斉昭が死去した（六章参照）。水戸藩の政治がコントロール不能に陥《おちい》るだけでなく、幕府との関係をさらに悪化させていった。

文久二年、八十一歳の会沢は『時務策《じむさく》』を著し、簡潔な文章で、攘夷論の撤回と開国への支持を表明した。

以前と比べて穏健になったとはいえ、『時務策』の政治観は、『新論』に含まれていたものと同じような辛辣《しんらつ》さがあったが、その中で会沢は、「鎖国は祖法でなく、一六三〇年代に起こった島原の乱に対処するために設定されたものだった」と指摘している。

そのうえで、「それから二世紀が経ち、西洋諸国がアジアに実力をもって侵略しようとする時代にあって、外国との友好関係に入らなければ、世界を敵に回してしまう」と警告した。

時代後《おく》れの武器、弱体化した武士層、仮に西洋諸国と戦争して負けた場合に、賠償金を支払う能力がない点などを、開国支持の理由として挙げているが、それは透徹した洞察で日本の弱点を指摘したものであった。

それだけに『時務策』には、血気に逸《はや》る尊王攘夷激派への痛烈な批判が記されている。

武勇にのみに頼って外国勢力に立ち向かうことは、西洋諸国の実力に対する侮《あなど》りであり、敗戦の可能性も考えずに臨《のぞ》むことは無分別である。

「天下は天下の天下にして一人の天下に非《あら》ず」、つまり天下を自分の物のように軽々しくなげ打って戦うなど、臣たるものの心得ではない。

尊王攘夷激派が高慢で妄想《もうそう》に陥った極論主義者であり、天皇を操《あやつ》って国全体を危機に追いやっていると会沢は断じ、幕府の富国強兵策（いわゆる文久の改革）を「軍事力強化への時間を確保する」と評価した。

これに対して、激派は「耄碌《もうろく》した愚か者の作品だ」と、会沢ならびに『時務策』を嘲《あざわら》い、暴発した一部による、幕閣などへの襲撃事件はとどまることを知らなかった。

その経緯をみると『時務策』は、水戸藩の尊王攘夷派における鎮派と激派の間に、譲れない一線を設けたといえるかもしれない。

藩内抗争と政治的混乱、幕府をめぐる危機的状況の収束に見通しが立たない文久三年（一八六三）夏、会沢は水戸の自宅で亡くなった。

会沢は『新論』により、崩れかけた社会秩序の復興を願った。しかし、彼は自分自身の理論が、逆説的に展開していくことを最後まで認めようとしなかった。

「会沢の理論の逆説」とは、彼の企図《きと》した急進的改革は、彼が願った体制の崩壊を意味しかねない、ということである。

激派に向けた批判の基底は、江戸時代の身分秩序と「忠義」を軸とする、儒教道徳に基づく一貫した信念によって形づくられていた。

しかし、一八六〇年代までに、その考えは無力化していた。天皇に「忠義」を尽くすには、複雑な幕藩体制の維持よりも、新しい天皇中心の統一国家体制の建設が必要であることが、ますます明らかになったからである。

コラム4

勇三郎《ゆうさぶろう》——英語を話すことができた大津浜の漁師

会沢正志斎《あいざわせいしさい》が大津浜《おおつはま》に上陸した英国人水夫を訊問したとき、以前から英国人水夫との接触があり、英語が少し話せる人物がその地にいた。漁師の勇三郎《ゆうさぶろう》である。

十九世紀初頭、アメリカやヨーロッパで鯨油《げいゆ》などの需要が増大し、近海の鯨の数が急減したため、捕鯨船はさらに遠くへ航海するようになった。そして一八二〇年代までに、ハワイ諸島の西端から小笠原《おがさわら》諸島や東北の沿海まで広がる豊かな漁場「ジャパン・グラウンド」に到達した。

毎夏、勇三郎をはじめとする漁師たちは、海岸から二百キロ以上も離れた海域まで、カツオ漁に出かけていた。そこは「漁師しか知らない世界」だった。

恐らく勇三郎は「ジャパン・グラウンド」と呼ばれた国際的な海域で、英語を話す水夫と接する機会を得たのであろう。

西洋の捕鯨船に出合ったのは勇三郎だけではない。漁師の一人は捕鯨船に数日泊まって捕鯨を見物したり、西洋の水夫が持っている小物と、服や食べ物を交換する者もいたという。

西洋の船から手に入れた物を持ち帰った漁師たちは、それらを沿岸の村々で売りさばいたが、商人が漁師に交易品を預けて交換に使わせた例もあり、非公認な交易活動は、ある程度頻繁に行なわれていたと思われる。

水戸城下に住む好古趣味の町年寄《まちどしより》・加藤松蘿《しょうら》は、藩内の村々で見つかった海外の硬貨、指輪、衣服、書物、新聞などを丁寧に記録している。その中には漁師が習った簡単な英単語も含まれていて、漁師たちと外国船の船員との間で行なわれた交流の頻度が高かったことがうかがえる。

このような交流が行なわれていたからこそ、異常な出来事だったはずの英国人水夫の上陸に際して、大津浜の村民は逃げなかったのだろう。

「文政七甲申夏異国伝馬船大津浜へ上陸幷諸器図等」より（茨城県立図書館蔵）

逃げるどころか、彼らは水夫たちに好奇心を表した。ある人は食物を提供し、ある人は交易を試み、またある人は安全な距離からみるだけで満足したという。

水夫たちを「蛮人」と認めたに違いないが（手を一度も洗わなかった英国人はかなり汚かったらしい）、追い払うことや交流を拒絶することなどは一切なかった。

しかし、水戸藩の役人たちは、外国の捕鯨船との交流を喜ばなかった。藩がカツオ漁を一時停止した後、勇三郎が沿海を通る捕鯨船を訪れたことが役人の耳に届くと、彼は逮捕され、水戸城下に連行された。

三カ月の投獄を経て、勇三郎は村に戻るが、それ以降、その名は記録から消えてしまっている。

会沢正志斎をはじめとして、水戸藩の役人たちは、西洋の「蛮人」がキリスト教などを使って「愚民《ぐみん》」を操り、侵略を図っていると確信していた。このような見解は、日本の鎖国体制を強化するとともに、西洋の水夫たちへの恐怖感を高めたのは事実だろう。

しかし、「ジャパン・グラウンド」で、漁師たちは西洋の捕鯨船員に接していたし、水戸藩の領民は、西洋の「蛮人」を必ずしも恐れたわけではなかった。

政治の中心から離れた一般の人々の視点からみれば、増大していた海外との関わりは脅威だけではなく、新しい世界を発見できる機会でもあった。

大津浜事件は、通説である「鎖国」と異なる次元の視点を示唆《しさ》しているのではないだろうか。

第五章

藤田東湖《とうこ》

「水戸の改革」から「日本の改造」へ

文政《ぶんせい》七年（一八二四）夏、会沢正志斎《あいざわせいしさい》が大津浜《おおつはま》で、空腹の英国船員と身振り手振りを交《まじ》えて話している頃のことである。

水戸に戻っていた藤田幽谷《ゆうこく》（第三章、第四章参照）は、十八歳の息子・東湖《とうこ》を呼び出した。そして、大津浜で進行している外国船漂着事件を説明し、神国日本の国防と国の一体性に、英国人がもたらす脅威についても語った。

話を聞いて立腹した東湖は、父に向かって英国人を討つと宣言した。「もし、罪を問われて処刑されることになろうともかまわない」と、人生で初めて決死の覚悟を披露《ひろう》し、「討つことによる罪で死ぬことは、天皇への忠義を証するに値する死となるだろう」と述べた。

東湖は大津浜への旅支度《たびじたく》を急いだが、出発しようとする時に一報が入った。会沢の訊問を引き継いだ幕吏たちが、英国人に食料と薪水《しんすい》を与え、二度と戻らぬよう警告して送り出したと聞き、東湖は落胆した。尊王《そんのう》の心をもって、攘夷《じょうい》を決行する機会を失った彼は、幕府の弱腰を憤《いきどお》った。

大津浜で大義に殉《じゅん》じることはできなかったが、大津浜事件は東湖が学んできた忠君、愛国、武士道といったものをただの理想ではなく、彼自身のものとする一つの機会となった。これ以降の彼は、人生を通じて、その理想を洗練し続けたといってよいだろう。

水戸の歴史、そして日本の近代化の歴史における藤田東湖の意義は、会沢正志斎が展開した抽象的な思想を、実用的な政策に変えたことにある。

国内の不安と外国からの攻撃という双子の危機に対抗して、日本中の改革者たちが社会の再構築を目指して躍起になっている時、彼らを惹《ひ》きつけた水戸藩の改革の構想と実現を図ったのが、東湖だった。

彼は、他の水戸学者の誰よりも強く、民を天皇に結びつける大義と、万世《ばんせい》一系の皇統を中心とする国体を掲げ、日本人に国家の改革を訴えかけたのである。

信念のために戦う〝硬骨漢《こうこつかん》〟

東湖は、水戸城下町の西部、通称上市《うわいち》（上町《うわまち》）の上梅香《うわばいこう》で、文化《ぶんか》三年（一八〇六）三月に生まれた。

父の藤田幽谷は彰考館《しょうこうかん》総裁を務めた学者だが、七代藩主・治紀《はるとし》（在位一八〇五～一六年）、八代藩主・斉脩《なりのぶ》（在位一八一六～二九年）の側近でもあった。

幽谷は、町人から武士に取り立てられた「第一世代」といっていいだろう。

東湖の祖父・与衛門《よえもん》は古着屋を営み、それ以前は領内の農民だった。幽谷が藩の役職に就《つ》いたことで、藤田家は水戸藩内の特権的な地位を得たものの、保守門閥派からみれば、成り上がり者の一人に過ぎなかったのである。

幼い頃から漢籍と和文を学んだ東湖だが、父・幽谷の、儒教的な忠義と道徳への強い傾倒は、感受性の強い若き東湖に突き刺さった。

藤田東湖（茨城県立歴史館蔵）

また幽谷は、外国の脅威に対する強い不安感を息子に伝えた。十九世紀初頭のロシアの南下のことである（第四章参照）。

父と、父の門弟で同じようにロシアの脅威を強く感じていた会沢正志斎、それから他の水戸学者たちの指導のもとで、東湖はこの不安感を吸収していった。大津浜での決死の覚悟も、こうした背景があったからである。

東湖は十四歳の時、出府する父に伴われ、のちに水戸学の大家《たいか》となる、父の門人・豊田天功《とよだてんこう》とともに江戸で文武を学んだ。二十歳の年にも父とともに江戸に上《のぼ》ったが、この時は槍術《そうじゅつ》の修練に熱を入れた。父の幽谷が、「文武の道は本来一つ（文武不岐《わかれず》）である」と警告するほどだったという。東湖は父の警告に内省して勉学に励み、特に水戸藩の改革派学者たちから、水戸学の基礎を学んだ。

文政九年（一八二六）に幽谷が亡くなる。

東湖は藤田家の当主となり、幽谷の私塾・青藍舎《せいらんしゃ》を受け継いだが、文政十二年（一八二九）には、父が任命されていた彰考館の総裁代役に任じられた。これは、水戸の学者の中でも最上位への到達を示していた。

東湖は父と同様に、自らの意見に妥協せず、率直な性格であり、上司を含め、権力ある人々を攻撃することに、ためらいはほとんどなかった。

彰考館内の「大弊五事《たいへいごじ》」を総裁の青山拙斎《せっさい》（終章参照）に建言し、もう一人の総裁川口緑《りょく》野《や》の腐敗を糾弾《きゅうだん》して、修史事業の問題点なども指摘している。

この建言は、腐敗した人物を排除できない江戸の彰考館の上役たちと、東湖率いる水戸の彰考館の改革派の間で不和を広げた。

一方で、東湖の水戸における影響力と、二十三歳という若年でありながら、信念のために戦う硬骨漢ぶりを浮き彫りにしたのである。

妥協せずに藩主・斉昭《なりあき》と衝突

東湖は文政十二年に、二度目の決死の覚悟をした。

今回の相手は、彼にとって鎮圧すべき蛮人よりも有害な、保守門閥派の長老たちだった。

東湖の覚悟の原因は、文政十一年（一八二八）の八代藩主・斉脩の没後に起こった継嗣《けいし》をめぐる騒動にある（第六章参照）。

改革派の先頭に立っていた東湖は、藩主の弟・敬三郎紀教《けいざぶろうのりたか》（のちの斉昭《なりあき》）の支持に全精力を投じた。

斉昭こそが水戸家の血筋を守る人物であり、改革を成し遂げる藩主になると信じた東湖は、藩の許可なく改革派の同志たちと江戸に上る。そして、水戸藩連枝《れんし》（分家）の大名や藩の重役、幕府の要人たちに斉昭を継嗣にするように嘆願して回った。

許可なき出府は重大な規則違反だったが、水戸の改革派勢力が数と信念において、江戸の保守門閥派に勝っていることをみせつける必要があったのである。

東湖がこの権力闘争に勝つことで、家督を相続して九代水戸藩主となった斉昭は、改革政策の道を開いた。

以降十五年間、東湖は斉昭のブレーンとして仕え、水戸藩の包括的な改革政策の牽引役《けんいんやく》を務める。

東湖が主な標的に定めたのは、保守門閥派勢力である。

藩の上層を占める「姦臣《かんしん》」が腐敗し、私利を貪《むさぼ》るだけでなく、数十年来の藩政運営において道義と綱紀《こうき》が破壊され、士民を問わず貧困に落とし、藩財政を破綻《はたん》させ、藩全体の力を減退させたと、東湖は保守門閥派を痛烈に批判した。

そして、この問題を解決する第一歩は、身分にかかわらず能力のある者を取り立てることだと論じた。

天保《てんぽう》元年（一八三〇）、水戸領八田郡《はったぐん》（現在の常陸《ひたち》大宮市域と那珂《なか》市の一部）の郡《こおり》奉行に抜擢《ばってき》を受け、東湖は自らの建言を実行すべく動き始めた。

約五十の村々を統括した八田郡・郡奉行の陣屋は、水戸の北方二十五キロのところにあった。六畳二間に台所と廊下の八坪ほどの藁葺《わらぶ》きの質素な建物で、若い独身者が仮暮らしをするには、ちょうどよい規模の役所兼住居だった。

この陣屋に着任して間もなく、東湖は壁にぶつかった。

就任して半年後、友人の大久保要《かなめ》へ送った手紙に「鶏《にわとり》を捌《さば》くくらいの小さなことでも、牛一頭を屠殺《とさつ》する気持ちでやっている」と、彼は記した。そこには、改革を実行に移す困難さがうかがえる。

もう一人の郡奉行で、立原翠軒《たちはらすいけん》の学風を引き継ぐ小宮山楓軒《こみやまふうけん》（コラム5参照）とは、改革という点で共通していたが、細かい手法については意見の食い違いがみられた。

「郡奉行配下の人員を減らすべきか否《いな》か」「奉行は水戸にいて藩庁との関係を密にし、迅速な決定をすべきか。それとも地方にいて、村人たちの悪習を間近《まぢか》で正すべきか」等々である。

この「立原派」と「藤田派」（第三章参照）の不一致は、江戸の斉昭の耳にも届いた。

そこで斉昭は、天保元年の夏から秋にかけて、両派の人々を江戸へ呼び出し、対立の自重を促した。改革派内で意見の齟齬《そご》が広がれば、改革自体の行き詰まりにつながるからである（コラム5参照）。

東湖らの「藤田派」は十月に江戸の藩邸に呼び出されたが、東湖の妥協しない性格は、幅広い改革派の政治連合を説く主君と衝突した。

それでも、郡の統治を中央（水戸）に合理化する東湖の提案に、斉昭は同意した。奉行の数を減らして水戸へ再配置し、東湖は、八田郡よりも広い太田郡の奉行に転任した。

奉行所は水戸城下田見小路《たみこうじ》に置かれ、東湖は天保二年（一八三一）二月、水戸に戻ることになった。東湖は奉行所が水戸にあることを、「官舎と園林をみると旧友に会ったようだ」と喜んだ。

水戸に戻った東湖は、郡奉行職から目付《めつけ》に転じた山口徳正《のりまさ》の娘・里《さと》を娶《めと》った。そして彼は新しい仕事に腰を据え、多くの吏員《りいん》で奉行所を動かし、水戸城での度重《たびかさ》なる会議に出席した。

この時期に行なった農村改革で、東湖は稗蔵《ひえぐら》を建設している。

これは救荒《きゆうこう》対策だけでなく、豊作時に安く穀物を買い入れ、不作の時に放出することで物価安定を図る、古代の常平倉《じようへいそう》の役割を担《にな》うものであった。

また、山横目《やまよこめ》(広域の総庄屋的役割)・庄屋などの村役人層に、勧農と道徳を熱心に説いている。

東湖は何度も巡村し、郷士・山横目・庄屋・組頭《くみがしら》といった村の指導層と面会しては、その人物を見定めつつ、村に入り込む贅沢《ぜいたく》と退廃の風潮を戒《いまし》めるよう促した。

一方で、藩庁における反改革派たちには憤慨していた。特に憤ったのは、彼の師であり、斉昭の師でもある会沢正志斎への人事である。

藩政改革の枢要な職である御用調役《ごようしらべやく》に就いていた会沢は、藩政に直結しない水戸の彰考館総裁へ異動させられた。これを事実上の左遷だとして、東湖は他の郡奉行とともに斉昭に手紙を送り、翻意《ほんい》を促した。

しかし、斉昭は東湖らに対して、郡の職務に専念し、人事に干渉しないよう強く警告した。

斉昭の警告は、東湖を激怒させた。彼は病《やまい》と称して、天保三年(一八三二)二月、辞職覚悟で出仕をやめてしまった。

斉昭は東湖を宥《なだ》めるべく、「郡奉行の仕事に専念すべきで、職分以外のことに口出しすべきではない」と再び諭《さと》した。

これは東湖の怒りを増幅させ、同年四月、東湖は斉昭に対して「壬辰封事《じんしんふうじ》」と呼ばれる意見書を提出した。その中には、藩政が抱える問題点の概要が述べられていた。

東湖の指摘した最大の問題点は、改革に対する保守門閥層の藩重役たちの反対だった。重役たちの頽廃《たいはい》や自制の欠如、そして旧弊を正す意志のなさに、彼は容赦ない非難を浴びせた。「この弊害は人事において、能力主義を採ることによってのみ解決することが可能である。藤田派、立原派のバランスなどに頓着《とんじゃく》せず、それぞれの性質や器量に応じて人材を登用する。そうすれば藩の秩序が整い、改革がうまくいく。水戸の改革がうまくいくことで、日本の再興も図られる」と、東湖は説いている。

だが、東湖の意見書を読んだ斉昭は、考えを改めなかった。その代わりに、東湖を水戸からしばらく離すことが必要と判断し、彼を藩主に近侍《きんじ》する江戸通事《つうじ》に昇任させた。

天保三年、東湖は江戸に移り、勝手の違う多忙な仕事に神経をすり減らしつつ、さらなる改革政策のために、斉昭と密接に連携し、懸命に仕えた。

教育や藩士の再配置、社寺改革への提案書を献じる一方で、斉昭の『告志篇《こくしへん》』などの命令文書の添削《てんさく》校正、水戸藩の負債を減らし財源を増す計画策定を手伝っている（第六章参照）。

藩主のサボタージュ「岩戸隠れ」で…

この時期を通して、東湖は一連の改革に保守門閥層の抵抗を受け続けた。

改革が減速することを危惧《きぐ》した東湖は、天保七年（一八三六）の初め、改革に消極的な家臣たちに揺さぶりをかける計画を、斉昭とともに考えついた。

それはのちに「岩戸隠れ《いわと》」と呼ばれた、藩主によるサボタージュである。

斉昭は自ら部屋に閉じこもり、新年の儀式への出席を拒否した。そして、家臣たちに対し、「改革政策が支持されなかったので、藩主を辞めることを考えている」と告げた。

これは婉曲《えんきょく》な脅迫だった。もし斉昭が藩主を辞めれば、主君を支えることに失敗した重役たちは、幕府から厳しい罰を受ける可能性があるからである。

東湖と斉昭が仕組んだ賭けは成功した。藩の財政担当者たちは、大幅で多岐にわたる経費節減の計画に同意したのである。

この時の経費削減計画の内容は、向こう十年間の緊縮財政と、公職にある者の従者（供連れ）の削減、奥女中の人員節減、江戸定府制《じょうふせい》の廃止などだが、多くの藩士の声高《こわだか》な抗議にもかかわらず、斉昭はこれらの計画を実行に移した。

これで波に乗った東湖は、次なる改革案を実行に移した。

天保八年（一八三七）、改革に対する斉昭の諮問《しもん》を受けて、三つの大きな提案をしている。

一つは「上下富裕の義」といわれるもので、税収確保による財政再建と産業振興を目指した。

そこでは、天保十一年（一八四〇）に全領地の検地を行ない、これまでの俸禄《ほうろく》という形式ではなく、知行地《ちぎょうち》を定めて藩士たちが直接収入を得る、「地方知行制」への復古を求めた。

二つ目は「土着の義」といわれるもので、江戸と水戸城下に住む百五十石取以上の藩士を城の周囲二里（八キロ）以内に土着させ、軍事訓練も増やすことを目指した。

この案は、二百年にわたる幕藩体制においては急進的すぎるものだったが、時勢が変わり、旧慣を改めるべきだと東湖は論じた。

武士を村落共同体に戻すことで自足を学び直し、領内の村落における道徳も向上し、水戸藩の防備体制も高まることになる。防備体制への言及は、水戸藩領は海岸線が長いため、外国船が頻繁に目撃されて危機感が高まったゆえのことだ。

最後の提案は藩校・弘道館《こうどうかん》の創設で、斉昭の言葉に置き換えるならば「学校の義」である。

そもそも学校建設は斉昭が提案したものだが、具体的な学校の理念の骨子《こつし》や建設の基本構想は、東湖の提案なしには成立し得なかった。

東湖は斉昭の原文をもとに、弘道館の設立趣旨を顕《あらわ》した「弘道館記」を起草した。

そこではまず、館名の由来が記されている。

「弘道」とは「道」を弘めるという意味だが、その「道」は「上下秩序」「忠孝」という儒教道徳に、「万世一系の皇統のあらわれた天地自然の秩序道徳」を組み合わせたものである。

この概念は、二代藩主・徳川光圀《みつくに》の時代以降、水戸独特の政治思想の根本的な要素となっていた。

また、皆の考えを集めて人々の力を動員（「集衆思宣群力《しゅうしをあつめぐんりょくをのぶ》」）し、極まりない国家の御恩に報いる（「報国家無窮之恩《こつかむきゅうのおんにむくい》」）ことができるなら、初代・頼房《よりふさ》公や二代・光圀公の高い志が保たれ、神々や歴代天皇の御霊《ごりょう》も、しっかり見守ってくださるだろう、という趣旨のことが「弘道館記」に記されている。

弘道館の目的は、水戸藩士にこれらの価値を身につけさせ、善政を布《し》くための道徳教育を施すことであった。

それとともに、内憂外患《ないゆうがいかん》の諸問題の重要性を強調し、日本が直面した危機に対抗できるような教育を想定した施設でもあった。

天保十二年（一八四一）、弘道館は、三千人が出席して仮開館式を行なった。

校舎と鹿島《かしま》神社・孔子廟《こうしびょう》は、水戸城の中心部に近い三の丸に建てられた。鹿島神社と孔子廟は、「弘道館記」に示した重要項目の一つである、「神儒《しんじゅ》一致」を反映している。

また、正庁を挟んで左右に文館《ぶんかん》と武館《ぶかん》を対置させた。これは、学問だけでなく武芸の鍛錬を怠らない「文武不岐」を強調するものだった。

このほか弘道館の重要基本方針として、主君への忠と親への孝は根本で一致するとした「忠孝無二」、教育の成果を現実の政治の上で活用すべきとした「学問事業、その効を殊《こと》とせず」といった項目が、「弘道館記」に示された。

さらに「弘道館記」には「治教一致」が示されたが、家老はじめ藩の重役は、必ず何らかの形で弘道館に関与するようにした。なかでも実質上の校長である教授頭取は、藩政において小姓頭《こしょうがしら》を兼務することとされた。初代の教授頭取に就任したのは、会沢正志斎と青山拙斎である。

すべての藩士とその子弟のうち、十五歳以上の者は弘道館で学ばせるよう義務づけられ、九割近くの藩士がこれに従った。水戸の若い武士たちに文武両道を学ぶよう説得しても、武に対してのみ熱中する気風があったから、これは改革派が成功した証《あかし》といえよう。

弘道館正庁（坂野秀司氏撮影）

また、領内の地方部で水戸同様の教育を求める庶民の声が高まり、各地に郷校が設置されている。

東湖の改革政策は、斉昭の信頼と称賛を勝ち取り、彼は藩主の最側近である側用人《そばようにん》の地位に取り立てられた。祖父が古着屋だった男にとって、目の眩《くら》むような昇進だった。

一八四〇年代中頃には、東湖は水戸藩史上最も大胆な改革の設計者となった。

また、その改革は、スピード、規模、内容の面で注目すべき点が多く、水戸と日本全体の長きにわたる問題に取り組み、日本を世界的な帝国主義の新時代に備えさせるものでもあった。

それだけに、江戸時代を通じて全国で行なわれた改革の中でも、重要な試みの一つと位置づけることができる。

実際、水戸藩における天保の改革は、幕府にとってもモデルとなり、各地の志士と藩政改革者たちに力を与えたといってよいだろう。

東湖は水戸藩で、日本を再活性化するモデルを創出したのである。

農村改革と天保の大飢饉

水戸の士風と道徳の改善だけでなく、東湖は民を数々の有害な影響から救おうとした。

地方役人が賄賂《わいろ》をとり、在郷商人や手工業者が経済競争に明け暮れて、豪商と商工人との格差は広がり、貧困率は上昇していた。

また水戸の城下町は、数十年にわたる失政と飢饉などの影響で人口が減少し、ピークだった元禄《げんろく》期に一万三千人を数えたが、天保四年（一八三三）頃は七千人と、三分の二に落ち込んでいた。

空き家として放置された廃屋が多い中心部は空洞化し、畑に姿を変えているところも少なくなかった。

城下町対策として、一八三〇年代に町奉行所の整理統合が進み、新しく建てられた奉行所では、行政をより簡素かつ透明にすることが求められた。

さらに天保十四年（一八四三）には、城下の町奉行を廃して、郡奉行支配下に一時的に置いた。流通経済の拡張と、それによる格差拡大や経済混乱を抑制するためだったが、この試みは急進的すぎ、弘化《こうか》二年（一八四五）に元に戻され、短命に終わった。

行政の改革と並行して、藩は都市生活の奢侈《しゃし》を厳重に取り締まった。天保元年（一八三〇）の倹約令をはじめとする一連の命令では、あらゆる種類の贅沢を禁じ、衣類から住居に至るまですべてに厳しい規制を課した。

「宿屋は旅人のためだけのものであり、遊興の場ではない」と役人が念押しをし、水戸の城下に住む者は、どんな状況でも外食をしてはならないとも規制された。

水戸の町人たちはこうした倹約令を嫌い、特に商人は生活を守るために、藩に陳情を行なった。

その結果、藩は倹約令を出す一方で、他領の商人が水戸領内で商売をすることを禁じ、城下の商人や職人が使える官民合同の銀行ともいうべき機能をもたせた金融制度の改革などで、商業の振興を図った。併せて、貧しい町人には施し、米価などの物価統制も試みている。

だが、これらの努力の多くは失敗に終わった。

江戸など他地域の大商人たちは、水戸藩の規制を簡単に回避し、水戸城下の多くの商人達は近隣農村へ事業を移して、規制を避けた。それらは藩の進める勧農抑商の政策と相容《い》れないものであり、この時期の混沌《こんとん》を示していた。

こうしたなかで、東湖の政策は、農村では大きな成功を収めたといってよいだろう。能力の高い郡役人、村役人を選抜して改革に加わらせ、倹約と勧農政策で農業生産性を向上させたのだ。

農村の改革における代表的な成果は、天保十一年に始められた検地である。

間違いなく反対が起きると予測されたが、それを抑えるために、藩の役人はあらかじめ地域の富農・地主、その他、領内の村々を支配する村役人などの有力者たちから協力を取りつけた。

その際の交渉は、「検地の監督者を誰にするか」「位付《くらいづけ》・石盛《こくもり》と呼ばれる生産高の等級化をどうするか」、果ては「検地竿《さお》の間隔の長さを広げること」にまで及び、農民へかなりの配慮がなされた。

その結果、農民たちは渋々ながら藩の政策に従い、過去の検地で起きたような大混乱には至らなかった。

ただし、検地の結果は藩を失望させるものだった。水戸藩の石高は四十一万石から三十一万石までに激減し、二五パーセントも下がったことが明らかになったのだ。

藩の見方は、竿の間隔などの基準変更で予想される範囲だとしたが、土地の大部分は考えられていたより生産性が高く、収入は増加していたものの、税収に顕著な変化は起こらなかった。

農民にとっても、二百年ぶりの総検地は総じてよいものではなかったといえる。

長い年月をかけて資産を形成してきた富農たちには、増税という結果になり、貧農たちは減税が実現したものの、それは僅かなものにしかならなかったからだ。

「富める民は歎《なげ》き、貧しき民も大《おおい》に喜びもせず、領中の石高は減じぬ」と、東湖は意気消沈して振り返った。しかし、検地が領内における貧富の格差の解消と、善政を再構築するための重要な第一歩だ、という考えを変えなかった。

もっとも、政治的にはこの検地は、長期的な効果があった。富農層は突然の増税をみたものの、地味豊かな土地の権利を確認され、さらに検地を手伝うことにより、郷士への取り立てや家格引き上げ（麻裃《あさかみしも》着用許可・苗字帯刀《たいとう》許可）が行なわれたからだ。

こうした地方の有力者たちは領内各地に点在し、藩の改革派と強固な同盟を形成していく。つまり、改革の支持勢力形成につながったのである。

水戸藩で天保の改革が進行するなか、一八三〇年代に日本を襲った自然災害は、水戸の人々にも多くの試練をもたらした。いわゆる天保の大飢饉である。

これにより、改革は立ち往生を余儀なくされた。

天保四年夏、大雨と冷害が主に北日本を襲い、東北地方は洪水と凶作に見舞われた。米価をはじめとして諸物価が急騰《きゆうとう》し、困窮した庶民の抗議の声は同年末には水戸藩にも及ぶ。

この年の冬、下町《したまち》（下市《しもいち》）の町人の四割までが、食糧援助を必要とする状況に至ったのである。

収穫高は二年間で改善したが、天保七年に再び天候不順と凶作が発生し、藩の税収は通常の二五パーセントまで落ち込んだ。農村部では餓死者が出て、荒廃の兆《きざ》しが顕著だった。天保八年冬、城下では窮民二千人を数えたというが、翌年も不作となり、東日本を中心に最悪の飢餓につながった。

こうした状況下で、水戸藩も支出を削減せざるを得なかった。武士たちの俸禄は天保八年に半減、天保十年（一八三九）にはさらに半減させられた。

天保の大飢饉を通して、藩は餓死した人数をゼロと公表したが、小宮山楓軒の日記によると、水戸藩各村の役人は餓死を病死に登録することで民心の安定を図っていたとうかがえる。現実に村や城下で餓死者が出ており、城下下町などで発生した火事も、飢饉による治安悪化が理由だと噂された。

この苦難の時期は、東湖が目指す改革の困難を増幅させたが、飢饉救済を機に新政策を導入しやすい状況をもたらしてもいた。危機は無駄にならなかったといえよう。

従来、救荒備蓄のためにあった郷蔵《ごうぐら》に加え、東湖の改革で常平倉という穀倉の制度を定め、そこにも貯穀していたので、食料不足を緩和《かんわ》することができた。

また、藩は、私財をなげうって金穀を献上した富農や豪商などの篤志家《とくしか》たちには、家格の引き上げなどの恩典で報い、互助を奨励したが、飢餓にあえぐ領民に穀類を配布することは、慈善的な統治を示すうえでまたとない機会となり、後年、改革派の政権への支持を集める一助ともなった（第六章参照）。

天保十年には収穫高も戻り、水戸藩は飢饉のダメージから少しずつ回復していくが、十八世紀に起きた享保《きょうほう》の大飢饉（一七三二年）や天明《てんめい》の大飢饉（一七八三〜八七年）に比べれば、うまく危機を乗り切ることができたといえる。

この水戸藩の飢饉救済活動は、諸国の人々から称賛された。江戸で出版された「凶年救方《きょうねんすくいかた》角力番付《すもうばんづけ》」では、水戸家が東大関（この時代、大関が最高位）に登場するほどであった。

蟄居《ちっきょ》中に生み出した『正気《せいき》の歌』の影響

天保十四年、東湖は藩主特命の二つの役職を拝命した。

一つは弘道館建設を指導監督する弘道館掛《がかり》、もう一つは寺社改正掛である。後者に任ぜられたことによって、東湖は社寺改革に着手し、特に寺院の影響力を減退させる責任を負うことになった。

日本古来の神道を最重要視する東湖は、『弘道館記述義』に「浮屠《ふと》の害」と記し、仏教を腐敗した外来勢力とみなしていた。

二代藩主の光圀が、一六四〇年代に社寺改革（第二章参照）で藩の半数の寺を整理した頃から、水戸藩は長きにわたり反仏教勢力の砦《とりで》であった。それでも領内の寺院は、宗派の本山や寺院間の横のつながりをもって、江戸幕府にも通じていた。

影響力のある水戸領内外の僧侶たちは、東湖が指揮する、寺の財産と梵鐘《ぼんしょう》・仏具などの積極的な整理、没収の動きについて、水戸だけでなく、江戸でも警鐘を鳴らした。

保守門閥層のなかには、斉昭とその側近の改革派に公然と挑戦を挑む者はいなかったが、陰では多くの反対派が東湖に与えられた地位と権勢に反発し、その妥協なき態度に静かな怒りを向けていた。

改革に対するいかなる反対の動きに対しても、東湖はその強い気性《きしょう》で断固たる姿勢をとり続けた。

天保十四年、斉昭が、保守門閥派のなかでも名門の家系の結城寅寿《ゆうきとらじゅ》を高位の役職に取り立てた時は、「それならば辞職する」と東湖は主君を脅《おど》した。

斉昭は昇給させることで東湖を宥めようとしたが、これを東湖は体《てい》のよい賄賂だとして、あっさり拒絶。東湖は出仕をやめ、病と称して、すべての地位から解放するように願い出た。

斉昭はその願いを却下し、「寅寿はなんと言っても家柄が高く、何代も家老として仕えた家の出。一方そなたは、町人から取り立てられた二代目でしかない」と東湖を諭した。

この時点で斉昭は、出自が低くとも才能のある人材に頼ることには限界があり、水戸藩で伝統的権力を保持してきた名門、藩の重役たちの権威を一纏《ひとまと》めにして無視することはできない、と考えていたのである。

保守門閥派が巻き返してくるなか、天保十五年（一八四四）五月に、斉昭と東湖は幕府から江戸に呼び戻された。

この時、通常ならあるべき、出府した藩主に対する幕府からの祝儀がなかった。五月六日、その代わりに幕府から素っ気《そけ》ない命令が一つ届き、斉昭は隠居謹慎を命じられたのである（第六章参照)。

幕府は東湖を蟄居《ちつきょ》処分とした。翌七日、彼は小石川《こいしかわ》邸内にある長屋の門を閉じ、八畳間の一室に引き籠《こ》もった。

以後二年八カ月の長きにわたり、蟄居生活を送ることになるが、斉昭の失脚と多くの改革派の者たちの逮捕により、水戸藩の実権は保守門閥派の手に渡った。

独房同然の蟄居部屋は、すべての窓や戸が打ちつけられ、親戚や友人から届く手紙や食事を受け取るだけの、小さな隙間だけが残された。二人の従者をもつことが許されたが、その従者とて、幕府からの許可書なしには、小石川邸から外へ出ることはできなかった。

また、洗顔するに足る水はあったが、髭《ひげ》を剃《そ》ることも許されなかった。

蟄居中の東湖は、水戸にいる妻と母親、四人の子供たちのことを心配した。部屋にあった籠《かご》を家計の足しに売ろうと思い立ったものの、小さな隙間から籠を出すことができず、毎日この籠をみては、幽囚の身にため息をついた。

社会と隔絶され、沈黙せざるを得なかった東湖は精力を執筆に注ぎ、彼の生涯で最も重要な四つの著作を生み出した。

初期の二つは、『回天詩史《かいてんしし》』と『常陸帯《ひたちおび》』である。

『回天詩史』は七言古詩《しちごんこし》形式の漢詩で、「三度死を決して而《しか》も死せず」から始まる。それは、彼の激しい生き様を語った短い自叙伝でもあり、「回天」の題に表れているように、衰えた国勢を一変させたいという存念が凝縮《ぎょうしゅく》されていた。

この詩は維新の志士たちの心を捉え、長州の高杉晋作《しんさく》をはじめとして、これを愛してやまない志士は多かった。（終章参照）。

『常陸帯』は和文で書かれ、自らが関与した藩政改革を、十九項目に分けて振り返るものであり、斉昭の冤罪《えんざい》を晴らしたいとの一心で綴《つづ》られている。水戸の藩政改革を知る上での一級資料といえよう。

弘化二年二月になると、東湖の蟄居先は、隅田川沿いにある水戸藩下屋敷の小梅《こうめ》邸内に移された。そこで作られたのが『正気《せいき》の歌』と『弘道館記述義』である。

『正気の歌』は、藤田東湖の名を最も有名にした漢詩といえるだろう。

中国南宋《そう》の文天祥《ぶんてんしょう》の「正気歌」を基として作られた五言古詩形式の漢詩で、全国の志士たちがこれを暗誦《あんしょう》した。また、明治維新以降の、国民教育や様々な局面で果たした役割が大きいことで知られている（終章参照）。

水戸学の核心ともいえる忠君愛国・尊王攘夷の道義的精神を「正気」と表現し、その「正気」は日本にしかないもの、と東湖は考えていた。

『弘道館記述義』は、東湖が起草し、水戸学の精髄を要約的に示した「弘道館記」の、詳細な解説書である。これもまた、多くの志士たちに愛読され、水戸学を理解するために不可欠な著作といわれた。

これらの著作は、東湖の水戸学における理念の中核を構成していたといえる。

藩政改革について語るなかで、学問と実際の統治の融合（治教《ちきょう》一致・学問事業一致）を例示し、追想のなかでは、忠君愛国、尊王攘夷、そして一人ひとりが国を守る必要性があることについて、説得力ある主張を展開した。

それは会沢正志斎の著作に倣《なら》ってはいるものの、その思想をなぞるだけで終わらなかった。たとえば、会沢の抽象的な「国体」の見方と、彼は決別している。

会沢の考える「国体」は、「祭政一致」などの政治手法で国家を統一させることを意味した。また、会沢の視線は武士などの支配層にエネルギーを集中し、民を単に無知な大衆とみなして、キリスト教のような危険思想から遠ざける必要があると論じた。

これに対して東湖は、日本独自のアイデンティティと、国の力の基礎である「国体」を形成するものは、「皇室と民の間の自然に発展した絆である」と信じていた。

会沢は、「武士は大衆に対して、忠義の何たるかと天皇への忠君を教育する必要がある」として、国体の優秀性を儒教的価値観の表れと考えた。

対する東湖は「神道を通じて、古来、庶民の間に伝えられてきた風俗こそが、天皇と民を結びつけるもので、皇統とは、日本人の生来もっている生活の中に存在する特徴である」として、日本の独自性である国民的道義（国体）を、日本古来の風俗に根ざしていると捉えた。これは民衆への肯定である。

同時に、東湖は個人を重視した。

「国体」を一人ひとりが自覚して、その精神を発揚することが大切であり、教育によってすべての日本人がこの事実に気づき、自意識が行動につながって危機に備えれば、必ず国は護《まも》れると主張したのである。

また、会沢の哲学的な文章と比べた時、明確で熱情あふれる言葉で書かれているのも、特徴の一つとして挙げられよう。

その点でも、水戸学の原理を知る手がかりとして、全国の武士から町人・農民に至るまで、幅広い層に受け入れられるものだったのである。

西郷隆盛への影響

東湖の蟄居中、日本の外交問題はますます情況が切迫していた。

弘化三年（一八四六）十二月、幕府は、水戸藩の改革派が有する対外問題の知識・見識を引き出す必要から態度を軟化させ（第六章参照）、東湖の蟄居を解除した。

主君である斉昭は弘化元年に謹慎が解かれ、外交に関する意見を発信していたものの、藩政への参与が許されたのは嘉永《かえい》二年（一八四九）になってからである（第六章参照）。

したがって、東湖が解放された時、藩の権力は、幼主・慶篤《よしあつ》をいただいた保守門閥派の手中にあり、彼らは東湖が水戸に着くと、「遠慮」という一段軽い罪に改めて自宅謹慎を継続させた。それでも、家族との再会は彼を大いに喜ばせた。

遠慮中の東湖は私塾を再開するが、少人数の生徒しかとらなかった。江戸の蟄居生活によって体調を悪化させ、様々な病に罹《かか》り、半身が麻痺する状態に陥《おちい》ってしまったからである。

東湖にとっては大変つらい時期だったが、嘉永五年（一八五二）閏《うるう》二月、ついに遠慮を解かれ、完全に自由の身となった。

とはいうものの、保守派が牛耳《ぎゅうじ》る政権にすぐさま復帰できるわけではなく、まずは塾を拡張して女子数名を含む三十名を生徒に採った。

東湖の私塾は、彼による『孝経』の講義と『論語』の輪読が中心だった。『論語』の輪読は、一人が素読《そどく》・講釈をすると、質疑が行なわれるというものである。また、私塾を持つ学者も参加する成人対象の会読の会もあり、政治から人物論まで、熱気あふれる討論が展開されたという。

そうして東湖が藩の職務から遠ざけられたまま一年が過ぎ、嘉永六年（一八五三）六月三日、アメリカのマシュー・ペリー提督が来航する。

これにより幕府は、「日本周辺で増加する外国船の存在をどう扱うか」という緊急の課題を回避できなくなった。

幕閣はペリー出航直後に斉昭を海防参与《さんよ》に任命し、斉昭は東湖を七月上旬に江戸へ呼び出した。

東湖は、城下の南にある吉田神社で「天下正気一新之事」を祈願して、水戸を出発した。江戸に着くと、斉昭と実に十年ぶりの再会を果たす。そして海岸防禦《ぼうぎょ》御用掛に任じられて、斉昭の防衛外交政策を補佐した。

江戸での生活は多忙を極めた。江戸の水戸藩邸には、東湖の名声を聞いて全国から志士たちが訪れてきた。

特に薩摩藩の武士は東湖の教えに魅かれた。有村俊斎《ありむらしゅんさい》（のちの海江田信義《かいえだのぶよし》）がまず東湖を訪ね、その魅力に引き込まれて熱心な東湖信奉者になり、薩摩の同志たちを次々と東湖に紹介した。

有村が声をかけたなかに、西郷隆盛と大久保利通《としみち》がいた。

大久保は出府のタイミングが合わず、東湖の謦咳《けいがい》にふれることはなかったが、西郷は東湖の仕事と、その包容力のある性格に感銘を受けた。東湖と西郷は安政《あんせい》元年（一八五四）の春に初めて会い、王政復古の重要性と、藩を越えた尊王攘夷派連合の必要性を熱く論じた。

江戸滞在中の西郷は数回、東湖を訪ねて水戸独特の政治思想を熱心に学び、家族に宛てた手紙では、水戸の教えを褒《ほ》め称《たた》えた。

西郷は東湖の教えを心に刻みつけ、王政復古の実現の先頭に立つよう薩摩藩に促していくが、東湖の思想を他藩の友人にも紹介した。その中の一人が越前《えちぜん》藩の橋本左内《さない》である。

なお後年、西郷は「吾《わ》れ先輩に於《お》ひては藤田東湖に服し、同僚に於ひては橋本左内を推す」と周囲に語っている。

東湖は、ほとんど来る者を拒まなかった。訪れてきた者の身分を問わず、全力で歓待し、夜の更《ふ》けるまで談じること常であった。

そうした懐の深さも、全国の志士たちが敬慕してやまなかったところだが、ともかくも東湖の王政復古のビジョンは、彼を慕う人々によって、一八六〇年代後半に明治維新を主導する諸藩で定着していったのである。

彼のビジョンは維新のスローガンに

東湖は主君・斉昭と一日のうちに二回会うなど、以前にもまして緊密な関係を構築し、外交・国防・国内の改革などの諸問題に取り組み続けた。役職に就いたばかりの安政元年夏、家族に送った手紙で、「天下の御一大事」に関わることを誇らしく書き綴っている。

この年の後半は、ペリーの再来航と条約調印、英露への対応があり、大混乱の只中にあった。その頃、東湖が妹に宛てた手紙には、「めつきり白髪多く相成り、当年は一度に年の四つ五つも取候《とりそうろう》心地いたし候」と書かれ、国政の大転換点に立った苦衷《くちゅう》がうかがえる。

安政二年（一八五五）、日米和親条約の調印場所となった神奈川を視察する斉昭に同道したり、日露の条約交渉にも関わったりした。

この頃、東湖が西洋武術の導入を促したことなどからわかるように、彼の対外態勢は少し緩《ゆる》んだが、ロシア、そしてイギリスと、日本の主権を侵《おか》す「不平等条約」を次々と結ぶ幕府をみて、日本の独立存続に対して、ますます悲観的になっていった。

ストレスが高まり、体調のすぐれない日々が続くが、東湖が亡くなった原因は病気ではない。

十月二日夜十時頃、江戸はマグニチュード六・九の大地震に見舞われた。いわゆる「安政の大地震」である。

数時間のうちに約一万人が、倒壊した家屋の下敷きになったり、地震で引き起こされた火事によって亡くなった。

地震が起こった時、東湖は小石川邸内の自宅に家族とともにいた。地面が激しく揺れ始めると、彼は家族を起こし、母を抱えて庭に避難した。

母が「大事なものを忘れた」と家に戻り、東湖はその後を追った。家屋内で巨大な柱が倒れてくると、彼は母をかばって柱の下敷きになった。母は九死に一生を得たが、東湖は命を落とした。

なお、この地震で、「水戸の両田《りょうでん》」といわれた改革派の中心人物の一人、戸田蓬軒《ほうけん》もまた圧死している。

東湖の急死は、斉昭や他の藩内改革派、そして日本国中の尊王攘夷論者、志士たちを大いに落胆させた。西郷隆盛は、東湖の死を「誠に天下の大変」とし、「何も申す口御座無く候」と嘆いた。

一方、東湖信奉者たちの中には、彼が唱えていた妥協なき姿勢や急進主義から、徐々に距離を置き始めていた者もいた。越前藩の橋本左内の同僚である横井小楠《しょうなん》も、その一人である。

天保十年（一八三九）に東湖と面会して以来、小楠は、「諸藩中虎之助（東湖）程の男少なかる可《べ》し」とすっかり惚れ込んでいたが、水戸藩の派閥主義が深刻化するのをみて、批判的になった。

次第に開国論に転じていく小楠は、攘夷に固執する無意味さを認識し、水戸で現実的対応を主張するようになった会沢正志斎を称賛した。

とはいっても、東湖を批判したのは一度のみ。その死に際しては哀惜《あいせき》の念を強く表明している。

東湖は死してもなお、多くの志士たちを元気づけ、尊王攘夷と日本の「国体」に関する彼のビジョンは、維新のスローガンとなった。

もっとも、東湖の唱えた王政復古の理想は、神代《じんだい》・古代の天皇親政にもどることで西洋の侵略から国を護る、というものだったが、皮肉なことに、維新後の新政府は近代国家へと変貌していった。

さらに皮肉だったのは、東湖の強力な思想が、結果的に水戸藩を分裂に追いやり、勢力を弱めてしまったことだ。

東湖の死後、指揮官である彼の不在で、水戸藩の改革派の意欲は弱まったが、その一方で保守門閥派と改革派の分断は深まっていった。

東湖の子息である藤田小四郎《こしろう》を含む改革派＝尊王攘夷派の若い武士たちは、改革のマグマに、さらに大きな熱情と過激さを加えた。

のちに激派と呼ばれた彼らは、対外関係により現実的な立場をとった会沢正志斎を批判（第四章参照）し、元治《げんじ》元年（一八六四）、小四郎は激派のリーダーとして、藩庁に対して徹底的な反抗を指揮して、破滅的な内戦（天狗《てんぐ》党の乱）を引き起こす（第七章参照）。

東湖はその死により、こうした派閥政治、思想的対立や分断といった悩みから解放されたかもしれないが、彼の思想は、大政奉還後の近代国家の成立過程で、水戸藩が直接的な役割を果たせない一因となったのである。

コラム5

小宮山楓軒《こみやまふうけん》――トップダウンではなくボトムアップで改革

藤田東湖《とうこ》は、間違いなく一八三〇年代の改革の中心にいた。

しかし、彼の急進的でトップダウン型の方針だけが、改革のやり方だったのではない。東湖とは別に、小宮山楓軒《こみやまふうけん》（一七六四～一八四〇年）の主張する方法もあった。

楓軒は、彰考館《しょうこうかん》に勤めていた父と、水戸藩北部の農民出身の母の間に生まれた。幼い頃から優秀で、十四～五歳の頃に、当時随一の学者だった立原翠軒《たちはらすいけん》（第三章参照）の門下に入った。

十九歳になると彰考館に入り、父と同じ『大日本史』編纂《へんさん》の仕事に携《たずさ》わった。

東湖の父である藤田幽谷《ゆうこく》が立原門下に入ってきたのは、楓軒が二十歳の年だった。三十二歳の時、幽谷とともに師匠の翠軒に同行し、五カ月の間、楓軒は関西を旅している。

学問で得た知識を実践の場で生かしたいと考えるようになった楓軒は、寛政《かんせい》十一年（一七九九）、郡《こおり》奉行に任じられ、その後、二十一年もの間、郡奉行の職にあった。誰に聞いても熱心な役人だったという。

水戸藩の地方の病弊《びょうへい》に対する解決策は、教育と改革を通じて、領民の道徳と生活を向上させることだと、楓軒は固く信じていた。

延方《のぶかた》郷校などの地方の学校を建設する一方、字が読めない農民向けに絵本（『絵入り寺西《てらにし》八

小宮山楓軒（茨城県立歴史館蔵）

ヶ条』）を作った。また、新しい農業技術を導入し、博奕《ばくち》に興じることや、嬰児《えいじ》の間引《まび》きをやめるように諭《さと》して回った。

　楓軒は地方行政の経験に基づき、実用的で地に足の着いた改革の手法を進化させ、実践的な改革者であり続けた。

　文政《ぶんせい》七年（一八二四）の大津浜《おおつはま》事件のあと、楓軒は藩庁の生《なま》ぬるい対応への辛辣《しんらつ》な批判文を書き、下級武士の声に耳を傾けないことも批判した。

　その後、同門の藤田幽谷やその子・東湖、会沢正志斎《あいざわせいしさい》らと密接につながり、藩主継嗣《けいし》問題では、徳川斉昭《なりあき》を藩主の座に就《つ》けることに奔走した。斉昭擁立《ようりつ》派内には藤田・立原両派の対立が内在していたが、日本と水戸の現状改革については共通の懸念《けねん》をもち、歩調を合わせていたのである。

　楓軒は斉昭の改革に参画し、地方における様々な問題に注意を向けた。会沢や東湖らが道徳、宗教、政治改革を通じて日本全体を立て直すことを視野に入れていたのに対して、楓軒は足元の問題から取り組むことが肝要《かんよう》だと論じた。

　彼は東湖の提唱する検地のやり方に対して、「制御不能な一揆《いっき》に発展し、藩の減収の本質的な問題を把握できず、富農の土地支配が進むだけだ」と予想して強く反対し、「年貢を下げて、勤労を奨励することのほうがより効果的だ」と指摘している。

また、子育金・子育籾《もみ》（補助金）の支給、書籍の配布や壁書《へきしょ》（一枚ものの印刷物）による道徳教化などを通じて、貧困ゆえの間引きを規制し、人口減少を防ぐなど、農民・農村を支援することに傾注した楓軒に対して、東湖は「こうした問題は、検地後の土地の再分配が終われば、自ずと解決することだ」と主張し、意見が合わなかった。

楓軒は商業についても、実用本位に考えていた。

東湖が食料供給上、領内の酒蔵の閉鎖を提案した時も、楓軒は、そうした閉鎖は水戸の米への需要の減少を招き、米価下落で農民の苦難が増すと反対している。

東湖が農村経済の商業化を強く警戒し、商品作物やその他、農村に入り込む商業を撲滅《ぼくめつ》しようと考えていたのに対して、商業を抑制するのみでは起業精神のある農民のやる気を削《そ》ぎ、地方を荒廃させるだけだと楓軒は論じた。彼はこの点で藩主の斉昭を説得することに成功している。

楓軒は改革の実現を信じていた。同時に、人口減少や藩の負債増加といった水戸の実態面に焦点をあて、既存の制度を調整していく方法が現実的であり、効果があると考えていた。

これは新しい規制を一律に押しつけるよりも、積極的に富農や村の指導層の支持を獲得していくことを意味していた。

また、トップダウンではなく、下から上に少しずつ底上げして取り組むことで、庶民の怒りや動揺を防ぎ、妥協と支援を求めることをも意味していた。

たとえば、東湖による藩士の地方再定住化の計画に対し、楓軒は対案として農民を兵として訓練することを論じた。これにより城下での生活を追われた武士の不満や、町民の経済的生計の喪失、移動してきた武士を支えなければならない農民の怒りを回避できる、としたのである。

楓軒は天保《てんぽう》十一年（一八四〇）、天保の藩政改革のさなかに七十七歳で亡くなった。彼の死により、水戸の改革運動の穏健派は最も重要な代弁者を失い、その後、二十年にわたって、改革派内の亀裂は拡大した。

とはいえ、楓軒の藩政改革における役割は、斉昭支持勢力内に、かなりの多様性がみられることの証左であり、彼の思想は実際に藩の政策に組み込まれ、東湖発案の全領検地に、村役人たち農民が関与するなどの決定に結びついたと考えられる。

第六章

徳川斉昭《なりあき》　近代日本の針路を指し示した〝ビジョン〟

水戸藩創立以来の争いを経て藩主へ

九代水戸藩主・徳川斉昭《なりあき》は、寛政《かんせい》十二年（一八〇〇）に七代水戸藩主・徳川治紀《はるとし》の三男として生まれた。幼少期のほとんどを水戸藩上《かみ》屋敷小石川《こいしかわ》邸で過ごし、長兄の斉脩《なりのぶ》が水戸藩主の継《けい》嗣《し》として教育を受けている姿をみていた。

文化《ぶんか》十三年（一八一六）、父が亡くなり、斉脩が藩主に就任する。他の兄弟姉妹は日本中の有力大名や公家《くげ》の養子、あるいは正室となって縁づいたが、斉昭のみが部屋住みのまま留め置かれた。それは、病弱だった斉脩が若くして亡くなったり、子に恵まれなかったりした場合に備えたからだと思われる。

部屋住み時代の斉昭は、学業に時間を費《つい》やした。藩主の弟として、会沢正志斎《あいざわせいしさい》、吉田令世《のりよ》という最高の侍読《じどく》がつけられ、会沢は儒教に基づく倫理・政治を、吉田は日本の歴史などを厳しく教えた。

斉昭は学問を真剣に受け止め、政治や社会に対する眼差《まなざ》しを育むが、最大の関心事は財政問題だった。水戸藩は、領民の間に蔓延《まんえん》している慢性的な貧困を解決できない一方で、江戸藩邸の無駄な出費によって多額の負債を抱えていた。

藩の恒例行事として催《もよお》された放生会《ほうじょうえ》には、高僧を呼び、多くの動物を小石川後楽園の庭に放すだけのこと（放生）に、三百両もの金をかけていた。斉昭は、この無意味な慣例に多額の金を費やすよりも、単純に貧しい民に金を与えるべきであると、不満を表明している。

また、兄の斉脩が、文政《ぶんせい》七年（一八二四）の大津浜《おおつはま》事件（第四章参照）に際して、穏当な対応をしたことにも口を挟んだ。

会沢正志斎、藤田東湖《とうこ》などの改革者たちは、斉脩が外交的危機に対して緊迫感をもたないことに失望していた。改革派に近い立場の斉昭が藩政批判を口にしたのは、彼らの失望に対する答えだったのかもしれない。

外国の脅威への対応だけでなく、財政危機を含めた藩政全般が沈滞し、斉昭は強い改革への思いをもちながら、改革を推進できるような立場にはいなかった。その斉昭に、兄の斉脩は「潜龍閣《せんりゅうかく》」という号を授けた。

徳川斉昭（茨城県立歴史館蔵）

「潜龍」とは、「未《いま》だ世に出ざる英雄」といった意味である。斉脩は、斉昭の性格や強い政治的信念をわかっていて、そう名づけたものと想像できる。
文政十一年（一八二八）、藩主・斉脩の病気が悪化し始め、跡を継ぐ子供がいないため、藩内では、各派による後継者選びが密かに始まった。
藩政を握る保守門閥派は、十一代将軍・

家斉《いえなり》の男子を養子に迎えようとして、幕府と交渉を始めた。これは、幕府からの財政援助を期待してのことであった。

一方、藤田東湖らの改革派は、他家に養子に出されず、部屋住みにとどめられていた斉昭を、水戸家の血統を維持する自然な流れとして推した。

この争いは文政十二年（一八二九）まで続き、「江水大ニ騒擾ス、水藩創業以来、如此変事アルコトナシ」と表現されるような水戸藩創立以来の争いに発展する。

改革派を主導する学者などが、藩の許可なく大挙して江戸に上り（「南上」）、分家の守山藩主・松平頼慎や附家老の中山信守など、藩に影響力のある人物に面会して、斉昭を藩主に選ぶように説得、懇願した。

この後継者問題は混乱するかにみえたが、十月四日に斉脩が亡くなり、「斉昭を養子とする」という斉脩の遺書が公表されたことで、斉昭が藩主に就任することになった。

斉昭は、すぐさま改革に向けて動き始めた。斉昭の藩主就任を推進するために、法を破ってでも南上した藤田東湖、会沢正志斎などの改革派の藩士たちを要職に抜擢し、斉昭の改革政策の顧問団として仕えさせたのである（第五章参照）。

文政十三年（一八三〇）一月、斉昭は藩主として初めて、公式な布達を藩内に出した。

それは、「藩士は文武に励み、意見があるすべての藩士はその地位にかかわらず、遠慮なく意見書を出すこと」というものだった。このあらゆる意見を聴取しようとする短い布達は、彼の率直で、直接的かつ実用本位な統治姿勢の表れであった。

のちに斉昭の理想主義は、幕末の複雑な政治現実と衝突してしまうが、斉昭が藩政改革の陣頭に立った一八三〇年代の初め頃は、そうではなかった。社会、経済、政治問題を解決するという名のもとに、水戸の士民を、野心的かつ楽観的な改革運動に動員していったのである。

人事の刷新と文武一致の教育

天保《てんぽう》四年（一八三三）、斉昭は、藩主として初めて領国の水戸に入った。飢饉に苦しむ農村の慰問を兼ねて地方を回ったり、役人に改革を督励《とくれい》したりするとともに、改革派を積極的に登用して人事の刷新を図った。

さらに、斉昭は四点の政策について重臣たちに評議させたが、そのなかでも「教育の義」を喫緊《きっきん》の課題とした。

当時の水戸藩の士風は頽廃《たいはい》し、藩士は他人の考えをなおざりにして、深く考えることはなかった。同僚との真剣かつ率直な対話よりも、世辞《せじ》や追従《ついしょう》で、当たり障《さわ》りなく問題を覆《おお》い隠そうとした。

好事家《こうずか》たちは競って兜や刀や弓を集め、悦《えつ》に入《い》ったが、実戦に使用できるような鎧《よろい》や武器を持っていなかった。

様々な武道の流派は互いに競い合っているようにみえたが、枝葉末節《しようまつせつ》の違いが広がるだけで、武の力を総合的に発展させようとはしていなかった。

多くの藩士は何世代にもわたって、奢侈《しゃし》の禁令が出ても黙殺してきた。大酒を飲み、騒いで喧嘩をしても一向に気にしない。俸給を子供の教育のために使うことはせず、藩の上士《じょうし》ですら、遊郭に登楼《とうろう》したり、芝居見物に費やしてしまったりする実態があった。

社会秩序の上位に立つ武士たちには、それにふさわしい性格を形成するために、文武一致を旨《むね》とする教育が不可欠だと、斉昭は主張した。そして、藩士たちが教育に対して真面目に取り組んでいないと、何度も表明し続けた。

理想とする家臣のあるべき姿について、平服・素食・忠義・奉公・学問・公益といったものを、斉昭は重要視していた。こうしたビジョンの実現のために、水戸学の思想を基底とする『告志篇《こくしへん》』を著《あらわ》す。

『告志篇』は、日本の武士社会の秩序と価値を紹介するとともに、道徳教養を督励したマニフェストであり、神国《しんこく》思想に基づく国家中興、忠孝一致、文武一致、職務に関わる上下一致、奢侈の戒《いまし》め、武士の心構えなど、十項目が示されていた。

藩主就任から熱意をもって取り組んできたにもかかわらず、自分に意見書を提出してくる者が非常に少ないと不満を述べつつ、悲しみの筆致で『告志篇』を斉昭は締めくくった。彼はそれほど、改革の方策が藩士に受け入れられることを願っていたのだ。

藩士同士の強い絆を通じて正直と忠義が培《つちか》われ、武士が統治階級として立ち上がるようにしたい。そのためには、武士にふさわしい教育を受けさせなければならない。

そう考えた斉昭は、藩政改革を担《にな》う人材を育てる学校―弘道館《こうどうかん》―の建設計画を、藤田東湖に命じた。

また、武士の鍛錬のための仕掛けを、いくつか導入してもいる。最も象徴的なものは、追鳥狩《おいとりがり》である。これは「狩り」と称しているが、大規模な軍事訓練の場であった。

天保十一年（一八四〇）に、最初の追鳥狩が水戸城の南方・千束原《せんぞくはら》で行なわれ、三千人の武士と二万人の雑兵《ぞうひょう》が参加して、大勢の見物人たちの前で威容を示した。のちにこの追鳥狩を武蔵《むさし》国から見物に訪れ、感動した者の一人が、渋沢栄一の従兄《いとこ》・尾高惇忠《おだかあつただ》(終章参照)である。

安政《あんせい》五年（一八五八）に至るまでの十九年間で、斉昭は九回にわたる追鳥狩を指揮、監督した。これが評判を呼び、「攘夷のために軍備を真剣に考え、実践する大名」として、高い評価を得た。

また、オランダ語のマニュアルと、それに関して知識を有する教師を長崎から雇い入れ、西洋式の近代火器・武器を製造し始めた。加えて、藤田東湖の提言を受け、領内の海岸に藩士たちを移住させ、海防を担わせている。

これら軍制における「投資」は、追鳥狩のような軍事教練とともに、攘夷に備える「軍事知識の砦《とりで》」として、水戸藩の声価《せいか》を高めることとなった。

愛民専一《あいみんせんいつ》の思想で危機を乗り越える

軍備強化は斉昭の方策の一部でしかなかった。彼は、尊敬してやまない二代藩主・徳川光圀《みつくに》の政治に対する姿勢・施策に範を取り、仁政《じんせい》を目的とした愛民専一《あいみんせんいつ》の農村改革を進めた。藤田東湖の主導で行なわれた検地、税制の改革、行政改革に目を光らせるだけでなく、家臣団の態度を改めさせようとしたのである。

『告志篇』において、「朝夕食する所の米穀は粒々《りゅうりゅう》民の辛苦《しんく》にして……食する毎《ごと》に此所《このところ》を忘れず、一拝して箸を取《とり》ても然《しか》るべき程の事なり」と記し、家臣たちが毎日米が食べられるのも、農民の重労働のおかげであるから農民を尊敬せよと説いた斉昭は、農人形《のうにんぎょう》と呼ばれる小さい人形を作り、食事の度に米を捧げて感謝していた。

しかも自分だけでなく、子供たちにも農人形を作って与え（終章参照）、武士の生活を支えている農民の苦労に思いを寄せ、農民に感謝する気持ちをもつように教え諭《さと》した。ここにも、斉昭の愛民専一の思想が表れている。

また、斉昭は、水戸に華やかで壮大な庭園（偕楽園《かいらくえん》）を造った。梅と桜に加えて、杉や竹も植えられた園内には、詩歌を詠《よ》んだり、茶会などの催しを開けたりする好文亭《こうぶんてい》を、千波《せんば》湖を見下ろす台地の際《きわ》に設けている。

偕楽園を、学問の場所である藩校・弘道館と対《つい》をなす施設と考え、斉昭はそれを「一張一《いっちょういっ》弛《し》」と表現している。つまり、弘道館で学んで「張」り詰めた心身を、「弛《ゆる》」める場所が偕楽園というわけである。

なお、江戸時代の大名の庭園は民に開放することを目的としていなかったが、偕楽園は当初から開放が意識されている。

その意味では、偕楽園は日本最初の「公園」（パブリックパーク）だったと考えられるが、民の慰安のために庭園を開放するという発想は、斉昭が民を藩の重要な担い手と認識していたことを示している。

農人形（常磐神社蔵）

ではその一方で、民は斉昭をどう捉えていたのだろうか。

その治世の初期は、いわゆる天保の飢饉（一八三三～三七年）が東日本を襲っていた時期と重なり、改革の推進は生活改善どころか、混乱をきたしていた。

それでも斉昭は、豪農・神官・猟師などの間に支持を固めることに成功したといってよい。

なかでも重要なのは豪農層である。彼らは改革を支持し、一定の教育も受けていることから、水戸学を背景とした改革派学者たちの思想を理解した。

藩内の神官たちは、神道《しんとう》を奨励《しょうれい》する宗教政策により恩恵を受けた。

豪農層と神官をひきつけた結果、彼らは水戸学者の国粋《こくすい》的思想と宗教教育を後押しし、改革派の武士たちとともに、斉昭の政治基盤になった。

また軍事改革は、猟師などの庶民に軍事的技術を習得する機会をもたらし、外国勢力による日本の危機を理解させることにつながった。

しかし、斉昭を支持する層は比較的裕福で教育を受けていた人々であり、大多数を占める農民は教育レベルが低く、改革から得られる恩恵も少なかった。

実際、斉昭の藩政改革は農村の富農層と一般農民の間における緊張を高め、一八三〇年代以降、村人たちが徒党を組んで藩に訴えを起こしてもいる。

斉昭が農民の騒動に対して敏感になったのは、天保七年（一八三六）に発生した甲斐郡内一揆《かいぐんないいっき》からである。天保期は江戸時代で百姓一揆が最も多く発生した時期で、甲斐郡内一揆は日本中で多発した一揆の一つだが、甲斐一国を巻き込む大規模なものだった。

この大規模な一揆の影響を懸念した斉昭にとっては、「大多数の農民層からの支持があって当然」などと楽観的に考えられなかっただろう。

斉昭は、大きな百姓一揆や騒動を防ぐ目的で、飢餓が差し迫っていた人々に備蓄米を分配し、天保飢饉の時期を通して、餓死者をゼロと公表することができた（第五章参照）。

そうしながらも、豪農や神官たちを通じて村民を慰撫《いぶ》、監督し、不満の拡散を避けようとしている。

このアメとムチを使い分けた方策で、百姓一揆が起こることなく、斉昭は天保期の困難を乗り切り、政治基盤を固めたのである。

老中・水野忠邦《ただくに》との連携で〝ご意見番〟に

藤田東湖による田畑の検地、弘道館の建設、武士の土着化など、いくつかの藩政改革に加え、斉昭は、費用の節約や藩政の統一を図る対策として、江戸の水戸藩邸に常住する家臣のうちから約二百名を国元へ戻した（第五章参照）。

こうした改革が成功を収めると、斉昭は幕政への関心を高め、天保九年（一八三八）、『戊《ぼ》戌《じゅつ》封事《ふうじ》』と題する長大な意見書を幕府に提出する。

それは、賄賂《わいろ》の横行をはじめとする道徳の弛緩《しかん》、外交問題、財政問題、行き過ぎた商業活動といった、当時の課題への批判と対応策を示し、水戸藩を参考に幕府に改革を促すものだった。

のちに、この『戊戌封事』やその解説などがまとめられて出版され、各地の武士たちの間に広まっていった。また、当時の幕府老中の一人である水野忠邦《ただくに》は、斉昭に丁寧な返事を送り、提案された改革を受け入れる態度をみせた。

天保十年（一八三九）、その水野が老中首座に就任し、幕府の実権を握った。彼は斉昭の考えに影響を受けつつ、財政再建や奢侈の禁止、農業振興など、いわゆる天保の改革に着手する。

ただし、水野は斉昭の見方と異なる立場もとっている。大津浜事件ののち、文政八年（一八二五）に出された無二念打払令《むにねんうちはらいれい》を緩《ゆる》め、天保十三年（一八四二）には天保の薪水給与令《しんすいきゅうよれい》を出して、外国に対する融和的な政策に転じたのは、その代表的な例だ。

積極的な国防政策を論じてきた斉昭は、当然のごとく水野の対外政策に激怒した。それでも両者の協力関係が失われたわけではない。

幕府との良好な関係の下《もと》で、開放的は性格と率直な物言いで広く信奉者を得た斉昭は、「御三家のリーダー」「幕府のご意見番としての副将軍」といった評価を受けた。それは、彼が幕政改革を推進する基盤の一つとなったのである。

こうした点で、斉昭は成功を収めたといっていいだろう。しかし、水戸藩、国政を問わず、その攻撃的な手法と伝統的な権威への攻撃は、多くの敵を作った。

水戸藩の保守門閥派は改革を嫌い、質素倹約令の締めつけや、藤田東湖のような下級武士の昇進に対して恨みを抱《いだ》いた。天保十年には七十余人が、改革の撤回と斉昭の予定した就藩《しゅうはん》（お国入り）の延期を強訴《ごうそ》している。

幕府側においても、複雑な派閥政治に直面した水野の立場が強固であるとはいえなかった。その上、幕府の改革は混乱をもたらす側面もあり、不満が拡大していた。

したがって、水野の協力をある程度得られたにもかかわらず、江戸と水戸における政治環境は、斉昭にとって安定しているとはいえなかったのである。

蝦夷地《えぞち》への植民と失脚

財政改革や農業振興を推し進めた斉昭だが、水戸藩の財政悪化に終止符を打てなかった。藩の収入を増すために、より野心的な構想として打ち出されたのが、蝦夷地《えぞち》開拓による水戸藩の増封《ぞうほう》である。

二代藩主の光圀以来、蝦夷地は水戸藩が交易を目指した場所だった（第二章参照）。そのことを知っていた斉昭は、天保五年（一八三四）以降、数度にわたって幕府に蝦夷地開発計画を提出し、その様々な目的を繰り返し主張した。

まず強調したのは国防である。蝦夷地は日本の安全保障上、重要な場所であることを強調し、十八世紀末にロシアが南下してきた前後に考えられた蝦夷地統治案を、再び進めるように幕府を促した。

ロシアの脅威に対する「北門」の守りの脆弱《ぜいじゃく》さは、「神国の大患《たいかん》」であるとし、幕府が積極的な防衛政策をとらなければ、外国から侮《あなど》りを受ける危険性があることを暗に述べている。「農業などの移民を奨励し、蝦夷地、千島《ちしま》列島、樺太《からふと》といったアイヌの土地を、完全に日本の統治下に置く」ことを、斉昭は主張したのである。

しかし、寛政十一年（一七九九）、幕府は蝦夷地を天領化したが、文政四年（一八二一）に松前《まつまえ》藩へ返している。つまり、幕府は直轄化に失敗した過去があった。

幕閣は蝦夷地開発の必要を認めつつも、斉昭が天保十年に提出した大胆な提案を、受けつけようとしなかった。

この時の提案は、水戸藩を嫡子に任せ、斉昭が家族とともに蝦夷地へ移住するというものであった。

具体的には、若い家臣たちや農民・職人を水戸から引き連れていき、蝦夷地に城と町を作って広大な植民地の中心地に据え、蝦夷地を一大穀倉地帯に変える。この植民地を日本の北辺防備の要《かなめ》とする、という考えであった。

再三にわたって、斉昭はこの意見書を検討するよう幕府に促したが、老中の大久保忠真《ただざね》や水野忠邦は曖昧《あいまい》な態度に終始した。

斉昭が北方に独自の基盤をつくることで、幕府に対する潜在的な脅威になりかねないという批判が、幕閣内から出たからである。

・水戸藩内にある改革反対勢力の存在。

・幕閣との緊張関係。

・領土的野心の証拠として使われてしまいかねない蝦夷地開発計画。

ここに斉昭が転落する条件は揃い、反斉昭勢力が反撃を始めるまでに時間はかからなかった。

天保十四年（一八四三）、ある程度の協調を保ってきた水野忠邦が失脚し、反改革派が幕政の中心に返り咲いた。

「幕府の特別な配慮」と称して、五、六年の在国許可を与えられ、体《てい》よく江戸の政治から遠ざけられていた斉昭は、江戸に呼び戻されてから隠居謹慎を命じられる。天保十五年（一八四四）五月のことである。

幕府が藩主に隠居を申し渡すことは、小藩や外様大名に対しては珍しくないが、御三家の当主に対してはあまり例のないことだった。

この処分の公式な理由として、①大砲製造と鉄砲の揃打《そろいうち》、②財政難の偽り、③蝦夷地への執着への疑い、④浪人の召抱《めしかかえ》、⑤水戸東照宮の祭儀変更、⑥寺院破却、⑦弘道館の土手の高さ（無断築城の疑い）の七カ条に加え、非公式での追鳥狩の実行などの五点が挙げられた。

これに対して、斉昭は一つずつ理由を述べて反論したが、幕府は取り合わなかった。

斉昭は不服ながらも、藩主の地位を十三歳の嫡男・慶篤《よしあつ》に譲り、江戸の水戸藩中《なか》屋敷駒込《こまごめ》邸での謹慎生活に入った。

これに伴い、藤田東湖、会沢正志斎、戸田蓬軒《ほうけん》など、藩の要人となっていた改革派のほとんどが解任され、蟄居《ちっきょ》や幽閉の処分にあった。そして、門閥守旧派が藩政の主導権を握り、斉昭の改革は中断するのである。

藩士・農民たちによる雪冤《せつえん》運動

斉昭の処分が水戸藩に伝わると、改革派は雪冤《せつえん》（冤罪を雪《そそ》ぐ）運動を起こした。

弘化《こうか》元年（一八四四）七月、農民の一団が江戸に上って、各藩の屋敷に赴《おもむ》き、斉昭の無実を訴えた。

続いて、処分を受けていなかった改革派の藩士たちも江戸に上り、幕閣に上書《じょうしょ》を提出し、神官たちも江戸で斉昭の赦免《しゃめん》を求める活動を展開した。

斉昭はこうした運動を心強く思いながらも、藩士・農民たちの江戸行きを慎《つつし》むよう、藩庁・郡《こおり》奉行所を通じて通達させた。自らの進退に関することで、水戸藩を崩壊させるような挙《きょ》に出るのを望まなかったのである。

というのも、彼らの行き過ぎた行動が幕府を刺激し、御三家当主に対する隠居謹慎という異例の申し渡しを行なった幕閣が、改易や減封《げんぽう》などの処置に出ないとも限らない、という危惧《きぐ》が頭をよぎったのであろう。

斉昭が謹慎になってから百日後、幕府は幽閉の条件を多少緩めたものの、解除には至らなかった。

この間も雪冤運動は広がりをみせ、水戸の士民が江戸に上って運動を展開したため、江戸の一部は騒然となった。

十月十六日には水戸藩南部の農民約四千人が千束原（水戸市）に、他の地域から農民約五千人が清水原《しみずはら》（那珂《なか》市）に集まり、斉昭の解放を要求した。その中には、江戸に出府しようとした義民集団もあったという。

改革派の藩士たちがこれをけしかけたとの噂が流れたが、ほとんどの農民たちは自らの思いで参集していた。これは斉昭の愛民の思想と農村への気遣いにより、農村に斉昭支持が広がっていたことを如実に示している。

こうした運動が奏功したのか、処分から二百日後の十一月末に、斉昭の処分は解除された。雪冤運動に加わって江戸に上った農民と藩士は一定の処罰を受けたが、かえって真の忠義者としてみられた。

改革派の中には、雪冤運動に積極的ではなく、事の成り行きを傍観した「柳派」と呼ばれる穏健派もいた。斉昭の雪冤をめぐって「不忠不義を討つ」とする「天狗《てんぐ》派」と、穏健な柳派とに改革派が分かれ、彼らの共通する敵として保守門閥派が存在することになった。

こうして水戸藩では、イデオロギー的な断層が拡大していったのである。

斉昭は謹慎を解除されたものの、以前のように政治の陣頭指揮に立つことは許されなかった。若い慶篤は名目だけの藩主であり、水戸藩の実権は保守門閥派が握っていた。

斉昭と改革派の行動を恐れた保守門閥派は、多くの改革派藩士を処罰するとともに、隠居となった斉昭の側《そば》近くまで間諜《かんちょう》を放って監視した。

これに対して斉昭は「神発仮名《しんぱつがな》」という字を発明し、これを暗号のように使って、支持者たちと手紙をやりとりした。

斉昭の支持勢力は、水戸支藩の要人、御三家の尾張家、紀伊家、幕閣、諸藩の大名などへ直訴《じきそ》するなど、様々な手を尽くし、斉昭の藩政復帰を働きかけた。

しかし、同情的な声は多くとも、幕府に逆らってまで斉昭を支援する動きにはならない。そうして一年以上が過ぎた弘化三年（一八四六）春、一人の奥医師の下女によって希望の光が差し始めた。

改革派の元水戸藩士・中村平三郎《へいざぶろう》の娘は、江戸城大奥に勤める奥医師・坂玄幽《さかげんゆう》の子・玄益《げんえき》の下で働いていた。

斉昭に同情的だった坂父子は、斉昭の支持者に対して「強引な嘆願は将軍を困らせるだけだ」と警告するとともに、「より丁寧で効果的なアプローチ方法として、大奥の女中の説得を通じて、斉昭の罪を解いてもらうべきだ」と助言したのである。

改革派は坂の助言に飛びついた。

水戸徳川家は将軍家、有力大名などと養子や婚姻の縁を結んできたので、大奥の女中たちとつながりがあった。

それを生かして、斉昭自身が贈り物をし、将軍・家慶《いえよし》への取り次ぎを依頼した。しかし、それは大奥の内政事情で行き詰まってしまう。上臈《じょうろう》であった姉小路《あねがこうじ》と大奥年寄の三保野《みほの》という、大奥の最高職を務めていた二人がライバル関係にあり、交渉が微妙なものとなったのだ。

最終的に斉昭の申し出は曖昧な返答を受け取っただけに終わり、斉昭の支持者たちは、複雑怪奇な大奥ルートをあきらめるしかなかった。

外国の脅威に対する〝不可欠な人材〟として

大奥に対して斉昭復権のロビー活動が行なわれている間、はるか彼方《かなた》の出来事が、日本国内の政治状況を変え始めた。

英国がアヘン戦争で清《しん》を破った天保十三年以降、開国通商を求める西洋諸国の数が増えた（第四章参照）。西洋の帝国主義による勢力拡張が、新しいレベルの強度をもって東アジアに到達しようとしていたのだ。

幕府は、もはや外国を拒絶し続ける余裕がなくなりつつあり、外国勢力に対応すべく、防衛・外交に関する最善の専門知識を組織化する必要に迫られた。そこで、斉昭の存在が浮かび上がる。

当時、西洋諸国に対する国防を担える人物は、斉昭以外にはいないとみなされていた。斉昭は対外強硬の国防論で知られており、軍事改革と外国船排除の毅然《きぜん》たる政策を幕府に要求してきたし、水戸藩における軍事改革と蝦夷地に関する提案は、その名声をより高めたからである。

一八四〇年代の西洋諸国の接近を知り、斉昭は、老中・阿部正弘にたびたび書簡を送っていた。そこには、オランダ国王の国書などの閲覧を求め、英仏の来航にどう対応すべきかの意見が綴《つづ》られていた。

弘化三年、アメリカのジェームズ・ビッドル提督が江戸湾の沖合に到着した頃、斉昭は海防に関するご意見番のような立場を築きつつあったのだ。

阿部正弘は、水野忠邦が失脚した後の天保十四年に老中に就任し、権力を握った人物である。

阿部は幕府の中心となって斉昭の処分を進めたが、外国の脅威に対応する必要性が高まるなかで、斉昭が不可欠な人材であることを認識していた。

ビッドルの来航後の弘化四年（一八四七）、阿部は、斉昭の七男・慶喜《よしのぶ》が御三卿《ごさんきょう》の一つである一橋《ひとつばし》家を継ぐように周旋《しゅうせん》し、将軍継嗣《けいし》の候補者とした（第七章参照）。

ここから幕府と水戸藩の関係修復が慎重に進められていく。

弘化五年（一八四八）、保守門閥派に握られている水戸藩の政権を批判し、改革派の処分を若干緩和させた阿部は、嘉永《かえい》二年（一八四九）半ばには、斉昭が藩政に参与することを許した。

嘉永元年（一八四八）十二月に、有栖川宮《ありすがわのみや》家の線姫《いとひめ》（幟子女王《たかこ》）を十二代将軍・家慶《いえよし》の養女として、水戸藩主の慶篤に輿入《こしい》れさせることが決まり、翌年九月には、将軍・家慶の水戸藩小石川邸への御成《おなり》を実現する。

そして、嘉永五年（一八五二）の年末、将軍・家慶が斉昭を江戸城に招いた。ここに完全な関係修復が成った。

年が明けて六月、開国を求めるアメリカ大統領ミラード・フィルモアの親書を携《たずさ》えて、マシュー・ペリー提督が江戸湾に来航した。

斉昭の復権は、はからずも「来《きた》るべき大混乱」の直前に果たされたといえるだろう。

阿部は助言を受けるために、斉昭を嘉永六年六月、幕府の海防参与に任じた。それとともに、日本中の大名たちに意見を求め、時局への対処を図った。

二百年以上、外交は幕府の専権事項であり、その前例を破ったことは幕府のもつ外交権を弱体化させる危険な動きだった。しかし、できるだけ多くの意見を集めて対応することが、当時としては誠実な対応ではあった。

海防参与に任じられた斉昭は、蟄居させられていた藤田東湖と戸田蓬軒の罪を解かせ、海岸防禦御用掛《ぼうぎょごようがかり》に命じて補佐させた。

そして七月に十カ条、八月に十三カ条の提言を幕府に提出したが、これらはのちに『海防愚存《ぐぞん》』としてまとめられた。

そこには、「戦争準備のための全面的な改革を実施する」「和睦《わぼく》か決戦かを決断する」「海岸防備に庶民も兵隊に加える」「外交策謀を使って、日本が防衛を整えるまで時間を稼ぐようにする」などの意見が書かれていた。

さらに、方針が決定したら、国を挙げて結束するよう、全国に正式な命令を発することを促し、この年の十一月に実施された。

また斉昭は、水戸藩主が年来願ってきた、蝦夷地の直轄支配について幕府に要求した。

その結果、安政二年（一八五五）には蝦夷地の天領化が実現し、広く開拓の募集が行なわれた。水戸藩は、石狩《いしかり》地方における産物取引所の経営に関与することになった。

斉昭の指導力は、黒船来航で不安に陥《おちい》った江戸の士民を興奮させ、斉昭を大将軍に描いた瓦《かわら》版《ばん》が出回るほどであった。

数年にわたって、斉昭による倹約や奢侈禁止などを揶揄《やゆ》していたはずの士民は、対外的な極度の緊張感のなかで、祈るような気持ちで斉昭をあがめる対象にまで祭り上げたのである。

斉昭が主張する「国内に防備強化を訴える」という計画は、うまくいっているようであった。

強硬派の守護者としての斉昭の評判は、江戸を越えて全国に広がり、越前《えちぜん》藩、薩摩藩、宇和《うわ》島《じま》藩、土佐藩などの藩主と斉昭との連合が形成された。

これら諸藩の藩主やリーダーたちは、斉昭や水戸学者たちの書を読んでおり、有能な指導者に発言権をもたせて改革を導入し、外国の脅威に対抗しうる国をつくろうとするビジョンを共有していた。

一方、水戸藩内において、八年にわたる保守門閥派統治で中断した軍事、教育、宗教の改革を、斉昭は再始動させた。彼は保守派に対して断固たる態度をとり、その多くを自宅謹慎や役職追放に処したために、彼らの怒りを買った。

そうしたなかで、前藩主である斉昭と現藩主の慶篤の間に、楔《くさび》を打ち込もうとする企《くわだ》ての噂が流れた。実際に保守派は、斉昭の統治によって水戸藩士の大部分が排除されていると論じ、不公平で一方的であると慶篤に訴えた。

しかし、保守門閥派の反論をものともせず、斉昭は以前より意欲的に改革を進めた。

教育においては藩内に多くの学校を建て、藩校・弘道館の本格的開館と拡張を実行したし、軍事面では、農兵の採用（土佐藩とならび全国で最も早い事例）を行ない、大砲製造のために反射炉を築いている。

安政三年（一八五六）に、保守門閥派の首領の一人とみなされていた結城寅寿《ゆうきとらじゅ》を、表面上は賄賂と汚職の罪状で処刑した。これは、結城とその一派が、斉昭の再度の失脚や暗殺を計画しているとの噂に突き動かされたものであった。

処分の断行で斉昭の威光は示されたが、この行動は拙速であり、斉昭は疑心暗鬼に陥ったように映《うつ》る。

特に、安政二年の大地震で、右腕ともいえる藤田東湖を失ってから、その傾向は顕著になったようだ。

「派閥主義の助長」「改革の妨害」などの理由で、保守門閥派の藩士を逮捕・処分が続き、水戸藩内の保守門閥派と改革派の間の緊張は、さらに高まることになった。

それから間もなく、江戸における斉昭の地位が低下し始めた。

嘉永六年に将軍・家慶が亡くなり、家定《いえさだ》が跡を継いだが、三十歳にして子がなく、病弱だった。そのため、将軍の継嗣問題が起きると、斉昭は実子である一橋慶喜を後継として薦《すす》めて回った。

これが紀州藩主・慶福《よしとみ》を推す反対派を苛立《いらだ》たせ、さらには斉昭と同盟していた大名からも、事態を静観するようにたしなめられている（第七章参照）。

老中の阿部は、反斉昭陣営を宥《なだ》めるために、その代表格の一人である堀田正睦《まさよし》を老中の一人に推挙したが、この動きが裏目に出て、幕府内でも分断が起きた。斉昭を支持する若い藩士たちも反斉昭勢力の昇進に不満を抱き、激しく抗議を行なった。

幕政の大転換は、安政四年（一八五七）に老中の阿部が急死したことによって生じた。唯一、斉昭を理解していた阿部の死後、斉昭は幕府の中で孤立し、その年の夏に海防参与（幕政参与）を辞した。

幕府における海防参与・幕政参与の地位は、水戸藩の頼りない立場を補《おぎな》っていたが、斉昭の辞職により、幕府と水戸藩の政治的な関係は不安定な状態に陥っていく。

自らの米国派遣を幕府に提案

開国に続いて起きたもう一つの外交的危機は、アメリカとの通商条約締結である。それは、斉昭と幕府との間に取り返しのつかない分断を引き起こした。同時に、水戸藩内における内部対立の引き金となり、中央の政治における水戸藩の影響力の、著《いちじる》しい減退をもたらすのである。

安政四年、幕府はアメリカの通商条約締結の要求を受け入れることを決めた。年末には、その意思を斉昭に伝えたが、当然、斉昭は激怒した。

斉昭は押されたままの交渉には形勢逆転が必要だと認識し、大胆な提案を幕府に対して行なった。

「将軍家の一族である私をアメリカに派遣してくだされば、これ以上の友好の証《あかし》はないだろう」

これは単なる外交使節ではなく、武士や農民、町人の青少年を三、四百名率いて現地に赴《おもむ》く「出貿易《でぼうえき》」を、斉昭は企図《きと》していた。

「出貿易」は斉昭の年来の主張だったが、これを行なう代わりに米国が日本から退去することに同意させることで、神国日本が夷狄《いてき》から護《まも》られると考えたのである。

この提案に幕閣は困惑し、老中の堀田は斉昭を「よからぬ人」として、嫌悪感を示した。そして、水戸藩の郷士たちがハリスを暗殺しようとした事件が発覚すると、幕閣は水戸藩を疑うようになる。

安政五年の初頭、幕府は条約の勅許を得ようと朝廷に打診した。朝廷がこれを拒否したことは、幕府の権威に深刻な打撃を与えたが、幕閣は斉昭と水戸の攘夷派が策謀し、朝廷の拒否姿勢を惹起《じやっき》したとして非難した。

勅許をめぐる混乱収束と事態の前進を図るには、幕府権力を強化する有能なリーダーが必要だと老中たちは考え、同年四月、井伊直弼《なおすけ》が大老に就任する。

近江《おうみ》彦根藩主の井伊は、徳川家に最も忠実な譜代大名・旗本らを率い、西洋との条約を締結する断固とした意志をもっていた。

大老となった井伊は、親斉昭の反条約勢力を政権から追い出し、勅許を得ることなく日米修好通商条約を締結した。

この報を聞いた斉昭は、尾張藩主・徳川慶恕《よしくみ》（のちに慶勝《よしかつ》。水戸家と血縁が近い）、子息の水戸藩主・慶篤とともに、許可なく江戸城に登城し、条約の勅許を求めるとともに、将軍継嗣問題などについても井伊に申し入れを行なった（不時登城）。

敬意を欠き、規則を守らない斉昭らの態度に井伊は怒り、斉昭による将軍継嗣を巡る陰謀についての噂を聞いていたこともあって、その要望を拒《こば》んだ。

同年七月、斉昭は再び幕府から謹慎を命じられ、親斉昭派の処分も行なわれた。

幕府中枢から追放された親斉昭勢力（一橋派）は、同年八月、反撃に転じた。それは、孝明《こうめい》天皇の水戸藩への密勅《みっちょく》という形で現れた。いわゆる「戊午《ぼご》の密勅《みっちょく》」である。

①条約無勅許調印に対する譴責《けんせき》。

②斉昭らへの処分への異議。

③大名衆議による幕府運営。

このような内容の勅書が、幕府の頭を通り越して水戸藩に下ることは、未曾有《みぞう》の事態である。

その対応をめぐって、水戸藩の改革派（尊王攘夷《そんのうじょうい》派）は鎮派と激派に分裂し、藩政の安定性をさらに弱める結果となった（第四章参照）。

「密勅、安政の大獄、そして桜田門外の変」

安政五年八月三十日、幕府は「戊午の密勅」の返納を水戸藩に厳命。

同年九月、斉昭の雪冤を求める藩士や領民たちは、幕府に訴えようと次々に江戸へ向かった。

藩の役人らはこの動きに気づき、小金宿《こがねじゅく》でこの動きを押しとどめ江戸入りを何とか阻止しようとしたが、その数は千人を超えるほどになった（第一次小金屯集《とんしゅう》）。

同じ頃、井伊大老は、本格的な反対派の処罰に着手していた。いわゆる「安政の大獄《たいごく》」である。同年九月十八日、京都の水戸藩留守居役、鵜飼吉左衛門《うがいきちざえもん》・幸吉《こうきち》父子が幕府によって逮捕された。水戸藩にさらなる危機が迫ってきたのである。

水戸藩内では激派が動き始めていた。斉昭の側近として郡奉行の要職も務めた金子孫二郎、同じく斉昭側近で奥祐筆《おくゆうひつ》頭取の高橋多一郎《たいちろう》ら水戸にいた激派の一部は、「戊午の密勅」についての幕府からの返納命令を拒否し、あくまで勅諚《ちょくじょう》の各方面への回達を目指していた。同年十二月、金子らは、住谷寅之介《すみやとらのすけ》や関鉄之介《てつのすけ》など四名を西国《さいごく》に派遣し、世論を喚起するため諸藩との連携工作を推進することにした。

関は越前藩・鳥取藩を回り、長州萩《はぎ》に到着。水戸遊学で会沢正志斎門下となった人物に会ったが、長州藩を動かすに至らなかった。水戸遊学経験のある吉田松陰（第四章参照）は獄中にあり、水戸藩の二人の志士が目的を達せず帰っていったことを日記に記している。

一方、住谷は四国を目指した。土佐の国境の関所まで到着した住谷らは、江戸で水戸藩士と交流していた坂本龍馬らと数度にわたって面会。坂本は住谷の話を誠実に聞いたが、激論の末に物別れに終わった。

坂本の反応は鈍《にぶ》く、住谷は失望して土佐を去り、宇和島藩に回ったが成果を得られず、帰途についた。土佐藩の尊王攘夷運動が高揚し、坂本が事態の重大さに気づくのは桜田門外の変後のことである。

諸藩との連携の目的を果たせなかった四名は、安政六年（一八五九）二月までに全員が水戸に帰藩したが、この間にも井伊の強権的な政治は大きく動いていた。

同年四月に水戸藩家老たちが幕府に出頭を命じられ逮捕されると、危機感を抱いた水戸の士民たちは再び小金に屯集した（第二次小金屯集）。

同年十月には大獄における処分が確定し、斉昭が国元での永蟄居《えいちっきょ》、慶篤は差控《さしひかえ》、慶喜は隠居謹慎。水戸藩士にも多数の処分者が出た。

同年十二月十五日、井伊直弼は登城した藩主・慶篤に対して、「朝廷から、先の勅命の返納を命じる勅命があったので、三日以内に幕府に提出せよ」との命令を下した。慶篤は水戸に急使を出し、水戸城では大評定《ひょうじょう》が行われ、朝廷への直接勅諚返納を決した。

この藩の決定に憤激した激派は、水戸の南にある長岡宿に屯集し、返納実力阻止の行動に出た（長岡屯集）。

長岡には激派の藩士、郷士、神官、領民ら百名余りが集まっていた。彼ら長岡勢と気脈を通じていたのは、水戸にいた高橋・金子・関といった激派の面々であったが、鎮派が中心を占めた藩庁は高橋らの身柄拘束に動き、長岡勢を解散させようと必死になった。

安政七年（一八六〇）二月十八日、この動きを察知した林忠左衛門《ちゅうざえもん》ら長岡勢の一部が、城下市《しもいち》で警戒していた藩兵と、消魂橋《たまげばし》で一戦を交える事件が発生。藩庁の追討軍が組織されることになったため、長岡勢は解散を始めた。

その半数は水戸城下から一里の河和田村《かわわだ》の郷士・高倉家に身を寄せ、負傷した林も高倉家に匿《かくま》われた。

長岡屯集と同じ頃、一月十九日、幕府の勅書返納の圧力に反幕府感情を募《つの》らせていた激派の金子・高橋は、かねて親交の深かった薩摩藩とともに大老打倒を果たすべく計画を練り、その意を受けた木村権之衛門《ごんのえもん》らは、密かに江戸の薩摩藩邸に赴いて有村俊斎《ありむらしゅんさい》（第五章参照）の弟・有村雄助《ゆうすけ》・有村次左衛門《じざえもん》兄弟らに面会し、「井伊を討ち商館を焼き討ちするので、薩摩藩は京都を固めてほしい」との計画を打ち明けた。薩摩藩の使者はこの日のうちに江戸を出発し、鹿児島にこの計画を速報した。

その後、協議を重ねた水薩両藩有志は、井伊はじめ襲撃する要人と期日を二月十日前後と定めるなど、二十数カ条の方針を決定し盟約を結んだ。もう一人の薩摩藩の使者が、急ぎ鹿児島に戻って大久保利通ら有志に詳細を伝達したのは、期日を過ぎた二月二十一日であった。

すでに一報の入っていた薩摩では有志が次の使者の帰着を待っていた。西郷はこの時奄美《あまみ》に居り、大久保利通《としみち》がすぐに藩庁に建議書を出して決起を促したが、藩の実権を握っていた島津久光《ひさみつ》や藩庁は、完全にこの建議を退《しりぞ》けた。

これにより東西が呼応した決起の計画は幻に終わった。それでも突出すべきという意見を大久保は抑えきった。

決起の期日が迫る中、水戸にいた高橋・金子たちは、二月十八日、ひとまず身を潜《ひそ》めてから脱藩した。高橋は薩摩藩との合流を目指して中山道を上方《かみがた》に向かい、金子は大老襲撃の総指揮者として江戸に向かった。

この前後に相次いで激派の藩士たちが脱藩南上していったが、襲撃に関わる十八人の中には、常陸二ノ宮・静《しず》神社の斎藤監物《けんもつ》など三名の神官が含まれていた。これまでの各章で述べたように、神官は水戸藩の諸改革に重要な役割を果たしてきており、領民との間にあって重要な役割を担っていた。

江戸に参集し、居を転々としていた志士たちは、薩摩藩邸に残っていた有村兄弟と接触し、最終的な襲撃の計画を練り始めた。金子は襲撃を見届けた後、有村雄助とともに上京して孝明天皇に報告し勅諚を以《もっ》て、すでに出兵しているはずの薩摩藩とともに幕政改革、皇室復興を成し遂げるということになり、残りの者が襲撃の実行隊と決した。

水戸側の実行者が一堂に会したのは、桜田門外の変の前日、三月二日夕の品川の遊郭相模《さがみ》屋での宴席が最初で最後だった。

三月三日、今の暦だと三月下旬にもかかわらず、江戸は朝から時ならぬ雪に見舞われていた。早朝、水戸の志士十七名は、藩に累《るい》が及ぶのを避けるため、藩庁に連名で士籍・神職からの

桜田門外之変図（蓮田市五郎画、茨城県立図書館蔵）

除籍願書を提出し、脱藩浪士となり、薩摩の有村治左衛門とともに、愛宕山《あたごやま》に集結した。

愛宕山から降りた一行は、五つ時（午前八時）には桜田門外に到着。登城予定の井伊の行列を待った。

五つ半（午前九時）、五十名超の井伊の行列が現れた。現場指揮者の関、検視役の岡部三十郎を除く水戸の志士十五名と薩摩の一名は、一発の銃声を合図に行列に斬り込んだ。

行列にいた彦根藩士たちは雪から刀を守るために、みな柄《つか》袋《ぶくろ》を掛けていて、すぐに応戦することができなかった。行列の先頭で開かれた戦端に気を取られ、駕籠《かご》の脇が手薄になったところを三人が駕籠を刀で刺《さ》し、瞬時に扉を開けて井伊の首級を挙げた。

この戦闘で水戸側は一名が討死、薩摩の有村と水戸側の三名が重傷を負うなどして自刃、残りの者たちも周辺の大名屋敷に自訴して預かりの身となった者が複数いたが、深手で没した者の他は、後に幕府の手で処刑された。

この中で斎藤監物は老中・脇坂安宅《わきさかやすおり》邸に自訴し、「斬奸《ざんかん》趣意書」を上程した。

将軍が幼少であるのをいいことに大老・井伊直弼は自分の権勢をふるおうとして「公論正議」を忌み憚《いはばか》って、大名、公家《くげ》、武士たちを弾圧した。そして畏《おそ》れ多くも天皇のお心をも悩ました。井伊のような「暴横の国賊」をそのままにしては幕府の政治を乱し、「夷狄《いてき》」から侮《あなど》られ、害を被ることになるだろう。もとより幕府に敵対するのではなく、幕政を正しく導き、尊王攘夷をはかり、天下万民を安んじるための行為である。どんな処分も覚悟しているが、水戸家には譴責がないようにしてほしい、と趣意書には綴られている。

幕府と敵対するわけではない。政治を正すため、万民を安んずるため、これが彼らの叫びであった。

「斬奸趣意書」を上程した後、細川家預かりとなった斎藤は、深手を負っていたため起き上がることはできなかったが「君が為　積もる思いも　天津日《あまつひ》に　融《とけ》て嬉しき　今朝の淡雪《あわゆき》」と辞《じ》世《せい》を遺《のこ》し、三月八日に没した。

品川で待機していた総指揮者の金子は、井伊を討ち果たしたことを聞くと、薩摩の有村雄助とともに東海道を西へ急いだ。ところが伊勢四日市の宿で、幕府の追及が薩摩藩に及ぶことを恐れた薩摩藩の役人の手で有村ともども捕らえられ、幕府の伏見《ふしみ》奉行に引き渡された。有村雄助はその後、薩摩に送られて切腹を命じられた。

先行して大坂にいた高橋は、薩摩との連携のために待機していたが、桜田門外の変の報が届いても、なお動きのない薩摩藩の動静を探りかねているうちに、幕府の探索の手が伸び、一戦に及んだ。四天王寺《してんのうじ》境内《けいだい》に逃げ込んだあと、手傷を負った高橋は子息とともに、寺役人宅で自刃した。

さて、現場指揮者の関も上方を目指したが、大坂の手前で高橋の死と薩摩挙兵せずの事実を知り、上方にとどまることの危険を感じて、そのまま西南諸藩の動静を探りに西へと向かった。最終的には薩摩との国境に近い肥後水俣《ひごみなまた》まで来て、薩摩藩の同志らに書状を送ったが、薩摩藩は関の入国を許可しなかった。関はそのまま水戸へ引き返し、水戸領北部袋田《ふくろだ》村の桜岡家など各地を転々として、最後は越後《えちご》で幕吏に捕縛され江戸で斬首された。

こうして主だった志士たちは自刃、あるいは捕縛され断罪されたが、この事件の衝撃はあまりに大きかった。

その影響の一つには、事件が刺激となって、水戸藩の激派の行動に歯止めが利かなくなったことである。事件から五カ月後に斉昭が亡くなったことと相まって、文久《ぶんきゅう》元年（一八六一）の東禅寺英国公使館襲撃事件、翌年一月の坂下門外の変と、幕政を揺るがす大事件を立て続けに引き起こす要因となった。結果的に幕府の権威低下の基点となり、その後の中央の政局に多大な影響を及ぼしたといえよう。藩内では各派の抗争の激化に結びついた。これらは次章で詳述する。

もう一つの影響が、全国の尊王攘夷の志士たちの信望を高めたことで、関や住谷たちが説得に回りながら、ほとんど相手にされなかった状況を一変させたことである。特に長州藩は藩論を一変させ、藩士の活動も活発になり、万延《まんえん》元年（一八六〇）七月には、水長有志による丙辰《へいしん》丸《まる》盟約（成破《せいは》同盟）を結ぶに至った。長州藩内の尊王攘夷派の動きが活発化したことで、その後の政局が大きく動いたことは言うまでもない。

いわゆる草莽《そうもう》の志士たちにも影響は大きかった。武蔵《むさし》国血《ち》洗島《あらいじま》村の渋沢栄一は、事変に刺激を受けて、未遂に終わったものの、上野《こうずけ》国高崎城の乗っ取りを計画するに至る。

ともかくも桜田門外の変は、全国の志士たちを刺激し、幕末維新のうねりをつくった大きな転換点であったことは間違いない。

日本をいかに独立国家たらしめるか

桜田門外の変の翌日、謹慎中の水戸城で事件を知った斉昭は、大いに驚き、ショックを受けた。

「大老不宜《よろしからず》にもいたせ、御役重く、第一将軍家にて宜敷《よろしき》と思召《おぼしめし》候」

つまり、井伊がどれだけ悪いにせよ、将軍がよいと思って任命した人物だということである。その井伊への攻撃は、幕府への攻撃につながると恐れ、「外様大名か外国に天下を渡すつもりか」と藩主の慶篤に警告した斉昭は、即座に彦根藩との関係を修復するように促した。

斉昭は実行者たちから自身をできるだけ遠ざけ、藩に罪が及ぶのを避けようと努めたが、彼の立場は深い矛盾をはらんでいた。

会沢正志斎が主張したように、斉昭は攻撃的な対外政策と包括的な国内改革によって、幕府を再生強化しようと望んでいた。ところが、斉昭の好戦的な言葉や断固たる批評、そして国防強化を訴える言動すべてが、水戸の尊王攘夷派の若き下級武士たちを過激にさせていた。

こうした考え方がいったん根を下ろせば、斉昭自身が制御《せいぎょ》することはできない。彼は桜田門外の変の浪士たちを非難し、自身もその影響に怯《おび》えたが、その発火点になった責任から逃れることはできなかった。

それから数カ月後、斉昭は水戸城内の月見の宴のさなかに亡くなった。心臓発作と思われる。遺骸は、歴代藩主と家族が眠る水戸藩の墓所・瑞龍山《ずいりゅうさん》に儒式で葬《ほうむ》られた。

彼の没後、水戸藩が政治の表舞台で大きな役割を果たすことはなくなった。藩は尊王攘夷派の鎮派と激派、そして保守門閥派の間の政治抗争に埋没し、間もなく抗争は内戦に発展した。幕府はもはや水戸藩を信頼せず、厳しい取り締まりと処罰により、尊王攘夷派の境遇は厳しさを増した。

先述の外国公使館襲撃事件や坂下門外の変など、襲撃事件の続発の一因は、こうした境遇の厳しさにもある。

全国レベルでは、斉昭周辺で形成された大名連合が維持され、彼の政治改革や軍備増強のビジョンを追求し続けていたが、外国の脅威が強まると、朝廷と大名の幕府への信頼が弱まり、幕藩体制の正当性が揺らいだ。

斉昭は、生前も没後も争いの種であり続けた。彼の反対勢力にとって、斉昭は自分勝手で高慢で頑固な存在であり、悪化する派閥主義と内戦の元凶だとみなされた。

一方、斉昭の支持者は、その道徳的信念と日本を再建するための大胆な行動、それを支える強い意志を称賛した。そして彼らは、幕府を強化しようと支援し続けた斉昭の熱意を称《たた》え、その努力をないがしろにした、腐敗した幕府と水戸藩内の保守層を痛烈に批判した。

これら斉昭支持者たちに等しくある熱は、斉昭のカリスマ性と力強さを反映するものであり、日本をいかに独立した統一国家たらしめるのかという問題における、彼のビジョンの急進性を示している。

日本という国は結局、長期的には斉昭のビジョンの通りに進んだといえる。しかし明治維新以後、水戸藩の存在感の相対的低下とともに、斉昭の存在は忘れ去られていった。

そうしたなかにあっても、斉昭を慕う人々の手により、明治二年（一八六九）、斉昭は従一《じゆいち》位《い》を贈位され、水戸の偕楽園の傍《そば》に創建された常磐《ときわ》神社に、押健男国之御楯命《おしたけおくにのみたてのみこと》という神号で、神として祀《まつ》られることとなった。

現在でも彼は「烈公さん」「斉昭公」と呼ばれ、水戸の人々の崇敬を集めている存在である。

コラム6

黒沢止幾《とき》――斉昭支持者が日本初の女性小学校教師へ

黒澤止幾《とき》（一八〇六～九〇年）は、水戸の北西二十キロにある錫高野《すずごや》という小さな村で生まれた。

生家が修験《しゅげん》道場と寺子屋を兼ねていたこともあり、幼い頃からしっかりとした教育を受けたようだ。

十九歳で結婚し、二人の娘をもうけたが、二十六歳の時に夫と死別。実家に戻った止幾は子どもたちを母に預け、自らは小間物の行商人となって北関東各地を巡った。

行商の旅は厳しかったが、そこにはわずかな喜びもあった。

旅を通じて各地の知識人たちと出会い、和歌や漢詩などを学ぶことである。その経験がのちに生きてくる。

止幾が四十六歳の時、旅先で宿の主人から子どもの素読《そどく》指南を頼まれた。これを皮切りに、止幾は子供を教え始める。

安政《あんせい》元年（一八五四）には実家に戻って私塾を開き、地域の子どもたちを教えることになった。

女性が寺子屋で教授することや、旅をして和歌の会に参加することは、少ないとはいえ珍しいことではなかった。

黒沢止幾（茨城県立歴史館蔵）

以後、止幾は錫高野村で暮らしたが、村人・家族・そして旅を通じて培《つちか》ったネットワークによって、尊王攘夷《そんのうじょうい》思想が水戸で勃興する状況や水戸の政治について、多くの知識を得ていた。

彼女の和歌には、しばしば一八五〇年代の国家の危機的状況に対する苦悶《くもん》があふれ出ているが、それは斉昭《なりあき》の熱烈な支持者だったからである。

井伊直弼《なおすけ》により斉昭が処罰の対象になったという知らせを聞き、日本の将来を憂《うれ》えた止幾は、安政五年（一八五八）八月、夜空にほうき星をみて、これが凶星であり、乱世の始まる兆《きざ》しだと判断した。そして、斉昭の処分解除を朝廷に嘆願することを思い立った。

止幾は尊王家や歌人たちのもとを訪ね、周到な長旅の計画と朝廷へ届けるべき書状などを練って、翌年の二月末に旅立つ。

道すがら、斉昭の汚名を雪《そそ》ぐ要求と井伊への批難を長歌《ちょうか》にしたため、行李《こうり》の中にしのばせた。自らの境遇をあきらかにしながら、男に後《おく》れを取らず国のためを思う、という彼女の直接的なメッセージは、当時としては驚くべきものだった。

約一カ月で京都に到着した止幾は、公家《くげ》たちの教育機関である学習所に勤めていた国学者・座田維貞《さいだこれさだ》の知遇を得て、その門人になることを許される。この座田に長歌を託し、孝明《こうめい》天皇への献上を依頼した。

その後、大坂に移った時、止幾は幕吏に捕縛された。水戸藩の密使と疑われたのである。大坂・京都・江戸と護送されるたびに厳しい訊問を受け、拘束は六カ月に及んだ。そして、十月二十七日に中追放《ちゅう》（山城《やましろ》・江戸・常陸《ひたち》への立入り禁止）の処分が下された。

止幾はいったん郷里に近い下野国《しもつけ》茂木《もてぎ》で仮住まいを得たが、ひそかに郷里に戻る。幕府は通常、追放の罪に処された者の振る舞いがよければ、特に追求することはしなかったのだ。

この頃、水戸藩内は激しい党争に突入していた。止幾はほぼ毎日修験の祈禱《きとう》を行ない、党争に翻弄《ほんろう》される村を安寧《あんねい》に導こうと祈り続けて、静かに明治維新を迎えた。

止幾の人生は、六十代にして再び大きく変わった。維新政府が一八七〇年代前半に始めた、教育政策と神仏宗教政策の影響である。

神仏混交であった修験道を一つの生業《なりわい》にしていた止幾は、神仏の分離という国策により、修験道をあきらめざるを得なかった。

一方で、教育者としての経験を生かすことはできた。明治五年（一八七二）、学制発布により、止幾は日本初の女性小学校教師として採用されたのである。

明治八年（一八七五）、廃藩置県後に成立した茨城県の県令（知事）は、止幾が単身京都に向かったことを英雄的行為とした。幕府による中追放からの、完全な名誉回復であった。

その後、止幾は京都への旅と獄中で記した日記や覚書を編集し、和歌を詠み、御嶽教《みたけきょう》にも関わった。

「君がため　尽くす心の　一筋に　家をも身をも　思わざりけり」

　これは当時の止幾の心をよく表した一首である。

　没する前年の明治二十二年（一八八九）、斉昭や尊王攘夷派の指導者を称《たた》える昔の和歌に囲まれた止幾は写真を撮った。彼女は死ぬまで水戸の教えを信奉したのである。

　止幾の場合は、主として祈禱と歌道を通じて、水戸から学んだものを表現する道を得、個人的な形であっても斉昭の雪冤《せつえん》運動に参加したが、その珍しい人生は、庶民の間に水戸学の教えが広まっていたことを物語る。

　同時に、止幾の逸話は、不安定な幕末の水戸藩における政治意識の高まりと、「水戸学はいかに庶民に至るまで浸透し、行動を起こさせたのか」を明らかにしているといえよう。

第七章

徳川慶喜《よしのぶ》　新しい時代に埋め込まれた「水戸の価値観」

徳川斉昭《なりあき》には二十二人の息子がいたが、彼が行なった改革とは違って、子供の名前は独創的とは言い難い。

鶴千代麿《つるちよまろ》（慶篤《よしあつ》）と名付けられた嫡子はいいとして、次男以降は生まれた順に、二郎麿、三郎麿と、数に対応した名前になっている。したがって、七男は七郎麿《しちろうまろ》である。

七郎麿は天保《てんぽう》八年（一八三七）九月二十九日に生まれた。

斉昭はそれまでの子弟教育と異なり、江戸の藩邸ではなく水戸で教育するべきだと考え、それを実行した。華美で多様性のある江戸の暮らしは浮薄《ふはく》軟弱な男を作りかねず、規律と水戸を尊重する気持ちを育むのに、江戸は不向きだと判断したからだ。

かくて七郎麿は生まれた年に水戸へ送られ、養育されることになった。

数年後に斉昭が国許《くにもと》へ戻った際、子供たちと再会したが、幾人もいる子供たちのなかで、斉昭は特に七郎麿の成長を注意深く見守るようにした。

子供たちに対する斉昭の教育方針は厳しかったが、その一つとして、水戸の「文武不岐《わかれず》」を体現することが求められた。

七郎麿は、漢籍と日本の古典を、会沢正志斎《あいざわせいしさい》や他の弘道館《こうどうかん》の教授たちから学んだ。

しかし、長い時間にわたって領内で馬を乗りまわすなど、馬術や弓術の訓練を好み、「武」のほうに偏《かたよ》りがちだった。そればかりか、悪ふざけも目に余り、養育掛《がかり》たちを困らせたので、斉昭はついに七郎麿を罰することもあった。

父が藩政改革を進める水戸で育った七郎麿は、水戸学の気風と政治思想をしっかりと身につけた。

斉昭の行なった大規模な軍事訓練である「追鳥狩《おいとりがり》」にも参加し、外国の脅威に直面する時代にあって、武力の近代化による国力強化の重要性を強く意識したのも、一つの学習であったといえるかもしれない。

水戸の尊王《そんのう》思想については、弘道館などでの正式な教育を通じて、皇室に対する深い敬意を培《つちか》ったが、生母が皇族・有栖川宮《ありすがわのみや》家出身の吉子《よしこ》女王であり、七郎麿に皇室の血が流れていたことも影響しただろう。

七郎麿に対して斉昭は、「水戸家は幕府を支えることが家の役目だ」と言い聞かせたが、同時に「幕府と朝廷が戦うことに至ったら、たとえ幕府への不服従を意味したとしても、皇室に対して弓を引いてはならない」と、何度も教え諭《さと》している。

嫡子の慶篤が病弱ということもあり、七郎麿を次代藩主の控えとして、水戸家に留め置きたいと斉昭は考えていた。

しかし、七郎麿の聡明さを愛した十二代将軍・家慶《いえよし》が、御三卿《ごさんきょう》の一つである一橋《ひとつばし》家の当主に指名した。彼が十歳の時のことである。御三卿は水戸などの御三家よりは家格が下だが、将軍の後継者を出せる家柄だった。

将軍・家慶の正室は七郎麿の生母の実姉だったので、家慶にとって七郎麿は甥《おい》にあたる。この関係も影響したと思われる。

将軍・家慶は一橋家継承にあたり、七郎麿に「慶喜《よしのぶ》」の名を与えた。かくして七郎麿改め慶喜は水戸藩を去り、一橋家の当主となった。

このの ち慶喜は父・斉昭と水戸藩の教えを守り、慶応《けいおう》二年十二月（一八六七年一月）に十五代将軍となる。

水戸の改革を模範に、近代国家を目指して幕府の変革を試みた慶喜だが、将軍になってわずか一年後に、政権を朝廷に返上した。

ここに二百六十年にわたる徳川支配が終わった。しかしながら慶喜の遺産は「時代の終《しゅう》焉《えん》」ではなく、「新しい時代の誕生」でもあった。

水戸独特の尊王攘夷《そんのうじょうい》論や富国強兵の改革政策は、近代日本の天皇中心の国家建設と密接に結びつき、やがて日本が世界のステージで、富裕で強力な帝国になることにも繫がった。

その意味で、慶喜は水戸の価値観を近代日本の誕生に埋め込んだともいえるのである。

「将軍継嗣《けいし》問題に敗れて謹慎《きんしん》・隠居」

嘉永《かえい》六年（一八五三）六月二十二日、十二代将軍・家慶が六十一歳で亡くなった。折しも二週間前にペリーが浦賀に来航し、幕府は大きな外交上の危機に対処しようと躍起になっていたところであり、最も都合の悪い時期に、将軍が亡くなったわけである。

さらに悪いことには、家慶の子である十三代将軍の家定《いえさだ》が病弱だった。彼の正室は、子供をもうけないまま相次いで亡くなり、島津家から嫁いだ三人目の正室・篤姫《あつひめ》との間にも子供ができなかった。

家定は政治にはほとんど無関心で、緊張をはらんだ条約に関わる外交交渉を、すべて老中たちに任せていたが、その治世の初めから、「誰が家定の後継者になるか」という問題は、幕閣たちの懸念《けねん》材料だった。

もっとも、外国の脅威が迫る中で、将軍継嗣《けいし》は徳川将軍家や幕閣だけで論じられる問題でもなくなっていた。十四代将軍の座をめぐっては、有力大名なども加わり、二つの陣営に分かれた。

譜代大名や旗本・御家人《ごけにん》で構成される幕府の伝統的勢力は、紀州藩主の徳川慶福《よしとみ》を後継に推した。これは「南紀派」と呼ばれる。

紀州徳川家は尾張徳川家と並んで将軍継嗣を出すことができる家で、これは筋の通った選択だったが、慶福は「未《いま》だ御年《おんとし》も御 若年《じゃくねん》」と、七歳の子供だったことが難点であった。

一方、徳川斉昭を中心とした雄藩の大名連合は、朝廷の後押しを背景に、「年長で経験ある指導者が必要だ」と論じ、一橋慶喜を押し立てる。こちらは「一橋派」と称された。

慶喜を推した有力大名とは、薩摩の島津斉彬《なりあきら》、土佐の山内容堂《ようどう》（豊信《とよしげ》）、福井の松平 春嶽《しゅんがく》（慶永《よしなが》）、宇和島の伊達宗城《だてむねなり》らである。彼らは高度な教育を受け、外国の情勢に通じ、政治的に鋭敏で、優れた家臣たちと比較的安定した領地を持っていた。

ただし、領地は江戸から遠く、幕政から遠ざけられている家柄だった。その点では水戸徳川家とは異なったが、十九世紀半ばに国内と対外的な危機が深刻になるにつれ、斬新な改革の必要性をいち早く認識した点では一致していた。

彼らは、水戸学の学者と書物、そして斉昭のリーダーシップに突き動かされた。江戸にいるときは、幕府の警戒を避けるため、学習会の体《てい》で互いに会う機会を設け、改革の必要性を論じた。

慶喜は、英明の誉《ほま》れも高かった。同時に、改革の重要性と、天皇中心の国家統一が必要であることを信じていたのは明らかである。慶喜が将軍に就任すれば、「日本の統一」と「大名の国政参与の拡大」という二つのゴールに達すると、雄藩の大名は考えていた。

ところが、南紀派と一橋派の対立は、南紀派に軍配が上がった。

安政《あんせい》五年（一八五八）に十三代将軍・家定が亡くなるが、その少し前に家定の遺言として、慶福が後継者に指名されたのである。

これに対して、一橋派の尾張藩主・徳川慶恕《よしくみ》、水戸藩主の慶篤とその父の斉昭は、正式発表を阻止すべく無断で江戸城に登城し、大老の井伊直弼《なおすけ》や幕閣にむかって意見を述べたが、取り合ってもらえなかった。

将軍継嗣決定後すぐに、譜代大名の筆頭格だった井伊は、江戸城に無断登城したことを理由に、慶恕に隠居謹慎《きんしん》、斉昭に謹慎、松平春嶽らも当分登城禁止と、厳しい処分を下した（第六章参照）。慶喜本人も登城禁止になり、その後の安政の大獄では、十二カ月にわたる謹慎と隠居を申し渡されている。

復権、そして京都政界での苦闘

将軍継嗣をめぐる闘争は、日本における政治的分裂を露《あら》わにした。それは、幕府の伝統的支配層である譜代大名と、斉昭を含む薩摩・土佐・越前といった雄藩大名連合との分裂である。

ただし、政治的分裂はこれだけではない。

過激な攘夷の解釈が根を下ろした長州藩や公家の急進派は、水戸学の藤田東湖《とうこ》、会沢正志斎の思想から論理的に、「幕府なき日本」というビジョンにたどり着いていた。ここに、幕府と長州・朝廷過激派との間に、二つ目の分裂が浮かび上がってくる。

もっとも、一八六〇年代初めの段階では、彼らが討幕を考えていたわけではなく、慶喜のことを「日本の運命を決定する大きな役割を果たす仲間」とみなしていた。

また、雄藩の大名は、長州が攘夷決行などと盛んに鼓吹《こすい》する急進主義に、ほとんど関心がなかった。むしろ、それに疑いの目を向け、朝廷内に広がる急進主義を心配した。急進的攘夷論者の行動が西洋諸国との戦争を引き起こし、日本がアヘン戦争後の清《しん》と同様の末路をたどることを危惧《きぐ》したのだ。

そしてそれと同時に、急進派によって、それぞれの藩内における権力が弱体化することを恐れてもいた。ここに、藩内急進派と藩主の不和という三つ目の政治的分裂が生じる。

水戸藩にしても、万延《まんえん》元年（一八六〇）八月にカリスマ的な存在だった斉昭が亡くなると、内紛が激しさを増し、中央の政治で大きな役割を果たすことはなくなっていく。

幸いなことに慶喜は一橋徳川家の当主だったことで、水戸藩の内紛と離れたところに身を置くことができていた。

万延元年の秋には謹慎から解放され、水戸の尊王攘夷激派が老中の安藤信正《のぶまさ》を暗殺しようとした坂下門外の変の後、彼に転機が訪れる。

桜田門外の変に続く幕閣襲撃事件は、全国に衝撃を走らせたが、これにより幕政改革の必要が叫ばれ、朝廷と雄藩大名の政治工作が激しくなった。

薩摩藩などの雄藩大名と朝廷は、参勤交代の廃止などを求めて幕府に圧力をかけた。長州藩に至っては、将軍の京都上洛を提案さえした。このような提案をすること自体が、幕府の権威の衰微を物語るが、幕府は文久《ぶんきゅう》二年（一八六二）七月六日に改革の要求を受け入れ、越前藩の松平春嶽を政事総裁職、慶喜を将軍後見職とし、二百年ぶりに将軍上洛も行なった。

若い将軍・家茂《いえもち》（慶福改め）に代わり、春嶽と慶喜が幕府の実質的な頂点に立ち、朝廷と雄藩の大名が国政に参加する理想の形に近づいた。

しかしすぐに、慶喜と春嶽や雄藩の大名たちとの間で、対立が表面化し始める。

春嶽は、親藩・譜代・旗本以外の藩の幕政参加、井伊・安藤政権の反対派への恩赦《おんしゃ》を進めようとした。これに慶喜は反対し、一時、幕府側に寄り添うような態度をとった。

おそらく慶喜は、幕府が侵食されている状況を、徳川家一門として憂《うれ》いていると示すことで、幕閣の後ろ盾《だて》を得ようとする政治的な計算もあったものと思われる。

九月には、朝廷が「破約攘夷《はやく》の勅諚《ちょくじょう》」を幕府に突き付け、すでに締結した外国との通商条約を無効にするように求めた。慶喜は締結済みの条約撤廃は不可能と論じたが、春嶽は朝廷の条約撤廃に寄り添う立場をとった。

慶喜は苦々しく思いながらも、破約攘夷の立場を支持することにいったん同意するものの、十月二十一日に辞表を提出した。周囲に翻意《ほんい》を促され、辞表を撤回したが、三週間後に辞職した。

文久三年（一八六三）初めに慶喜は幕吏たちに説得され、上洛する将軍に先駆けて京都へ赴《おもむ》いた。幕府側では、慶喜に対する朝廷の好意的な見方や、朝廷と徳川両方の血を受けていることが、朝幕の和解に繋がると期待していた。

同年三月五日、慶喜は参内《さんだい》して、孝明《こうめい》天皇に拝謁する。

この時、数週間のうちに条約を無効にして横浜などを閉じ、「攘夷」を実行する約束と引き換えに「征夷将軍の儀」委任の勅書、つまり将軍の外交における権限を正式に認めさせている。

ただし、徳川家の覇権を確認する「大政委任」は引き出すことができず、朝廷は曖昧《あいまい》な態度をとったのである。

一方、安政五年に島津斉彬が死去した後、薩摩藩の実権を握っていた島津久光《ひさみつ》は慶喜と春嶽に対して、「急進派の公家《くげ》に屈し、できもしない外国人排斥政策を受け入れた」と非難を浴びせた。

幕府と尊王攘夷派の板挟みになって窮地に立たされた春嶽は、進退窮《きわ》まって政権から退く。文久の改革で始まった幕府と雄藩大名らの政権は、文久三年春には瀕死《ひんし》の状態に陥《おちい》ったことになる。

四月二十三日に慶喜は京都から江戸に戻り、攘夷実行という難題に取り組んだが、幕吏たちの反対に加え、英国公使などは検討することすら拒《こば》み、一切進展がなかった。

幕府がもたついているのをみて、長州藩は「孝明天皇の攘夷の意思を実行に移す」として、関門海峡を通過する外国船に砲火を浴びせた。幕府は長州の暴走を抑止することを念頭に、八月十二日、とりあえず横浜一港の鎖港を宣言したが、当然のように諸外国の抵抗に遭《あ》った。

ところが、八月二十二日に思いがけない吉報が幕府に舞い込んだ。急進派の公家たちと長州藩の尊王攘夷派が京都から駆逐《くちく》された、との知らせである（八月十八日の政変）。

慶喜は、これを朝廷と幕府が和解する好機と捉えた。数週間後、幕府は「横浜鎖港などを求めるため、ヨーロッパに使節を派遣して条約の再交渉をさせる」という案を提示し、勅命に従って攘夷を実行する姿勢を表明した。

慶喜は十一月末に京都へ赴き、島津久光主導で結成された朝廷参与会議に参加する。ここには慶喜の他、松平春嶽、山内容堂、伊達宗城、松平容保《かたもり》、そして島津久光が加わっていた。公武合体と雄藩連合による統一政権の原型が、できかかっていたのである。

しかし、残念なことに、それは挫折を余儀なくされる。障害となったのは、鎖港問題だ。

春嶽と久光は鎖港を完全に非現実的だと拒絶したのに対し、慶喜は朝廷側の攘夷願望を支持して、春嶽・久光を批難した。

この論争は攘夷をめぐる問題というより、その背後に「政治体制再構築の音頭は誰がとるのか」という、権力闘争が隠れていたとみるべきだろう。

参与会議の論争は、翌年初めまで続いた。元治《げんじ》元年（一八六四）二月十六日の参与会議は、諸侯が鎖港反対を繰り返すばかりで、議論は夜になっても終わらなかった。

対立を懸念した孝明天皇の側近である国事御用掛の中川宮《なかがわのみや》が、自邸に参与たちを招き、酒宴を催《もよお》して宥和《ゆうわ》を図ろうとしたが、この場で泥酔した慶喜が怒りに任せ、参与たちを罵《ののし》り始めた。

前日に、久光が密かに朝廷に対して、横浜鎖港案に反対するよう干渉したことを知った慶喜が業《ごう》を煮やしていて、そのような行動をとったともみえるが、それ以上に、彼が水戸家の教えである尊王も守りつつ、徳川家への忠節を捨てていなかったことが大きいと考えられる。

幕府を代表して在京する慶喜としては、幕府が受け取った攘夷の勅諚を、横浜鎖港によって実行すべきであり、そこのところを揺るがしてはならない。

久光の提案でそれを撤回すれば、徳川将軍家の優越を崩壊させることにつながる。それゆえに、参与諸侯と朝廷の動きを許すことはできなかったのではないか。

ともあれ、慶喜の態度に機嫌を損《そこ》ねた久光は、薩摩藩の重臣らの説得も聞かず、参与会議を見限り、以後、薩摩は幕府との連携の道を放棄する。

他の諸侯も職を辞し、わずか数カ月で参与会議は瓦解《がかい》。雄藩連合による統一政権への希望は断たれた。

三日後、幕府は朝廷に対して横浜鎖港を正式に約束し、京都の政治は慶喜（一橋・将軍後見職）、松平容保（会津・京都守護職）、松平定敬《さだあき》（桑名・京都所司代《しょしだい》）の「一会桑《いちかいそう》」がリードしていく体制となる。

ちなみに、「一会桑」はいずれも、六代水戸藩主・徳川治保《はるもり》を曾祖父にもつ又従兄弟《またいとこ》同士であり、幕末の政局は一時期、水戸家の血筋が動かしていたことはあまり知られていない。

天狗党の乱と二度の長州征討

参与会議崩壊後、慶喜は素早く権力を掌握した。彼は元治元年三月二十六日に朝廷から禁裏《きんり》守衛総督《しゅえいそうとく》に任じられ、京都において幕府の政治を代表する存在となった。

慶喜は、この時期、西洋式の服装・火器を持ち、西洋式の訓練を受けた軍を構築し、農民兵の部隊も編制し始めた。これは、父の斉昭が行なった軍制改革の継承という側面をもち合わせている。

その一方で、幕府はエネルギーを、新たな脅威への対応に振り向けなければならなくなった。それは、慶喜の母藩たる水戸で起きた内戦である。

万延元年八月に斉昭が亡くなって以降、尊王攘夷激派が、英国などの外交官や幕府要人の襲撃を次々と企てるなど、水戸藩は尊王攘夷運動の中心地となっていた。

そして元治元年三月、藤田東湖の息子・小四郎《こしろう》に率いられた激派の一団（天狗《てんぐ》党）が、水戸の南西にある名峰・筑波山で挙兵した。天狗党の乱（元治甲子《かっし》の乱）の始まりである。いつまでも横浜鎖港が実現しないことに業を煮やした彼らは、全国の尊王攘夷派に号令を発し、攘夷の先駆的行動を開始したのだ。

天狗党は筑波山を出て、隣国下野《しもつけ》の日光東照宮などに移動したが、田中愿蔵《げんぞう》率いる別動隊が軍資金不足のため各地で強要強奪、果ては殺人放火に至り、暴徒化する事態が生じた。

六月、幕府は常陸《ひたち》・下野の諸藩に天狗党の鎮圧を命じ、幕府陸軍も派遣された。七月に戦闘が始まり、田沼意尊《おきたか》が追討軍総括に任じられた。

一方、水戸では諸生《しょせい》党が筑波勢に参加している者の留守宅を襲い、家族を投獄殺害するという行動に出た。

諸生党とは、弘道館の学生（書生）、保守門閥派と尊王攘夷鎮派の一部が形成した反激派の集団である（なお、鎮派は後に排除された）。

これに動揺した天狗党筑波勢は水戸城下に向かい、水戸を占拠する諸生党との戦闘が始まったが、天狗党が敗れて退却した。

水戸城を諸生党から奪還するため、江戸にいた藩主の慶篤は、分家宍戸《ししど》藩主の松平頼徳《よりのり》と鎮派の榊原新左衛門《しんざえもん》を水戸へ向かわせた。

途中、武士と農民が合流して「大発《だいはつ》勢」と呼ばれる数千人の集団となり、水戸の諸生党に城下明け渡しを求めたが、諸生党はこれを拒否。諸生党は大発勢を激派筑波勢と同一視し、討伐対象としてしまった。

大発勢の中には筑波勢との行動を拒否する者も多かったが、結局、天狗党筑波勢と一体となり、幕府軍・諸生党の連合軍と那珂湊《なかみなと》で戦って敗退した。

生き残った千名近い天狗党の一隊は、水戸藩北部の大子《だいご》に集まり、尊王攘夷の志を伝えるため、慶喜を頼って上洛することを決めた。

藤田東湖亡き後、水戸の藩政を支えた尊王攘夷派の中心人物である武田耕雲斎《こううんさい》を総大将に、藤田小四郎らが加わり、京都を目指したのである。

天狗党の乱に幕府が忙殺されている頃、京都の政治舞台に戻ろうとする久坂玄瑞《くさかげんずい》などの長州藩急進派は、元治元年六月までに藩を掌握した。彼ら急進的な長州人たちは水戸の尊王攘夷思想を信奉し、天狗党の動きを支援すると主張し始めた。

慶喜はそもそも穏健な人物だったが、この長州の動きについては厳しい対処で臨《のぞ》んだ。七月十八日、幕府側は長州勢力への攻撃命令を出すよう朝廷を説得し、京都における二日間の激しい戦い（禁門の変）が始まった。

この戦闘で火災が発生、京都の三万近くの家屋が焼失した。これに孝明天皇は激怒し、幕府に対して長州藩を処罰するよう求めた。

天狗党の乱とともに、英国との間の外交上のトラブルに忙殺されていた幕府は、長州藩に対する軍事遠征の意欲も余裕もなかったが、仕方なく諸大名に長州征伐の命令を出した（第一次長州征討）。

しかし、交渉によって、長州藩が急進派のリーダーたちの処罰要求を受け入れ、幕府側は年末までに征伐作戦を止めた。

慶喜は長州問題に関して前面に立たず、枠外にいた。それは、天狗党の問題に直面しているためだった。

千名足らずの兵を率い、ボロボロになって西上してきた天狗党は、いよいよ越前の敦賀《つるが》に近づいていた。京都への接近を絶対に防ぎたかった慶喜は、四千名の追討軍で、敦賀に向かった。天狗党の嘆願書を拒絶し、十二月十七日に天狗党の降伏を受け入れた。

自分を頼ってきた天狗党に会うことが、政治リスクを高めることを自覚していた慶喜は、彼らと会うことはなかったが、処刑することまでは考えていなかった。しかし、水戸領で天狗党と戦った田沼意尊に処分を一任したため、八百名余りのうち三百五十二名が処刑された。

天狗党に対する処置は、水戸以外も含む各地の尊王攘夷激派にとって、それまで「攘夷実行」を約束してきた幕府の正当性を根本的に揺るがせた。と同時に全国の尊王攘夷激派にとって大きな痛手でもあった。そのため、一時的にせよ幕府に軍事力強化の余地を生じさせた。

水戸の同胞に対する慶喜の冷酷さは、国事のためには手段を選ばないマキャベリズム的な動きとも解釈できる。

長州征伐をめぐって、慶喜と幕閣との関係は悪化していた。慶喜が天狗党を保護すれば、彼らの疑いを招くことは確実だった。

後年の回想録で、「天狗党は水戸の派閥主義を悪化させることで、許されざる罪を犯した」と慶喜は語っている。外国の脅威から国を守れないほど政治が揺れている時期に、急進主義は国を引き裂くだけだ、と憂いていたのである。

慶応元年（一八六五）に入り、外国の脅威はますます厳しくなった。諸外国が横浜鎖港を拒否しただけでなく、文久三年に起きた長州藩による関門海峡での外国船砲撃に対し、幕府に多額の賠償金を要求してきたのである。

朝廷は、この要求に対する幕府の姿勢が好意的でありすぎるとしたため、幕府と朝廷の関係がさらに悪化した。

慶応元年春、この状況の改善を図ろうとして、将軍・家茂は京都に行く。

だが、英国公使ハリー・パークスは、どの問題においても幕府から可能な限り譲歩を引き出そうとしており、難航していた兵庫開港に関しては、「開港しないなら戦争だ」と圧力をかけていた。実際、九月に英軍艦を兵庫へ派遣して脅《おど》している。

同年九月二十六日、幕閣はパークスの要求を受け入れ、兵庫を開港することを促した。慶喜は幕閣に兵庫開港の勅許を得るよう強く催促したが、将軍と老中たちはこれを不要と断じ、開港を決定した。

これに対して朝廷は、老中・阿部正外《まさとう》らの官職召上げ、国元謹慎処分を命じるという非協力かつ好戦的な干渉に出た。大坂城にとどまっていた将軍・家茂はこれに怒り、将軍職の辞表を提出し、朝廷を大いに動揺させた。

この混乱はかえって慶喜に好機を与えた。十月初めに孝明天皇臨席の会議に参加して、無勅許状態だった通商修好条約を勅許とした。引き換えに将軍・家茂の辞表を撤回させた。

その結果、兵庫開港は許可されなかったものの、条約勅許が決定し、諸外国に通告された。英公使パークスなどの外交官たちはこの結果に大いに満足し、慶喜は改めて、京都における政治の中心人物となったのである。

一方、前年の第一次長州征討において降伏した長州藩が、西洋式軍隊の創設や武器の大量購入を始めていた。

その長州に、参与会議の失敗で瓦解した雄藩大名連合のうちで、慶喜との距離が生じた薩摩藩が接近した。この時期の朝廷が、長州藩ならびに長州藩に与《くみ》した急進派公家への態度を和《やわ》らげていたことは、そのあたりの変化を象徴するかのように映《うつ》る。

こうした状況に危機感を抱いたのか、慶喜は前年までの態度とは違い、幕府の力を示す唯一の方法として、再度の長州征討を提唱した。

慶応元年末にかけて、慶喜は長州藩に対する厳しい政策を論じ続け、長州討伐の承認をたびたび朝廷に促した。

この間、宥和的態度をとることも何度か考えた慶喜だが、慶応二年（一八六六）春、長州藩の非妥協的態度は無視できないものとなり、朝廷と幕府は一致して討伐の方針を確定した。

かくて、同年夏に第二次長州征討が始められた。

これは慶喜にとって酷《ひど》い戦いとなった。幕府軍は訓練不足で規律も十分ではなく、西洋近代化を急速に進め、兵器を蓄えた長州藩の前に連敗を喫した。

第二次長州征討で幕府軍を潰走させたことにより、長州藩の名声と評判は高まることとなった。

水戸の尊王攘夷論に熱狂した若者に率いられた長州の奇兵隊は、藤田東湖の『回天詩史《かいてんしし》』の一節「忠義塡骨髄《ちゅうぎこつずいにうずむ》」を旗印として掲げていた。これを討とうとしたのは、水戸の尊王攘夷の血脈を受け継ぐ慶喜である。なんと皮肉なことであったろうか。

近代的な政府への第一歩

慶応二年七月二十日、幕府にとって不幸なことに、十四代将軍の家茂が亡くなった。まだ三歳の田安《たやす》家当主・亀之助（のちの十六代徳川宗家・徳川家達《いえさと》）を後継に推す声もあったが、家系・官位・経験において他に匹敵する者がいない慶喜が、明らかに家茂の後継者だった。慶喜は孝明天皇から全幅の信頼を寄せられており、幕府軍の近代化に積極的でもあった。

しかし、国内では反幕府勢力に包囲され、幕府内に反慶喜勢力を抱える政権において、全責任をとるほど、慶喜は愚かではなかった。彼は徳川宗家の相続を了承したが、将軍位に就《つ》くことは拒否したのである。

『徳川慶喜公伝』によれば、慶喜はこの時、家臣の原市之進《いちのしん》（水戸藩士から一橋家家臣）に、「此際《このさい》幕府を廃して王政を復古せんと思ふは如何《いか》に」と語り、王政復古を視野に入れていたという。

これは王政復古の数十年後に書かれた記録なので、事実かどうかは確定できない。慎重な戦略的政治家だった慶喜が将軍位を拒否したのは、様子見の方針だったとも考えられる。

仮に慶喜が王政復古を考えていたとしても、彼は政治から離れるつもりなどなかった。フランスの指導による西洋式兵制に着手し、徳川家の棟梁《とうりょう》が実戦において軍隊を率いる準備を整えようとしたことは、そのあたりの意思を物語っている。

しかし、幕府軍の近代化は、第二次長州征伐に間に合わなかった。

八月十一日、小倉《こくら》口での長州大勝利の報せが慶喜の下に届くと、即座に、近代装備での訓練を受けた敵軍との戦いの無益さを認識した。そして、将軍・家茂の死を口実にして、孝明天皇に休戦の詔勅《しょうちょく》を働きかける。

慶喜の求めに応じて孝明天皇が詔勅を出し、第二次長州征討は終わった。

この戦いは、軍事的準備不足による惨敗という悲惨な結末と、各藩の出動命令拒否により、幕府の権威は大きく損なわれた。

それに追い打ちをかけるように、全国で民衆蜂起の波が巻き起こり、地方での挑発・叛乱・一揆《いっき》となって、幕府の権威や正統性をさ

徳川慶喜（茨城県立歴史館蔵）

らに毀損《きそん》していった。

江戸の幕閣は慶喜と朝廷に疑いを持ち、雄藩の大名たちは統一政権の夢をあきらめ、諸外国はしつこく兵庫開港を訴えるなど、慶喜を取り巻く環境はさらに厳しさを増した。

九月二日、慶喜は穏当に聞こえる一連の改革を発表したが、幕閣の入れ替えを行ない、支援者を親藩など主要な藩主に据えることにより、幕府内部の支配強化を図った。

十月十六日、参内して天皇に徳川家相続を報告するとともに、併せて雄藩大名たちとの連携に疑念を抱いていた、幕臣・譜代大名たちとの関係の修復に努めた。

また、軍を再編制し、フランスから近代的な武器を導入し（なお、ナポレオン三世からの招待を受けたパリ万博に、彼の弟で御三卿の清水家を継いでいた徳川昭武《あきたけ》を派遣した）、小藩の軍事的負担を軽減するなどの政策を次々に打ち出した。

そして十二月五日、孝明天皇から勅命が出されたことを受け、十五代将軍に就任する。

しかし、それからわずか数日で、信頼関係で結ばれていた孝明天皇が突然崩御した。後ろ盾を失ったことは、慶喜にとって大きな痛手となった。

それでも将軍就任後の数カ月間、慶喜は朝廷、長州藩、諸大名、諸外国の外交官との間で様々な交渉に当たった。彼は朝廷と雄藩大名との会議で、長州藩への赦免《しゃめん》・宥和策と引き換えに、兵庫開港の勅許を取りつけるように決定し、幕府の優越性をひっくり返そうとする有力大名に対して幕府が力を取りもどしたことを示そうとした。

慶応三年（一八六七）三月には、各国公使を次々に引見して幕府の健在ぶりをアピールしたし、自らの側室に上級公家の子女を求め、朝廷との関係を強化しようと試みてもいる。

九月二十一日、慶喜は、それまで畿内における幕府の拠点であった大坂城を出て、京都の二条城に移った。

表向きは天皇への忠誠と献身を示すことだったが、その京都常駐は、雄藩大名が朝廷を利用しないように牽制し、朝廷が攘夷を放棄するように圧力を加えるという計算と戦略が潜《ひそ》んでいた。

同年の秋までに、慶喜は、近代的かつ中央集権的な官僚制度を確立した。

彼は過去数十年で最も有能な幕臣の一人で、親仏派の小栗忠順《おぐりただまさ》を政権中枢に配置し、フランス公使レオン・ロッシュの支援と助言を受けて、軍事改革・政治改革を行なった（慶応の改革）。

皇室に敬意を払い、外国の脅威に対して日本を強化するための慶喜の改革は、水戸藩の理念と父・斉昭の行動が反映されていたといえる。

しかし、別な意味でその改革は、水戸人が十年前に想像した事態をはるかに超えていた。大統領制を視野に入れ、内閣や省庁のような組織を目指し、給与は家柄でなく役割に与えるという慶喜の政権構想は、近代的な政府を意識したものである。

また、意思決定は将軍・慶喜に一元化されていたものの、雄藩との協議は頻繁に行なわれ、幕府は外交と貿易に力を注ぎ始めていた。

つまり、江戸幕府は慶喜の下で旧来秩序の擁護者ではなくなり、世界の諸国と相互に関わりを持つ、帝国主義世界の一部に転換しようとしていたのだ。それは、近代国家日本を築き始めていたといってもいいだろう。

しかし、慶喜政権の新方針は大きな代償を伴った。

雄藩連合政権の希望が消え、雄藩の大名は政局の中心である京都から自領に戻ったが、朝廷の影響力喪失と幕府支配の継続に憤慨《ふんがい》した薩摩藩と長州藩は独自の外交関係を持ち、幕府のフランス依存を不快に思っていたイギリスが薩長と結びついた。

また、深刻な経済混乱をきっかけに、日本中で打ちこわし・一揆などが巻き起こった。物価の高騰、格差の拡大、幕府の改革に伴う多額の出費を賄《まかな》う増税が大きな要因だった。

九月二十六日、慶喜はさらに包括的な改革を示した。今度は増収と幕府予算の合理化に焦点をあてたが、これらの改革により、幕藩体制を中央集権国家に置き換える決定がなされたということができる。

幕藩体制は将軍の家臣たちによる緩《ゆる》やかな連合体であり、それぞれがかなりの自治権を享受するものだった。そのため、「慶喜が中央集権の指導者として、藩のもつ多くの権利を奪おうとしている」という懸念《けねん》を各藩に生じさせた。

大政奉還するも「朝敵《ちょうてき》」に

慶喜が改革を発表してから一週間後、土佐藩から「朝廷に大政を奉還してはどうか」との提案があった。それが意図するところは、大名と公家による連立政権への道を開くことだが、慶喜はこの提案を受け入れた。

二条城にいた慶喜は、十月十二日に幕臣、十三日に諸藩の代表を招いて大政奉還の意思を告げ、十四日に朝廷へ上表《じょうひょう》を提出、翌日勅許となった。

厳密にいえば、この時点で征夷大将軍の地位は返上していなかったが、将軍の地位に就いてから一年も経たないうちに、慶喜は徳川幕府二百六十年の歴史を終わらせたのである。

慶喜はなぜ、すぐに大政奉還を受け入れたのか。

実は、彼にとって土佐藩の提案は驚くべきものではなかった。慶喜自身が隠密裏に、土佐藩へ大政奉還策を出すよう依頼した節もないわけではないのだ。

慶喜は以前から幕府政権を継続すべきか、将軍の立場と相反する感情を持っており、慶応二年に将軍位を受諾しなかったのは、これを反映していたといえよう。

ただし、幼年期の教育によって、大政奉還の運命が形作られた、というのはあまりにも単純すぎる。

もちろん、慶喜が身につけた水戸の教えや、父の斉昭がかつて大政奉還の必要性について言及したことなどに、大きく影響されたことは間違いない。

しかし、慶喜は幕府を中心とした改革に、最善の努力を尽くした。幕府の優位性を保つために四年もの間、多くの時間を朝廷工作に費《つい》やしており、朝廷内の派閥主義や統治機能の乏しさを知り、朝廷を神聖なものとしては扱わなかった。これもまた、否定し得ない事実である。

慶喜が大政奉還に踏み切った最大のポイントは、彼が幕府の弱体化を冷静に認識していたことだろう。

激化する暗殺・襲撃事件、経済的混乱、条約問題についての民衆の不安、雄藩大名たちの陰謀など、慢性的な混乱状態が続く中で、密かに薩長同盟が結ばれ、両藩が兵を京都に進めようとしているとの知らせが二条城まで達していた。

もはや幕府は、国家としての統一を回復させることができないと、慶喜は判断した。

そうであるとするならば、天皇中心に統一された政治体制のみが、それを行なうことができる。そして、朝廷の諮問《しもん》機関たる雄藩連合政府がその基礎となることを望んで、大政奉還を実行したと思われる。

帝国主義諸国から防衛するための唯一の方法は、朝廷の後ろ盾の下に日本を再統一して、日本を強化するしかないということに、彼はいち早く気づいていたのではないだろうか。

しかし、現実は慶喜の計画通りにいかなかった。

長い間、幕府に統治を委任し、自らが統治する準備ができていない朝廷は、外交上の責任に口を塞《ふさ》ぎ、潜在的な敵対勢力であった薩長とともに政権をつくろうとしていた。それに対して、京都で幕府を支えてきた会津・桑名といった諸藩や佐幕派、譜代大名や旗本たちが抵抗を示した。

また、ほとんどの大名は、暴風雨ともいえる状況に巻き込まれないよう、病気などと称して上洛の求めに応じなかった。

そして十二月九日、王政復古のクーデターが勃発する。このクーデターで朝廷を掌握した討幕派は小御所《こごしょ》会議で、慶喜が徳川家の家長としての立場から退《しりぞ》き、内大臣《ないだいじん》の官職とすべての領地を差し出して降伏するように要求した（辞官納地《じかんのうち》）。

大政奉還後、慶喜の評価は急上昇し、新政府の要職に就くことは当然とみなされていたが、新政府は慶喜の参加を拒否したのだ。

将軍の肩書を返上することには同意した慶喜だったが、「辞官納地」を雄藩による利己的な権力奪取と捉え、幕領を返還することは断固拒否した。そのうえで、この提案に参画《さんかく》した薩摩を非難して、十二月十二日に京都から大坂へ退いた。

一週間後、慶喜が京都へ派遣した軍が、京都郊外で薩摩軍・長州軍に遭遇した。鳥羽伏見の戦いの始まりである。

慶応四年（一八六八）一月三日から六日までの間、幕府軍は敗北を重ねて退いた。

軍隊を徹底的に近代化した薩摩藩と長州藩に対して、幕府もフランス式の近代化された歩兵を有していたが、これを指揮する強力なリーダーシップが欠如していた。

さらに、会津・桑名など幕府方についた諸藩の軍事力は、絶望的に時代後《おく》れだった。

何より幕府軍は敵を撃滅する意欲に欠けており、兵の多くは徳川家の命運が尽きていることをみてとっていた。

慶喜自身も戦う意欲はほとんどなく（特に京都における戦闘を避けたかった）、後年、薩摩よりの攻撃に応戦せざるを得なかったと弁明している。

一月六日、大坂城にいた慶喜は周囲にほとんど何も告げず、わずかな供《とも》を連れただけで軍艦・開陽丸《かいようまる》に飛び乗って、江戸に退却した。

天皇の旗とされる錦旗《きんき》を掲げて大坂へ向かう薩長軍の動きを知り、江戸へ撤退することで朝廷の命令に従い、戦意のないことを示そうとしたのである。

それにもかかわらず、薩長が掌握した朝廷は、会津・桑名両藩の勢力を京都から退かせなかったことを理由に、一月七日に慶喜追討令を出して慶喜を「朝敵《ちょうてき》」とみなした。

一月十二日、江戸に到着した慶喜は、将軍就任以降、初めて江戸城に入った。

食事もとらずに幕臣たちの意見聴取をした彼は、一月十六日までに「徳川家の存続を図るため、一切戦わない」と決めた。以後、徳川家の組織を一大名並みに縮小し、江戸城を明け渡すための窓口は勝海舟《かつかいしゅう》らに任せた。

二月十二日、江戸城を出た慶喜は上野の寛永寺《かんえいじ》で謹慎に入り、ひたすら恭順の意を示した。

勝と薩摩の西郷隆盛の会談を経て、四月四日、薩長の率いる新政府軍が戦火を交えることなく江戸城に入城した。ここに、徳川幕府の統治が完全に終わったのである。

水戸藩の内戦に介入

ここで水戸藩に目を転じよう。

慶応四年、「本圀寺勢《ほんこくじ》」と呼ばれた京都詰め水戸藩兵は、天狗党の筑波山挙兵以来、水戸藩の権力を掌握してきた保守門閥派を攻撃する許可を求めて、一月十九日に勅書を手に入れた。そして二月に江戸に戻り、保守門閥派に握られた江戸の藩邸を奪い返した。

その後、江戸を発《た》って、三月中旬に水戸に着いた。水戸の保守門閥派は本圀寺勢の復讐を恐れて脱走し、佐幕諸藩の軍に加わった。

尊王派の水戸人には、のちに新政府で官職を得ることになる香川敬三や梅村速水《はやみ》など、薩摩の西郷率いる新政府軍に加わった者も少なくなかったが、保守門閥派・諸生党の人々はこのような経緯もあって、新政府軍と戦うことになった。

本圀寺勢は、保守門閥派の残党を捕縛して投獄したり、蟄居・閉門にしたりするなどして、すぐさま報復を断行した。

そうした中、四月五日に慶喜の同母兄で、藩主の慶篤《よしあつ》が病死した。このタイミングで水戸藩は、明確な指導者を失ったのである。

水戸城下で本圀寺勢の報復が進む時期に、新政府軍によって水戸に移されることになった慶喜が、四月十五日に到着した。

慶喜は水戸の政治状況と一線を画《かく》し、弘道館正庁の至善堂《しぜんどう》といわれる一角での、蟄居・謹慎生活に入った。

至善堂は藩主公子の教育場所であり、幼き日に慶喜が水戸の教えを学んだところである。この部屋での謹慎を、慶喜はどのような心境で受け入れたのだろうか。

それはさておき、敦賀で処刑された天狗党の首領・武田耕雲斎の孫で、処刑を免《まぬが》れた武田金次郎は、保守門閥派から過酷な処分を受けてきたことから、復讐に乗り出した。

朝廷から「斉昭の遺志を継ぎ、奸徒《かんと》を掃除」せよ、という内容を含む帰藩命令を受け、四月二十八日、江戸に着く。そこで保守門閥派の数人を暗殺すると、五月二十二日、水戸へ向かった。

金次郎らの一派は何十人もの保守門閥派の武士や、留守宅の家族たちを斬殺し、さらし首にしたり、橋から逆さづりにしたりと、悲惨な報復を行なった。恐怖に駆られた人々が、次々と城下から逃げ出した。

六月十一日、この様子にたまりかねた中間派の武士と学者五百名あまりが水戸城に登城し、新藩庁に金次郎らの暴挙を阻止するように求めた。

藩庁は金次郎を召還したが、彼がこれを拒否したため、藩庁は「金次郎討つべし」との論議が起こった。これに対して金次郎らは鉄砲を用意し、水戸城下は緊迫した。

弘道館に謹慎中の慶喜はこの報を聞き、介入することを決めた。水戸藩の内戦に次ぐ内戦に耐えられなかったのだろう。

慶喜は旧幕府の目付・岡田斧五郎《おのごろう》に調整役を命じ、両陣営から処罰者を出すとともに、武田一党を懐柔するため、金次郎を藩の参政（若年寄）に昇任させた。

この和解によって戦闘は避けられたが、緊張と怒りが水戸の城下には満ちた。水戸の人々は結局、一八六〇年代から続く派閥主義の内戦を、免れることができなかったのである。

日本を近代へと導いた「水戸の教え」

武田一党と中間派の争いを調整した直後の七月十九日、慶喜は水戸から駿府《すんぷ》へ向けて出発した。

戊辰《ぼしん》戦争が終結した明治二年（一八六九）九月二十八日には謹慎が解除され、それから約三十年近く、慶喜は政治から距離をとり、世間の目をも避けながら、写真などの趣味の世界に生きがいを見出して、静かに暮らした。

一方で、日本は急速に、近代の帝国主義国家へと変貌を遂げていく。

同年、版籍奉還の実施で藩が廃止となり、水戸藩は周りの諸藩とともに茨城県と改名され、中央政権から派遣された知事の統治下に置かれた。

その後の義務教育と徴兵制は、国家のアイデンティティを築く基礎となり、藩に対する古い忠誠心を徐々に置き換えていった。

明治二十二年（一八八九）、天皇の名のもとに大日本帝国憲法が制定され、翌年、帝国議会が始まった。

明治二十八年（一八九五）には近代初の対外戦争である日清戦争、さらに明治三十八年（一九〇五）には日露戦争に勝利した。

十九世紀末までには、不平等条約改正の交渉を重ねて、日本は対等の立場を得た。

また、自由民権運動は、日本の社会と文化に大きな変化をもたらした。

これらの近代化は、戊辰戦争の勝利者である薩長を中心とした勢力が推し進めた。しかし、江戸幕府崩壊後の日本を席巻した変化は、慶喜の改革努力、水戸で育まれた「尊王」の教えと、天皇中心の統治と国家強化の思想に起源があったことは確かである。

慶喜は徳川家による長い統治の幕引きをしたかもしれないが、王政復古の後に浮上した国家は、彼に深く根ざした価値を反映するものだった。

後年、新政府は、慶喜の尊王の理念とその実行力、そして彼が将軍として日本を強化するためにとった行動を評価した。

明治天皇は慶喜の朝廷での位階をたびたび引き上げ、明治三十一年（一八九八）三月には拝謁を許可した。ここに、「逆賊」「朝敵」の汚名が雪《そそ》がれることとなった。

明治三十五年（一九〇二）には公爵の位を与えられて華族となり、同時に貴族院議員となって、明治四十三年（一九一〇）までその任にとどまった。

慶喜への授爵は、水戸出身の政府要人・香川敬三と、一橋家の家臣だった渋沢栄一を中心とした関係者の請願によって成し遂げられたものだ。

大正二年（一九一三）十一月二十二日、慶喜は七十六歳の生涯を閉じた。

彼は歴代将軍の眠る上野寛永寺の墓地に埋葬されたが、遺言により神式での葬儀が執り行なわれ、墓地も神式でつくられた。ここにも、神道を重視する水戸学の思想と父・斉昭の影響をみて取ることができる。

大正天皇は、慶喜の皇室への忠誠と、日本の国威回復における役割を称《たた》えた弔詞《ちょうし》を送った。

慶喜の生涯は、水戸から遠く離れていた時期のほうが長かった。しかし、水戸の教えは彼の思想と行動の基盤となった。二代藩主・光圀《みつくに》の時代以来、水戸は「尊王」の聖地となり、慶喜は父・斉昭と母・吉子にその重要性を教わった。慶喜は会沢正志斎などの水戸学者たちから「内憂外患」の切迫を知り、日本を統一した国家にする必要性を強く信じるようになった。このように、水戸の教えを受けて堅い信念を身につけた。

この信念を基に、慶喜は幕府を根本的に改革する野心的な政治活動に乗り出した。この野心的な政治への態度も水戸の教えだといえよう。斉昭や光圀などの歴代藩主と、藤田東湖や立原《たちはら》翠軒《すいけん》などの学者は、善政を求めて改革を実行し、藩内外の諸問題を実践的に取り組もうとした。慶喜による慶応の改革や外国との交渉などは、そうした水戸の改革精神が継承されたものと考えてよいだろう。

慶喜は、改革を遂げても、徳川政権を維持することができなかった。しかし彼は、水戸の教えを生かして、世界の覇権を有した西洋帝国に立ち向かえる独立した国家の基盤を築き上げ、日本を近代へ導くことができた。

コラム7

豊田芙雄《とよだふゆ》——水戸の教えから女性教育・幼児教育の先駆者へ

豊田芙雄《とよだふゆ》は、弘化《こうか》二年（一八四五）に水戸藩士・桑原幾太郎《いくたろう》の娘として生まれた。父・幾太郎は徳川斉昭《なりあき》の側用人《そばようにん》などを務め、芙雄が生まれてすぐ斉昭の雪冤《せつえん》運動に参加している。

嘉永《かえい》四年（一八五一）に吉田松陰《しょういん》が水戸を訪れた時、会沢正志斎《あいざわせいしさい》や豊田天功《てんこう》とともに幾太郎にも会ったことは、水戸藩改革派における幾太郎の重要度をうかがわせる。

母の雪子は藤田東湖《とうこ》の妹であり、藤田家の教育に対する熱意を引き継いでいた。芙雄は手習い、裁縫、作法にとどまらず、和漢学も学び、水戸の士風を反映して、薙刀《なぎなた》も長年習ったようである。

文久《ぶんきゅう》二年（一八六二）、芙雄は豊田天功の息子・小太郎と結婚した。天功は水戸有数の学者の一人だったが、小太郎も学問に優れており、改革派の中で鎮派（穏健派）に近かった。

結婚して四年後の慶応《けいおう》二年（一八六六）、芙雄は水戸藩の党争に巻き込まれる。穏健派と激派（急進派）の和解を働きかけていた夫の小太郎が、激派の志士に暗殺されてしまったのだ。

激しい党争が繰り広げられているなかで、再婚の見込みは低く、小太郎の死後数年は芙雄にとって寂しい時期となったが、安定した将来を求めて学問に目を向ける。まだ城下町が危険だったため、通学時は必ず短刀を携《たずさ》えて、漢学の勉強に勤《いそ》しんだ。

また、生計を立てるために塾を開き、近隣の子供たちに和書や漢学の初学を教え始めてもいる。これが彼女にとって、教師の第一歩となった。

明治六年（一八七三）、茨城県は初めての女学校《じょがっこう》である「発櫻《はつおう》女学校」を創立し、黒沢止幾（コラム6参照）に続いて二人目の女子教師として、芙雄は採用された。

彼女が作成した女学校の規則は、学問的かつ道徳的な教育の重要性を強調している。幼い頃から身につけた、水戸独特の教育を反映していたといえよう。

ただし、男たちだけでなく、女子も勉強すべきだという主張は、旧水戸藩の学者たちの多くとは異なっていた。

豊田芙雄（個人蔵、茨城県立歴史館寄託）

明治八年（一八七五）、茨城県知事から勧《すす》められ、創立したばかりの東京女子師範学校の教師となって、芙雄は水戸を出て東京に向かった。そして翌年、女子師範学校は日本初の幼稚園を開園し、芙雄は「保姆《ほぼ》第一号」となった。

一八七〇年代の日本は文明開化の方針のもと、欧米各国の書籍の翻訳、有識者の日本招請などを通して、教育改革者は啓蒙主義的な教育指針を熱心に学んだ。

芙雄の場合はドイツの影響が大きく、特に教育学者フリードリヒ・フレーベルの教育学の影響が大きかった。
フレーベルは幼稚園の概念の確立者として名高く、「幼児教育の根本は、遊びを通じて想像力を醸成《じょうせい》することが重要である」と主張したが、芙雄は師範学校の二年間でフレーベルの教育学の専門家になり、その理論を日本の社会と文化に適応させようと試みる。しかし、それは容易なことではなかった。たとえば、音楽は厄介《やっかい》であった。

明治政府は、朝廷を重視して国民の統一を図るために、西洋におけるクラシック音楽に相当するものとして、雅楽《ががく》を普及させようとした。ところが、雅楽の調子とリズムなどは複雑で、童謡に適しているとは言いがたい。そのままでは幼児教育に使えなかった。

芙雄は政府が作った雅楽に基づく歌曲を書き直し、子供たちが歌える唱歌集を作成した。それは、西洋童謡の教育的な役割と、日本の伝統的な昔話などを組み合わせたものであった。

間もなく幼児教育と女性教育の第一人者になった芙雄は、幼稚園での仕事とともに、共立《きょうりつ》女子職業学校の設立に協力する。

この学校は、女性が自立して生活するために、英語、漢文、数学や道徳だけでなく、様々な技術的知識も教えた。

明治十九年（一八八六）、共立女子職業学校は開校したが、芙雄は一年で教師を辞めた。旧水戸藩の十二代当主・徳川篤敬《あつよし》が、明治二十年（一八八七）からイタリア公使として渡欧することになり、随行の誘いを受けたからである。

芙雄はイタリアでは、女子専門学校をはじめ、女子師範学校、視聴覚障害者の学校や貧困者のために作られた学校などを視察した。

日本の女子教育はほぼ上層階級の女性に限られており、イタリアのような福祉的な施設はなかった。イタリアの様々な女学校が女性に「自立する力」を身につけさせていることを、芙雄は称賛した。「日本でも女性がより大きな役割を果たすべき」との信念が強まり、それまで男性が大部分を占めていた職業に、女性も入るべきだと考えるようになった。

明治二十二年（一八八九）に帰国した後、芙雄は再び教師になったが、そのキャリアを通して、水戸の伝統的な信念を抱《いだ》き続けたという特徴がみられる。

彼女の信念というべき「教育の重要性」や「学問と事業のバランス」などは、「弘道館記《こうどうかんき》」と共通するところがあるし、海外から適切なアイディアを導入して日本を強化させることは、徳川斉昭の行動にも認められるものであった。

水戸の伝統を引き継ぐとともに、芙雄は新しい思想をつくり出した。それは、幼稚園で子供たちの遊びを重視したり、自立した生活を送るための知識を女性に教えたりと、かなり近代的なものであった。

しかし、明治三十六年（一九〇三）に水戸へ帰郷してからは、女性の自立を目指す革新的なビジョンから後退し、「良妻賢母」という保守的な価値観に傾くようになる。これは芙雄だけのことではなく、二十世紀初頭、日本中でみられた傾向を反映したといえる。

八十代になっても教師の仕事を続けた芙雄は、昭和十年（一九三五）、九十一歳で引退し、その六年後、九十七歳で他界した。

終章

近現代への影響
それは、リーダーたちに継承された

「新政府から遠ざけられた水戸」

徳川慶喜《よしのぶ》が大政奉還したのち、日本の統治は薩長中心の雄藩《ゆうはん》と公家《くげ》たちの手に渡った。旧幕府軍は一年余りの間、新政府軍に抵抗したが、明治二年（一八六九）の夏までに、日本は天皇の下《もと》に統一された。

天皇は江戸に移り、江戸は東京と名を改め、新政府は富国強兵を実現するため、目まぐるしい一連の大改革に着手した。

徳川斉昭《なりあき》、徳川慶喜、藤田東湖《とうこ》、会沢正志斎《あいざわせいしさい》などの水戸のリーダーたちが遺《のこ》した教え・考え方は、天皇を中心とする国体と新政府の組織、国家神道《しんとう》、軍制の近代化、北海道への植民など、改革の多くで発揮された。

しかし間もなく、近代化計画のスローガンである「文明開化」を推進するため、新政府は排外主義的な要素の強い水戸学から離れ、西洋の文明と思想を公然と受け入れ始める。

明治二年の版籍奉還断行を皮切りに、廃藩置県による中央集権化、四民平等と呼ばれる階級制度と武士の特権の廃止、資本主義の諸活動を可能にするための経済活動の自由化を図った。

この近代化政策は、政府内に反発する者もいた。たとえば、藤田東湖の信奉者でもあった西郷隆盛は、その代表である。

水戸から発展した尊王攘夷《そんのうじょうい》の考えを持ち続けた西郷は、維新後も武士社会の根本価値観を護持し、東湖が『回天詩史《かいてんしし》』などで促した武士の忠義や行動、文武両道の教育などを社会の理想として位置づけた。

武士社会の解体ではなく、改革を求めた西郷は、明治六年（一八七三）に新政府を去る。その原因の一つは、身分と俸禄《ほうろく》を失って憤懣《ふんまん》を抱える武士たちを、政府が無視することに不満があったからだ。

明治十年（一八七七）、西郷は西南戦争を引き起こすが、これが明治政府に対する最後の反乱となり、新政府は権力基盤を固めることができた。

初期の段階では、意思決定のための評議会を、旧大名を中心に作ろうとしていたにもかかわらず、新政府は、薩摩閥・長州閥によって支配される機関に変質した。

そこには、薩摩出身の大久保利通《としみち》や長州出身の伊藤博文・山県有朋《やまがたありとも》など、水戸の尊王攘夷派の急進的活動を、かつては熱烈に支持した志士たちが含まれていたが、彼らが水戸人を新政府に迎え入れることはほとんどなかった。水戸徳川家は尊王攘夷の先導役だが、徳川家という「旧弊《きゅうへい》」の一部としかみなされていなかった。それゆえ新政府から遠ざけられたのだ。

明治維新の指導者が近代化に着手する一方、水戸は党派争いと復讐・暴力の連鎖に苦しんだ。

前章で述べたように、謹慎中の慶喜が、武田金次郎一党と水戸に残った中間派の士民の内訌《ないこう》を調停したことで、一時的に平穏が訪れたが、慶喜が静岡に移動すると、水戸は再び緊張状態が高まる。

明治元年（一八六八）九月、保守門閥派の首領である市川三左衛門《さんざえもん》が、旧幕府軍を離脱して水戸に舞い戻った。

弘道館《こうどうかん》を占拠した市川は水戸城を攻撃し、双方が数十名の死者を出すが、結局、市川勢は南に敗走し、千葉の八日市場村《ようかいちばむら》、松山村（以上、匝瑳市《そうさし》）で起こった政府軍との戦闘に敗れて壊滅した。

この時、市川は逃げのびたが、数カ月の探索ののちに発見・捕縛され、水戸に送られた。明治二年の春、水戸郊外の野原で何百人もが見守る中、彼は磔刑《たつけい》に処せられた。

市川の処刑は、水戸の党争の終わりを告げるものだった。しかしそれは、派閥そのものの終わりを意味したわけではない。水戸はこれまでの党争の深い傷跡を残したまま、長い間過ごさねばならなかった。

最後の水戸藩主・徳川昭武《あきたけ》は版籍奉還で知藩事《ちはんじ》に任じられたが、「水戸人の頑固さを考えると、水戸の統治という仕事は困難な仕事になるだろう」と新政府に警告した。

その予想通り、旧鎮派・旧激派・旧保守門閥派の間で、攻撃と報復の応酬は止まらなかった。

明治四年（一八七一）の廃藩置県に伴い、水戸藩と周辺とが統合されて茨城県が形成された。

昭武は、廃藩置県の時点で他藩主同様に知藩事を辞任し、新政府は初代の茨城県長官に、江戸開城前後から慶喜の警護や重要な使者として仕えた、旧幕臣の山岡鉄舟《てつしゅう》を任命した。

間もなく鉄舟の後任として、水戸藩士だった山口正定《まささだ》が着任するが、数カ月で離任。翌年、旧弘道館に県庁が設置され、肥前《ひぜん》大村藩士・渡辺清《きよし》が県令（知事）心得《こころえ》として到着し、「党派の弊《へい》を断つ」と宣言した。

しかしその後、水戸城は放火によって焼失している。権威を脅《おびや》かされ、権利が次々と奪われていくことに対する旧藩士たちの憤《いきどお》りが、新政府に向けられたのであろう。

新政府から「難治《なんじ》県」として認識されるようになった茨城県の県令たちは、くすぶる派閥主義と新政府への憤りを鎮《しず》めるために、様々な宥和《ゆうわ》的政策を展開した。

その一つが、水戸の名君、光圀《みつくに》（義公《ぎこう》）と斉昭（烈公《れっこう》）を祀《まつ》った常磐《ときわ》神社の建立《こんりゅう》である。

もともと明治初年に、両公を祀った小祠《しょうし》が偕楽園《かいらくえん》内に造られていたが、県庁に出仕していた栗田寛《ひろし》などの旧水戸藩士らが発起して、小祠を神社にする運動を展開。

渡辺県令が中心となって政府に奏請《そうせい》し、明治六年に明治天皇の勅旨《ちょくし》を受けて、常磐神社の名を賜《たまわ》った。

翌年、社殿が造営され、義公光圀には「高譲味道根命《たかゆずるうましみちねのみこと》」、烈公斉昭には「押健男国之御楯命《おしたけおくにのみたてのみこと》」の神号が天皇より宣下《せんげ》された。

両公を祀ることは、水戸の人々が切望したことでもあった。

同時にそれは、幕末の水戸藩士の行動を、「両公の尊王愛国を受け継いだ行為」と位置づけ、「維新の魁《さきがけ》としての水戸」の公認に結びつく。このことは、荒《すさ》み続けていた水戸藩士たちの心を癒《いや》すことにつながった。

斉昭の遺産である偕楽園・弘道館は、施設や環境を保全するため、明治六年に国から公園地の指定を受け、「常磐公園」の名称で茨城県の管理となった。

また明治十二年（一八七九）に、水戸徳川家当主の昭武は、偕楽園の南隅に彰考館《しょうこうかん》を建設し、『大日本史』編纂《へんさん》事業の再開を水戸の学者たちに促した。

水戸の新しい指導者たちはこのように、旧水戸藩内の対立で分断された状況を癒すために努めた。

だがそれでもなお、不満を抱《いだ》いた水戸の士族のなかには、急速に進行する近代化に抵抗し続ける者たちもいた。子弟の教育において、和漢の古典による伝統的塾を選ぶ士族は少なくなかった。

近代化に抵抗する士族たちのなかには、日本社会の西洋化を批判する者もいれば、新しい社会で俸禄もなく生活に困窮する士族もいた。彼らは、一八七〇年代の他地域同様、自由民権運動が茨城を席巻したが、それと距離を置いた。

農民をはじめとする庶民も、変革への対応に苦労を重ねた。

過去四十年間、水戸藩の農民は、上から課された改革に取り組んできており、全く新しい挑戦を強いられたわけではなかったが、地租改正に伴う新税制、その他の中央集権的改革は、それまでの生活を一変させるものであった。

しかし、ゆっくりではあるが、水戸は変わり始める。

新聞の発刊により、政府の布告とそれに関する人々の議論が活発化した。茨城県の県庁がある水戸に県議会が開設され、茨城全域の中心としての役割を担《にな》うことにもなった。

街の娯楽に関する規制の緩和もあり、明治六年には公式の遊郭が開かれた。警察署、裁判所、師範学校、病院といった施設の多くは西洋の建築様式で、上市《うわいち》（上町《うわまち》）は活況を呈し、芸術文化の拠点としても栄えた。

明治二十二年（一八八九）には水戸まで鉄道が開通し、街に新しい命が吹き込まれた。

こうして水戸の街は拡大し、約二百年間続いた人口減少から増加に転じることになった。

読み替えられて利用された水戸学

明治に入って、水戸学の遺産は大いに論争を呼ぶものだった。

光圀・斉昭両名君の業績を顕彰《けんしょう》することに精力を注《そそ》いだ水戸の人々だが、水戸学の中枢を担った人々への評価は割れていた。

特に、会沢正志斎については賛否両論があった。尊王攘夷激派の遺族や存命だった人たちのなかには、会沢の開国論への転向を裏切りとみる向きがあったのだ。

明治二十三年（一八九〇）十月二十六日、天皇皇后の水戸行幸啓《ぎょうこうけい》の際、『新論』の自筆原稿が明治天皇に献上され、天皇の特旨をもって会沢に正四位が贈られた。だが、幕末維新の党争の記憶がまだ生々《なまなま》しかった水戸で、会沢への贈位を祝う人はほとんどいなかった。

明治天皇の水戸行幸により、藤田東湖への再評価の気運は一気に高まった。水戸行幸直後の十月三十日に教育勅語が発せられた。勅語には皇祖が道義的国家を目指して「忠孝」を基として建国した由来が述べられ、教育は道義的国家をつくることにあると説いている。「忠孝」はまさに斉昭、東湖が関わった「弘道館記」の「忠孝一致」であり、「国体」という表現や「億《おく》兆《ちょう》心《こころ》ヲ一《いつ》ニシテ」は正志斎の『新論』そのものであった。

起草した井上毅《こわし》・元田永孚《もとだながざね》は熊本藩出身で二人とも同藩の横井小楠《しょうなん》から多大な影響を受けていた。小楠は後に批判的になったが、水戸学の信奉者であった。井上・元田ともに教育勅語が水戸学から受けた影響を直接言及していないが、その影響は明らかで、教育勅語は水戸の思想を引き継ぐものとして、水戸の人々に大いに歓迎され、誇りとされた。

一方、藤田東湖の名声は欧米にも及んだ。

一九〇六年に『Makers of Japan』と呼ばれる一連の伝記作品を書いたジェームス・モリスは、東湖を「時代を先取りした」人物として描いた。

東湖の「尊王を核とする国体の再興へのあくなき追求と海防のための絶え間ない準備」が、後年、明治新政府の指導者となった志士たちを鼓舞し、日本の改革の力となり、新時代への道を拓《ひら》いた、とした。

そしてモリスは、「日本の成長の力を奪い、進歩を止めた封建制度からの解放をもたらす努力をした人々を、決して忘れないであろう」と結論づけた。

モリスが『Makers of Japan』を発表したのと同じ明治三十九年（一九〇六）、水戸学の継承者たちはついに『大日本史』を完成させ、徳川光圀によって始められた偉大なプロジェクトが完了した。

水戸学の継承者たちは、天皇を中心とした皇国史観の提唱者としての光圀の重要性を強調すると同時に、「世界に類例のない万世《ばんせい》一系の皇統こそが、日本という国を定義する特徴である」との考え方を世に示した藤田東湖を称賛した。

『大日本史』の完成は、日本における、いわゆる民本主義（デモクラシー）の胎動期と一致している。そのデモクラシーは、矛盾をはらみながら民主主義と帝国主義が混合した政治思想であった。

つまり、民主主義の支持者は、民衆のより大きな役割を強く要求すると同時に、明治三十七年（一九〇四）に始まった日露戦争後の、帝国日本の拡大も支持したのである。

もっとも水戸学の継承者たちは、デモクラシーへの対応について、特に統一した意見を持たなかった。会沢正志斎の民衆への懐疑的な態度の影響があったと考えられなくもないが、民主主義の支持者ではなかったといえるだろう。

正岡子規《まさおかしき》や夏目漱石《そうせき》と親交があり、水戸中学校の校長だった菊池謙二郎は、東湖の研究者としても知られていた。

彼は、十九世紀における水戸学者たちの改革精神の重要性を強調したが、その改革主義精神を、「自立した個人が、道徳と行動の感覚を発達させながら前進すべきものである」と提唱した。

保守的な学者である雨谷毅《あまがいたけし》は、強い君主主権の見解をとったが、雨谷はその著『尊王民本主義』の中で、「『天皇崇拝』は、大衆の意志に支えられたときにのみ、命を得る。そして大衆支持は天皇崇拝と組み合わされたときにのみ、その力を得るであろう」と、「天皇崇拝」と「大衆動員」は密接に関連していると主張した。

雨谷の解釈では、大日本帝国憲法下において、個人が民主主義に参加できるのは、「臣民」としての立場のみであった。

昭和初期に入り、共産主義の台頭、腐敗した西洋文化、帝国主義諸国の植民地支配やブロック経済など、日本は様々な脅威《きょうい》にさらされた。

このことにより、保守的な知識人、軍人、政治家、一部官僚から「昭和維新」が叫ばれ、国家の本質を復活させることが求められた。

これらの人々にとって、東湖がかつて述べた日本の独自性、天皇の不可侵性、西洋の脅威などの考えは、大きな刺激となった。

そして当時の政治家や学者たちは、新たな国家的危機を乗り切るインスピレーションを得るために、東湖だけでなく、会沢正志斎を読み直した。

会沢の『新論』は、日本の独自性と強さをみつけるための情報源となり得るものであった。日本独自の帝国拡大を支え、国体護持の名のもとで国民を結集させるために、読み替えられ、利用されたのである。

明治維新以来、低調だった水戸に対する評価は、昭和戦前期にようやく再評価されるようになった。

しかし、二十世紀前半に台頭した超国家主義者や軍国主義者などに利用された国体護持の概念は、民本主義や帝国主義などの思想と複雑に絡み合い、アジア太平洋各地で侵略的な戦争につながってしまった。

昭和二十年（一九四五）八月、第二次世界大戦が終結すると、「戦争の背景となり、戦争を支持した」とみなされた水戸学は、占領軍により禁じられた。

中等国語教科書に載った藤田東湖の『正気《せいき》の歌』や、国史教科書に載った会沢正志斎の名は消され、昭和二十三年（一九四八）に国会が教育勅語を正式に廃止して、水戸学は学校カリキュラムの中から完全に削除されたのである。

戦時下で弾圧された自由主義者やマルクス主義者は、軍国主義や権威主義の源泉としての水戸学を徹底的に否定した。

皮肉なことに、六十年間軽視され続けた会沢の思想やその代表作である『新論』が、水戸学を最も過激に排除しようとする人々にとっては、その象徴とされ、会沢自身も、「超国家主義と天皇崇拝の創始者であり、権威主義の象徴」とされてしまった。

終戦後に生じた戦前の権威主義に対する反発は、水戸の

昭和戦前期の水戸泉町（写真集『水戸百年』より転載）

評価に新たな打撃を与えた。ところが、戦後の水戸学への反発は、水戸の歴史について、新しい語り方を創り出したのである。

複雑で要約することは難しいが、研究の傾向として最低でも三点、指摘できるだろう。

一つ目は、伝統的な水戸学の発展である。

近世の水戸学者や藩主などに焦点を当てながら、新しい史料の発見や新しい観点の採用という点で、成熟した研究成果を挙げている。水戸の研究者たちは、国学との関連や水戸学そのものの深部にわたる研究を着実に重ねた。

二つ目は、戦後の思想の自由化で、マルクス主義などの批評的な思想が流行り、社会史や民衆史の研究が盛んになったことだ。

女性、一揆《いっき》、被差別民など、これまでとりあげられてこなかった水戸の人々にまで研究の対象を広げ、水戸の歴史がより豊かに描かれるようになった。

三つ目は、徳川ミュージアムを中心に展開されている研究である。

かつての彰考館の資料を受け継いでいる徳川ミュージアムは、水戸徳川家だけでなく、徳川宗家の研究においても不可欠な場所だ。最近では海外の研究者との積極的な交流を通して、徳川光圀と朱舜水《しゅしゅんすい》の研究が東アジアの地域史に位置づけられるなど、水戸の歴史だけでなく日本史や東洋史にも貢献している。

加えて、最近では近現代思想史研究者などによって、水戸学の再評価・再検討がなされる傾向がみられ、数多くの著作が世に問われている。

十九世紀半ばと比べるまでもなく、水戸をめぐる研究は、意見の相違がありながら、活発な議論が続いている。

これもまた水戸の学問の特徴であり、この活発な論争があるからこそ、水戸の歴史はより多様で深いものになっていくのであろう。

渋沢栄一も新渡戸稲造《にとべいなぞう》も……

他藩の例にもれず、明治初期には多くの人々が水戸から離れていった。

家族を失ったことが動機となった人、新たなキャリアを求めて出ていった人等々、理由は様々である。水戸と江戸が近距離であったことや、江戸時代における江戸と国元との分裂などが反映しているのかもしれない。

近代で有名になった水戸人のなかには、別の場所で新しい生活を始める人が少なくない。

明治の「三大ジャーナリストの一人」といわれ、東京のマスコミ揺籃期《ようらんき》の立役者だった朝比奈《あさひな》知泉《ちせん》は、保守門閥派の名家・朝比奈家出身である。

明治元年に党争のため絶家となり、祇園寺《ぎおんじ》という寺に預けられて育った彼は、苦労して大学に進んだのち、東京日日新聞の主筆として活躍した。

そうした中で終生、出自に関わる保守門閥派・諸生党《しょせいとう》の存在意義を世に知らしめようと、本章前半部分で触れた市川勢の終焉《しゅうえん》の地である八日市場（千葉県匝瑳市）や水戸の祇園寺に自らの撰文《せんぶん》で石碑を建立している。

近代日本画壇の巨匠・横山大観《たいかん》は、水戸藩で地図作製を家業とした酒井家の出身である。明治元年、武田金次郎一党による襲撃から避難している時、大観は竹やぶで生まれたという。

また彼の父は、東京に出て地図製作者のための私塾を開き、叔父たちは揃って参謀本部地図課に勤めるなど、近代の地図作製の草分けとして活躍している。

近代茶人の最高峰で、三越を日本初のデパートにした立役者である高橋箒庵《そうあん》も、門閥派の家の出身だが、彼らは門閥派ゆえに味わった維新後の苦衷《くちゅう》を述懐している。

尊王攘夷派で弘道館教授頭取を務めた青山延光《のぶみつ》は、幕末に吉田松陰《しょういん》から「蒟蒻党《こんにゃく》」と揶揄《やゆ》されたこともあったが、維新直後にできた初の国立の「大学校」で、中博士《なかはかせ》として勤務した。

その弟である青山延寿《のぶとし》は、維新後に武田金次郎と対立して職を追われ、邸宅も没収された後、一家で上京し、東京府地誌課や新政府の修史局に勤めている。

またその娘である青山千世《ちせ》は水戸で育ったが、女子師範学校（現お茶の水女子大学）の第一期生となり、首席で卒業して、女子高等教育を受けた第一号となった。彼女を教えた女子師範の教師に、藤田東湖の姪《めい》で、日本の幼稚園教師第一号となった豊田芙雄《とよだふゆ》（コラム7参照）がいる。

水戸人ではないが、水戸から学んだ影響の大きさを公言した明治人は少なくなかった。その中で最も影響力があったのは、渋沢栄一であろう。

渋沢は天保《てんぽう》十一年（一八四〇）、武蔵国《むさし》血洗島《ちあらいじま》に裕福な農民の子として生まれた。渋沢の幼少期からの教師役だった従兄《いとこ》の尾高惇忠《おだかあつただ》は、天保十五年（一八四四）に徳川斉昭が実施した、大規模な軍事訓練「追鳥狩《おいとりがり》」の噂を聞いて見物に行っている。

数年後、尾高はその興奮を渋沢に熱く語り、これが渋沢の心を虜《とりこ》にした。内外が騒がしくなった一八五〇年代、渋沢は水戸の海防と攘夷の思想にとりつかれ、郷里の親類の若者たちと横浜で外国人襲撃の計画を立てる。だが未遂に終わり、京都へと逃れた。

その京都で藤田東湖の子息である藤田小四郎《こしろう》など、水戸の尊王攘夷派の人々と接触を持った。そして、この頃に交流のあった一橋《ひとつばし》家の家臣・平岡円四郎の推挙で、元治《げんじ》元年（一八六四）に徳川慶喜の家臣となったのである。

渋沢栄一（国立国会図書館蔵）

慶喜の弟・昭武に随行して、渋沢は万国博覧会が開かれているパリに行き、欧州をつぶさにみた。このことが西洋資本主義の世界へと目を開かせ、攘夷派の彼が西洋の学問や文物を学ぶことを熱望し始める契機となった。

幕府崩壊の知らせにより、昭武と帰国した渋沢は、自分を引き上げてくれた慶喜への恩を忘れず、静岡で隠居する慶喜の傍《そば》にあって徳川家のために尽くした。

その後、求めに応じて新政府に出仕し、銀行創設をはじめ、日本の近代的な金融制度の確立に中心的な役割を果たす。そして、生涯を通じて五百もの会社を設立し、「日本資本主義の父」と呼ばれた。

だが渋沢の人生で、もう一つの重要な仕事があった。それはかつての主君・徳川慶喜の復権である。

慶喜の授爵《じゅしゃく》や叙勲《じょくん》に力を尽くすとともに、慶喜の幕末維新における真の姿を伝えようと、二十五年かけて『徳川慶喜公伝』を編纂、慶喜没後の大正七年（一九一八）に完成させた。

自身と水戸の関係についてほとんど語ることがなかった渋沢だが、大正十一年（一九二二）のある講演の席で、八十二歳だった彼は、藤田東湖の『回天詩史』を「私は今日も尚《なお》、之《これ》を暗《あん》誦《しょう》することができます」と、朗々《ろうろう》と詠《よ》み始めた。

それほどまでに、渋沢の思想形成に大きな位置を占めたのが、水戸の教えだったのである。

維新以前、水戸学者たちはキリスト教の布教を恐れ、これを防ごうとした。しかし、西洋文明の導入・模倣《もほう》が頻繁であった明治という時代、キリスト教の宣教師たちが数多く来日し、国内のキリスト教徒の数が急激に増えていった。

その中で新渡戸稲造《にとべいなぞう》と内村鑑三《かんぞう》は代表的な存在といっていいが、二人は水戸の教えに深い尊敬の念を抱いていた。

新渡戸は文久二年（一八六二）年に南部藩士の家に生まれ、明治十年、札幌農学校に入学した。

当時の札幌農学校はキリスト教の影響が大きく、新渡戸はすぐに入信した。留学のために渡米して農業経済学の学位を取り、帰国後は台湾総督府に勤め、後には京都帝国大学や東京帝国大学で農業経済学・植民政策を教えた。

そして、一九二〇年代に国際連盟の初代事務次長として活躍し、日本を代表する国際人の一人であったことはよく知られている。

明治三十三年（一九〇〇）に新渡戸は、『Bushido : The Soul of Japan』を英文で出版した。その内容は、日本独特の道徳と伝統文化を世界に紹介するため、徳川光圀や徳川斉昭などの「名君」を模範にして「武士道」を説明したものである。

新渡戸稲造（国立国会図書館蔵）

武士の生活実態を理想化・簡略化しすぎたとの批評を受けた一方で、『Bushido』は日本に関心をもった外国人の心をつかんだ。
各国語に翻訳されベストセラーになり、現在でも読み継がれているが、日本論が発達した一九八〇年代以降、武士道に日本の独自性を求めた日本人の間でも読み直されている。
新渡戸と水戸の関係は、『武士道』で著した光圀や斉昭への称賛だけではない。実は、彼は幼少期、水戸の気風に触れていたのだ。

安政《あんせい》四年（一八五七）、南部藩主・南部利剛《としひさ》に輿入《こしい》れしてきたのが、徳川斉昭の五女・松姫《まつひめ》であった。

松姫は、兄弟姉妹と同じく水戸の教育を受け、農民への感謝の気持ちを象徴する農人形《のうにんぎょう》を斉昭から授けられていた（第六章参照）。

農人形とは、斉昭が食膳に置いた小さな農民の人形で、その笠の部分に米粒を供《そな》え、日々の恵みを与えてくれる農民に感謝するためのものである。

嫁ぎ先の南部藩の家臣たちに、松姫はこの農人形の思いを伝えた。それを受け取った一人が、若き日の新渡戸稲造だった。

耕作不適地の三本木原《さんぼんぎはら》開拓に成功した祖父と父をもつ新渡戸は、斉昭の愛民思想に感動し、後年は農業講義などで農人形の話をしたり、青銅製の農人形を発注して、講演会などで配布したりした。

海外に行く場合には、英文の解説を添えて農人形を持っていったという記録もある。

もう一人、明治期を代表するキリスト教徒である内村鑑三は、新渡戸稲造と同様、札幌農学校でキリスト教に入信し、その後、アメリカに留学した。

日清戦争が勃発した明治二十七年（一八九四）、この戦争を「義戦」とみなした内村は、日本の立場を広く知らしめる意図もあって『Japan and the Japanese』を執筆する。

これを明治四十一年（一九〇八）に改訂して『代表的日本人』（『Representative Men of

Japan』）と改題）を出版したが、この中の西郷隆盛を紹介した章で、藤田東湖に言及した記述がみられる。

「重要で最も大きな精神的感化は、次代のリーダーであった人物から受けました。それは『大和魂の塊《かたまり》』である水戸の藤田東湖です。東湖はまるで日本を霊化したような存在でした」

東湖が明治維新に不可欠な役割を果たしたと、内村は評価しているのである。

尊王思想家の東湖に尊敬を表す一方、キリスト教徒としての内村は、天皇に対する考えが複雑であった。

教育勅語が発布された明治二十三年、内村は第一高等中学校の教員になった。

翌年の勅語奉読式で、キリスト教徒として天皇を神様と認められなかった内村は、最敬礼をしなかった。この行為が非難され、社会問題にもなり、間もなく辞職を余儀なくされている。

内村は、日本が独立した強い国になることを望み、東湖などの水戸学者の思想が、その強さを作り出したことを高く評価した。

ただ、その一方で、水戸学には「攘夷」の雰囲気が残存した。

内村や新渡戸などの明治時代のキリスト教徒は、天皇が中心をなす国体のあり方と、個人的信念との不安定な関係に悩んだに違いない。彼らにとって、水戸の遺産は矛盾をはらみ、複雑なものであった。

水戸の教えとその歴史は、二十世紀に入っても、多くの人々に影響を与え続けた。

そのなかの一人が松下幸之助である。

世直しの旅をする架空の「水戸黄門」の物語は、幕末・明治以降、講談・歌舞伎・浪曲・映画など、娯楽作品として多くの日本人に親しまれてきたが、昭和四十四年八月から放送された、松下電器（現在のパナソニック）が提供するテレビドラマになったことは象徴的だろう。

この番組がつくられたのは、「皇室の尊さや、好ましい政治のあり方を示すようなテレビ番組を考えてほしい」と、松下から求められた宣伝事業部長が、「水戸光圀を題材にしたらどうでしょう」と提案したことがきっかけだった。このとき、光圀が楠木正成とその一族を顕彰したことや、講談では全国を漫遊して世直しをした「水戸黄門」の名で親しまれていることなどを聞き、松下は即座にOKを出したという。

松下幸之助は、水戸にゆかりのある人物との関係もあった。それは、光圀を五歳まで養育した三木之次《ゆきつぐ》・武佐《むさ》夫妻の末裔《まつえい》である三木啓次郎《けいじろう》だ。この三木もテレビドラマ放映にあたっての動きのなかで松下に助言したと周囲に語りのこしている。

二人の間の交流は昭和戦前期から戦後にかけてつづいたもので、東京を代表する景観として知られる浅草寺雷門、大阪四天王寺《してんのうじ》極楽門は、三木から勧められた松下が寄付したものだ。また、水戸常磐神社境内の三木神社建立、回天神社建立なども二人が関わっている（付記参照）。

水戸の歴史を語るときに、光圀や幕末の改革派の武士たちなどが、その大部分を占めていることはいうまでもない。

しかし、二十世紀前半には歴史家の視野が広がり、水戸藩の女性にも光が当てられた。それは、日本の代表的女性運動家・山川菊栄《きくえ》の努力によるものだ。

山川は、水戸有数の学者の家である青山家に生まれた。

前述の女子高等教育第一号であった母・青山千世の薫陶《くんとう》を受け、二十世紀初頭から女性解放運動や社会主義の拡大に努力し、戦後は労働省の初代婦人少年局長になった。

自らに流れる水戸の血統を重んじ、戦前は民俗学者・柳田國男《やなぎたくにお》の指導を受けて水戸の社会史に関心をもち、批評的な視点を採用しながら、有名な学者やエリート層の武士たちを重視してきた伝統的な歴史研究から、社会構造とジェンダーの関係など、幅広い面で水戸の歴史を研究した。

松下幸之助

青山家に残る資料や、幕末水戸の生活や女性の生き方について、母・千世、豊田芙雄などから詳《くわ》しく聞き取ってまとめた『武家の女性』や『覚書　幕末の水戸藩』などの名著は、今でも貴重な史料となっている。

山川は、第二次世界大戦の真っ只中にあって、幕末水戸藩の党争や内戦について研究を続けていた。

幕末と当時を暗に比較した著書では、過激

な思想と暴力を批判し、硬直した考え方が一般の人々にもたらした悪影響を明らかにした。

思想の過激化を恐れたことは、自らの政治活動にも反映された。

女性解放運動や参政権運動などで、頑固なイデオロギーより現実的な立場をとってもいる。社会党の片山哲《てつ》内閣から自由党の吉田茂内閣に替わっても、婦人少年局長として仕事を続けたことは、それを物語っている。

幕末の党争に与《くみ》しなかった青山家の歴史を身に受けつつ、「下からの歴史」という立場から過激的な行動の危険さを学び、運動家、学者、役人としての仕事に、その学びを生かそうとしたのである。

現代に遺したものとは

本書では、最近の研究成果を利用しつつ、水戸の歴史の複雑さの一部を紹介し、最も著名で影響力のあった人々の生涯を、当時の社会的、政治的、知的な文脈のなかで位置づけようと試みた。

その際、水戸の歴史の暗い側面、統治の失敗、排外主義と好戦性、および水戸の思想が軍国主義の時代に利用された経緯を、あえて避けなかった。

事実、私の読んだ水戸に関する著作の多くは、紛《まぎ》れもなく扇動的で、過激であり、外人恐怖症と天皇崇拝の教義は、現代の価値観と相容《い》れない部分であると思う。

しかし、一八三〇年代から五〇年代、つまり江戸後期から幕末にかけての時代は、西洋列強が中国を侮《あなど》り、世界中を植民地化し、キリスト教と資本主義の優越性の名の下で、戦争をちらつかせながら日本を侵略しようとしていた。

それらに抵抗しようとする日本人の意識と、自身の文化を考え抜いて行動したことは、世界史の視点から考えても、決して特異なことではない。

私は、戦後の日本社会の視点や現在の価値観ではなく、その時代の文脈をもって、これらに迫ろうと努めた。

それぞれの時代の水戸人の生き様は、近代日本を形作った水戸という場所をみつめる窓である。そこから眺めた水戸は、良くも悪くも日本の、他のどの場所よりも際立《きわだ》って特徴的だった。

水戸が日本史において最も重要な役割を果たした幕末から百五十年余、終戦からは七十五年余りが経過した。

最後に「なぜ今、水戸の歴史を振り返るのか」「水戸の歴史は私たちに何を教えるのか」「現代に遺したものは何なのか」について考えてみたい。

第一に、水戸という場所は、歴史がどのように都市を形成し、そこにアイデンティティを与えるのかを、私たちに示してくれる。

水戸の人々は、街の歴史を誇りに思っている。市民は水戸城の敷地を守り、公立学校と共存しながら、大手門や隅櫓《すみやぐら》を復元させ、藩校弘道館は斉昭の時代と変わらぬ佇《たたず》まいをみせている。

日本三名園の一つ、偕楽園は、湖を借景にした雄大な景観を守りながら、早春の梅の花の時期に、全国から大勢の観光客を迎え入れる。

明治初期以来、講談・浪曲・歌舞伎・映画や大衆小説などを通じて、光圀や斉昭、幕末の志士たちの物語が創作された。これらを通じて水戸の人気は高く、水戸の観光や産業にも貢献している。

特に戦後に始まったテレビの人気時代劇「水戸黄門」のシリーズを通じて、光圀は全国で知らぬ者のない庶民に愛される存在となった。

なお、偕楽園の向かい側には徳川ミュージアムがあり、人気の「黄門様」光圀の遺品や、見ごたえのある水戸徳川家の貴重な遺物が展示されている。

また、偕楽園の近くには茨城県立歴史館があり、水戸を中心とした歴史的資料とともに、慶喜以来、水戸とつながる一橋徳川家の膨大な資料もみることができる。

水戸の街に息づく歴史は、まさに水戸の表の顔なのだ。

第二に、水戸の歴史は、ローカルでモノを考えることが、どのようにグローバルな効果を生み出すのか、を示していることだ。

立原翠軒《たちはらすいけん》とその系譜に連なる弟子たちは、十八世紀後半から十九世紀初頭にかけて、水戸藩領に影響を与えた飢饉、間引《まび》き、その他の社会的・政治的問題の解決に没頭した。この取り組みが、他藩や幕府の改革のモデルとなった。

また、その取り組みは、大津浜《おおつはま》事件への対応に際して国防を呼びかけた会沢正志斎、藤田東湖、さらには、幕府や諸藩に水戸の事例をみるよう促した徳川斉昭の動きにつながっていく。

そして、これらの指導者たちの著作や行動を通して、水戸の教えや理念が日本中に広がり、論議され、大きな影響を与えたのである。

第三に、水戸が生み出した理念が、歴史の流れをかたちづくったことである。

会沢正志斎と藤田東湖は、著作を通じて日本を変えた。一体、何人の学者が、これほど多くの人に影響を与えることができたのだろうか。

水戸の影響を受けて、日本の強化を図った一人が徳川慶喜である。彼は幕政の改革を通じて、新しい政治秩序の基盤となる方法を示した。

それは「幕藩体制ではなく、統一された近代国家を形成することで、外国の脅威と対峙《たいじ》していこう」という考え方である。

最終的に慶喜のビジョンは、東湖などの水戸学者の考えをはるかに超え、一八六〇年代の幕末維新の動きに結びついた。

その慶喜を導いた行動原理は、水戸で幼少期に学んだ教えにあり、慶喜はそれを守り抜いたのである。

もちろん、一方では強い理念がもたらす負《ふ》の側面もあった。

会沢が攘夷の考え方を変え、開国のビジョンを表明した後、彼の考え方を信奉していた改革派や激派を、会沢自身が抑え込むことはできなかった。

東湖は改革への要求を極限まで押し上げ、水戸の改革派を取り返しがつかないほどの強固な集団にしたことで、党争への扉を開いてしまった。

強力すぎる理念が彼ら自身の人生を左右したという点は、後世に生きる私たちへの警鐘と受け止めるべきだろう。

どの地域にも、歴史の歩みには明暗がある。しかし水戸の歴史は、他のどこよりもはるかに劇的で影響力があった。

明治時代以来、様々なリーダーたちが水戸の影響を受けながら、身の周りの社会を変えようとした。

渋沢栄一と松下幸之助は、巨大な企業を築き上げることに、水戸との思想的、人的なつながりが不可欠であった。

新渡戸稲造と内村鑑三は、海外に日本の歴史と文化を紹介する著作などで、水戸の教えを中心に置いた。

山川菊栄は水戸の教育伝統と社会改革の価値を受け継ぎ、戦後日本に、社会主義や男女平等などを実現させようとした。

これらのリーダー達が示唆《しさ》するように、水戸の教えは多彩に生かされたといえよう。

水戸を学ぶことは、日本の近代化への道を理解するだけでなく、日本の多様性と、近世のダイナミズムを垣間見る《かいまみ》機会を提供してくれるに違いない。

付記　水戸歴史紀行

稲葉寿郎（清真学園高等学校中学校教諭）

水戸は、東京からわずか百キロ、電車で一時間ほどである。

海外から日本旅行にやってきた場合、東京を楽しんだ後に少し足を伸ばして、歴史と文化、そして自然を堪能《たんのう》できる素晴らしい場所といえよう。

水戸を歴史的に理解し楽しむには、水戸だけを旅行したのではわからないし、水戸の本当の姿はみえてこない。なぜなら、本書にもあるように、水戸藩には参勤交代という制度が適用されなかったから、藩主は人生の大半を江戸の屋敷で過ごしたからだ。

その中で、最も多くの時間を水戸の領内で過ごした一人が、二代藩主の光圀《みつくに》だろう。藩主在任時にも領内を巡見する一方で、城とは別に別荘をいくつか造り、名所景観の設定も行なった。隠居後の長い時間も水戸（領内）で過ごしているため、あちらこちらに光圀の足跡をみることができる。

もう一人の名君といわれる斉昭《なりあき》は、現在、水戸を代表する景観となっている場所を造成したり、藩士たちの集住する新たなエリアを創設するなど、都市を大胆にデザインしており、その遺産は現代に引き継がれている。

日本の近現代史を動かした水戸を理解するためには、東京を出発点とした一泊二日ないし二泊三日の旅が望ましい。そのモデルコースを紹介してみよう。

一日目　東京・水戸の痕跡を探る

一、小石川《こいしかわ》後楽園

JR総武線水道橋駅の北側に出ると、目の前に巨大な東京ドームがみえる。そこは**水戸藩上屋敷《かみやしき》小《こ》石川《いしかわ》邸**の跡地だ。

水戸藩は大きな大名であるため、江戸の街に三つの屋敷を構えていた。そのうち「小石川邸」と呼ばれた上屋敷には、藩主とその正室（御簾中《ごれんぢゅう》と呼ばれる）、そして跡を継ぐ予定の子供などが暮らす重要な場所だった。また、家臣たちも邸内の一角に住むことを許された。

現在、屋敷の建物は残っていないが、敷地内に造られた**小石川後楽園**という庭園が、東京ドームの西側にある。ビルと遊園地の歓声に取り囲まれているのが少し残念だが、江戸時代の風情《ふぜい》を今に伝える貴重な庭園で、国の特別史跡・特別名勝に指定されている。

小石川後楽園は、初代藩主・頼房《よりふさ》の寛永《かんえい》六年（一六二九）に屋敷とともに造り始められ、二代藩主・光圀の時に、亡命してきた明《みん》の学者・朱舜水《しゅしゅんすい》の意見を取り入れ、完成させた「回遊式築山泉水庭園」である。

池の周囲を回遊する途中に、日本中の名所や中国の景観を模《も》した場所が設定されている。朱舜水の過ごした中国の景観地・杭州《こうしゅう》を模した蘇堤《そてい》や円月橋《えんげつきょう》などは、日本の庭園に初めて取り入れられたものになるだろう。

光圀の思想形成に大きな影響を与えた伯夷《はくい》・叔斉《しゆくせい》の木像を安置した得仁堂《とくじんどう》、光圀が幼少期にその勇気を試された桜馬場《さくらのばば》を記念する馬場桜なども見所だ。

庭の北側には水田がある。これは光圀が三代藩主となる綱條《つなえだ》の夫人に、農民の苦労を理解させるために作ったものだ。

この庭園は、歴代の藩主たちが、毎日のように眺めた日常の空間であった。藩主たちは、ここでみた庭園の意匠や景観形成の方法を、国元である水戸に応用させた。小石川後楽園を訪ねることなしに、水戸を真に理解することはできないだろう。

なお、後楽園の名の由来もまた、朱舜水のアドバイスによるもので、『岳陽楼記《がくようろうき》』にある「天下の憂いに先だって憂い、天下の楽しみに後《おく》れて楽しむ」の文言から採っている。

二、本郷弥生《やよい》界隈〜不忍池《しのばずのいけ》

小石川後楽園から北東に進むと、東京メトロの後楽園駅に至る。ここで南北線に乗って一つ目の東大前駅で降りると、目の前が東京大学農学部のある弥生《やよい》キャンパスだ。

ここからは大学の構内を歩くので、アポイントが必要になる。

弥生キャンパスは、かつて**水戸藩中《なか》屋敷駒込《こまごめ》邸**があった場所である。火事が多かった江戸で、中屋敷は上屋敷の控えとして置かれ、「駒込邸」とか「別荘」と呼ばれた。

現在ではその痕跡をみつけることが困難だが、唯一の痕跡といえるのは、言問《こととい》通りをはさんで本郷キャンパスとの間をつなぐ陸橋の袂《たもと》にある「**朱舜水記念碑**」だ。

朱舜水は光圀から、ここに屋敷を与えられた。桜をこよなく愛した朱舜水は、屋敷の廻りを取り囲むようにヤマザクラを植えたとされる。

この石碑は、明治時代に新渡戸稲造《にとべいなぞう》や渋沢栄一ら、水戸学の影響を受けた数多くの人々の寄付によって建立《こんりゅう》された。その意味で、近代につながる水戸の教えを象徴するものといえよう。

陸橋の横にある南門を出て東に向かうと、東京大学浅野キャンパスの角に、「**弥生式土器発掘ゆかりの地記念碑**」がある。この碑を左手にみながら道を南東に進むと、浅野正門に続いて浅野南門の前に出る。

浅野南門を入ってすぐの建物の壁に、寄り添うように「**向岡記碑**《むかいがおかのき》」がある。

この碑も、ここが中屋敷であったことの数少ない痕跡の一つで、斉昭が藩主に就任する前に、中屋敷のヤマザクラの花を眺めながら、藩主たる決意を表したものだ。

この石碑は、のちに日本史に大きな役割を果たす。

明治維新後、屋敷が民間に下げ渡されたが、新しい町名を決めるに際して、弥生（三月）に桜を眺めたことが石碑に記されていることから、**本郷弥生町**と決められた。

その一角に進出した東京大学で本格的な考古学が始まると、この地から発掘された土器に「弥生土器」の名称がつけられ、この時代を「弥生時代」と呼ぶようになったのである。

光圀や斉昭は、中屋敷駒込邸の景観をこよなく愛し、何度もここで和歌や漢詩を詠んでいる。この屋敷は向ヶ丘という台地上に位置し、中国杭州の景観地・西湖《せいこ》にならい、「小《しょう》西湖」と呼ばれた不忍《しのばずの》池《いけ》を遠望する景観地だった。

その景観は、水戸台地から見下ろす千波《せんば》湖の景観と類似している。藩主たちは江戸の中屋敷の景観を、水戸でも創ったのだ。

「向岡記碑」から南東に七百メートルほど歩くと、不忍池のほとりに出る。そこには、**横山大観《たいかん》記念館**がある。西湖の景観の見立てである不忍池は画題としても人気があったが、そのほとりに横山大観は居を構えた。

台地の上と下ではあるが、水戸の藩主と藩士の子孫が、同じ景観に憧《あこが》れを抱《いだ》いていたことを実感できるはずだ。なお、大観の景観に対する眼差《まなざ》しは、記念館に展示されている絵画でもみて取ることができる。

三、隅田《すみだ》公園

横山大観記念館を出て、不忍池を散策しながら南東に八百メートルほど歩くと、東京メトロ銀座線の上野広小路《ひろこうじ》駅に到着する。ここから浅草方面の電車に乗って四駅目が、終点の浅草駅である。

浅草寺は海外の人にも人気の観光スポットだが、ここで注目したいのは**浅草寺雷門**。終章でも触れているように、東京観光の象徴ともいえるこの門を寄進したのは、パナソニックの創業者・松下幸之助と水戸出身の三木啓次郎だ。三木は、徳川光圀の命を救い、育てた三木夫妻の末裔《まつえい》である。雷門を施工した大成建設の相談役前社長が藤田東湖の孫・藤田武雄であったことも奇縁といえよう。

さて、東京メトロの浅草駅から隅田《すみだ》川にかかる吾妻橋《あづまばし》を渡って、川沿いを北に四百メートルほど進むと、隅田公園に到着する。ここは**水戸藩下《しも》屋敷小梅《こうめ》邸**があった場所だ。隅田川に通じた物流の拠点で、屋敷で賄《まかな》う野菜などの生産も行なわれ、藩士たちもここに住んでいたので、幕末には歴史上の重要な舞台となった。

現在は市民のための近代的な公園になっているが、所々に水戸藩の屋敷だった痕跡が残っている。

まずみたいのは、墨堤通り沿いの歩道そばにある藤田東湖《とうこ》の「**正気《せいき》の歌碑**」である。

東湖は弘化《こうか》二年（一八四五）、主君・斉昭の隠居謹慎処分とともに失脚し、ここ小梅邸に幽閉された。その時期に、中国の宋《そう》時代の文天祥《ぶんてんしょう》にならってつくられた漢詩は、幕末の志士たちに流布《るふ》し、尊王攘夷《そんのうじょうい》の気風を一気に高めた。

その漢詩の中に出てくる「万朶《ばんだ》の桜」という表現は、屋敷の外が桜の名所・隅田川であったことと深い関わりがあり、近代日本人の桜花観のもとにもなっている。

園内の中ほどに進むと、「**明治天皇行幸《ぎょうこう》所　水戸徳川邸舊《きゅう》阯《し》碑**」がある。

この地が水戸藩下屋敷であったことを伝える碑だが、横に明治天皇の御製《ぎょせい》の歌碑も立っている。この二つの石碑には極めて重要な意味がある。

明治二年（一八六九）、水戸徳川家は版籍奉還に伴い、持っていた三つの屋敷のうち、小石川邸と駒込邸を新政府に奉還、住まいを小梅邸に集約した。

旧小梅邸／隅田公園（個人撮影）

当時の当主は、ヨーロッパ歴訪から戻ったばかりの最後の藩主・昭武《あきたけ》だったが、水戸藩は天狗《てんぐ》・諸生《しょせい》の争いの余波が残り、人心も土地も荒廃した状況にあった。また、水戸出身の最後の将軍・徳川慶喜《よしのぶ》が「朝敵《ちょうてき》」となったため、新政府と水戸藩の関係は必ずしもよいものではなかった。

明治八年（一八七五）四月四日、明治天皇は隅田川の桜の花見を名目として、水戸徳川家の小梅邸に行幸した。平安時代以来、千年続く天皇家の行事である花見が、東京遷都後の初の行事として実施されたのである。

明治天皇は、小梅邸で光圀や斉昭といった歴代藩主たちの遺品に接し、あらためて水戸の尊王の心に感動し、

「花ぐはし　さくらもあれど　このやどの　代代《よよ》のこころを　われはとひけり」

という和歌を詠んで、水戸家の尊王を称《たた》えた。

この瞬間、皇室と水戸徳川家は完全に和解することになった。同時に、水戸の尊王の心が天皇に届いたことは、水戸の人々にとって幕末維新の終結を意味するものでもあった。

この記念すべき日に昭武は、天皇を迎えるための菓子に特別な趣向を凝《こ》らした。

初代茨城県知事となった山岡鉄舟《てっしゅう》と相談し、茨城県出身の職人・木村安兵衛《やすべえ》に依頼して、桜の花の《の》塩漬けを載せたあんぱんを献上したのだ。和菓子に欠かせないあんと西洋のパンの融合、そして桜の塩漬けは、近代化に向かう明治日本の一つの象徴ともいえるだろう。

この後、昭武は、大名としては初めて長期間、西洋を体験したこともあり、年齢の近い明治天皇の良き相談役として仕えている。

藤田東湖の眺めた桜、最後の藩主・昭武と桜のことを考えると、小梅邸跡の隅田公園を訪れるのは

桜満開の春、三月末から四月初めがベストだろう。銀座木村屋であんぱんを買って公園で食しながら、往時に想いを馳《は》せることで、歴史が浮かび上がってくるはずだ。

四、その他

水戸への旅の前後に時間的な余裕があるなら、以下の場所も合わせて訪れてほしい。

谷中《やなか》霊園はJR山手線日暮里駅西口からすぐの場所にあり、南に広がる広大な都営の霊園である。ここには、水戸藩にかかわる多くの人々が眠っている。

本書に登場した最後の将軍・徳川慶喜、近代日本画の巨匠・横山大観、水戸藩に憧れた日本資本主義の父・渋沢栄一に加え、水戸出身でただ一人、財閥をつくり上げた東京川崎財閥の創始者・川崎八《はち》右衛門《えもん》など、数えればきりがない。

湯島聖堂はJR御茶ノ水駅の聖橋《ひじりばし》口を出て、神田川を渡ったところにある。

江戸時代の元禄《げんろく》三年（一六九〇）、五代将軍・徳川綱吉《つなよし》によって建てられた孔子廟《こうしびょう》であり、のちに幕府直轄の聖堂学問所となった。幕府はこの孔子廟を建設するにあたり、光圀が朱舜水の指導によってつくらせた模型を参考にした。

水戸藩では『大日本史』編纂《へんさん》事業の財政的負担が重く、学校建設という目標を果たせなかったが、斉昭の時代になってできた弘道館《こうどうかん》の孔子廟に、朱舜水指導の模型は活用された。

松戸《まつど》戸定《とじょう》館《かん》はJR常磐線で上野から二十分、千葉県の松戸駅で下車し、東口から徒歩十分の場所にある。

最後の藩主・昭武は、当主の地位を前藩主である兄・慶篤《よしあつ》の子・篤敬《あつよし》に譲って隠居し、松戸に居を構えた。明治時代に作られた徳川氏一門の屋敷の中で、唯一現存する建物として極めて貴重であり、国の名勝に指定されている。

昭武だけでなく、ここをたびたび訪れた兄・慶喜ゆかりの品々も、数多く収蔵されている。台地上の屋敷から、西に一望できる東京の景色は壮観だ。

二日目　水戸へ

東京を歩いたあとは、JR常磐線に乗って、わずか六十四分で水戸へ。一日目の夜から水戸を楽しむこともできる。水戸の飲食文化については後述する。

一、水戸城址から弘道館へ

JR水戸駅北口に降り立ち、改札口につながる二階ペデストリアンデッキに出ると、三人の旅姿「水戸黄門像」が出迎えてくれる。

デッキの北東側、三の丸ホテルの裏手には**水戸城隅櫓《すみやぐら》**がみえる。御三家の城下町にやってきた、という実感が湧いてくるのではないだろうか。

デッキを降りて東へ四百メートル進むと、「**水戸義公《ぎこう》神社**」がある。ここは徳川光圀の生誕の地である。光圀の生母が懐妊した際、この地にあった重臣・三木之次《ゆきつぐ》の屋敷に預けられ、出産した。

この小さな神社に手を合わせたら、台地の際《きわ》をさらに東に進むと、左に台地に上がる坂がある。この台地の上が水戸城だ。

石垣がないことを不思議に思うかもしれないが、水戸城は、台地の地形をうまく利用した石垣不要の天然の要害なのである。

坂を登りきった突き当たりを右に曲がり、橋を越えると、水戸第一高等学校がある。校内に残る**旧水戸城薬医門《やくいもん》**は、水戸城の遺構の中で最も古く、徳川氏が入る前の十六世紀後半、佐竹氏時代のものと考えられている。なお、水戸城本丸に当たる場所に位置する水戸一高だが、薬医門以外の見学はできない。

薬医門をみたら、元の道をそのまま西に進んでみよう。ここは「水戸学の道」と名付けられた歴史の散策ルートになっている。

道の両側には、水戸第三高等学校、茨城大学教育学部附属小学校、水戸市立第二中学校があるが、ここは以前、水戸城の中心である二の丸があった場所だ。城跡の雰囲気を保つために白壁塀が配されている。

水戸二中の東端に、巨大なシイの木がある。この木は佐竹氏の時代から水戸城を見守る生き証人だ。

また、水戸二中の正門近くには、二の丸展示室という、城跡から発掘された資料などを展示する小さなスペースがある。

二の丸展示室のすぐ前には、「**大日本史編纂の地**」**碑**が立っている。光圀以来、『大日本史』を編纂した彰考館《しょうこうかん》が置かれていた、水戸の教えを考える上でも重要な場所だ。

道を挟んで向かい側は、水戸城の天守閣の代わりとなる三階櫓があった場所だが、昭和二十年（一九四五）の空襲で焼失した。

そのまま道を東に進むと、令和元年（二〇一九）に復元された**大手門**が出現する。大手門は水戸城の中心である二の丸に入るための正式な門であり、水戸城の顔ともいえる場所だ。門の前の大手橋の下は空堀だが、水戸城の堀は多くが空堀だった。

大手橋を渡った正面には、日本遺産・国の特別史跡の藩校・**弘道館**が広がる。

弘道館は天保《てんぽう》十二年（一八四一）に仮開館。建学の精神は、天保九年（一八三八）に徳川斉昭の名で公表された「弘道館記」に「神儒《しんじゅ》一致」「忠孝一致」「文武一致」「学問事業一致」「治教《ちきょう》一致」の五項目として示されている。

面積は約一〇・五ヘクタールと日本最大規模の藩校で、敷地内には正庁・至善堂《しぜんどう》のほかに文館・武館・医学館・天文台・鹿島《かしま》神社・八卦堂《はっけどう》・孔子廟などが建設され、馬場・調練場・矢場・砲術場なども整備された。

藩士とその子弟が学び、入学年齢は十五歳で、四十歳まで就学が義務づけられ、卒業の制度はなかった。

「文武不岐《わかれず》」が重視され、学問では儒学・礼儀・歴史・天文・数学・地図・和歌・音楽など、武芸では剣術・槍・柔術・兵学・鉄砲・馬術・水泳など多彩な科目があった。医学館では、医学の授業だけでなく、種痘《しゅとう》や製薬なども実施されていた。

弘道館はいってみれば、現代の総合大学に匹敵する教育機関だったのである。

どっしりとした正門は普段は開くことのない門だが、明治元年（一八六八）、弘道館戦争（水戸藩最後の藩内抗争）の痕跡が刻まれている。近づいて柱をみると、鉄砲の弾が貫通した跡をみつけることができるだろう。

通用門から中へ入ると、正庁がある。玄関前の左近《さこん》の桜が、春には可憐な花を咲かせる。これは、皇族の登美宮吉子《とみのみやよしこ》女王が降嫁し、斉昭の正室となった際、持参した京都御所の左近の桜の株分けの後継樹である。尊王の発信地としての水戸を象徴する重要な木だ。

玄関のすぐ内側、来客控室である諸役会所の間には、「尊攘」と記された大きな書がかかっている。藩士で能筆家の松延年《まつのべねん》（「年」は号で本名は定雄）によって書かれたもの（本書装丁）。

正庁は学校御殿ともいい、藩主臨席のもとで文武の大試験が行なわれたり、その他の儀式などに用いられた場所である。内部の正席の間には、「弘道館記」の拓本が掲げられている。

広間に接した庭には、「対試場」と呼ばれる武術の試験などが行なわれる場所があった。

その対試場に面した正庁の長押《なげし》には、斉昭の筆になる「游於藝《げいにあそぶ》」の扁額《へんがく》がかかっている。『論語』にある言葉で、「文武にこりかたまらず悠々と芸をきわめる」という意味だ。

「藝」とは六芸《りくげい》、具体的には礼（儀礼）、楽《がく》（音楽）、射《しゃ》（弓術）、御《ぎょ》（馬術）、書（習字）、数《すう》（算数）を指し、文武学問全般のことを指している。

正庁の最も奥の一角を「至善堂」という。藩主の休息所および諸公子の勉学所でもあり、最後の将軍・徳川慶喜もここで学んだ。

それだけでなく、戊辰《ぼしん》戦争において、江戸無血開城をして慶喜が江戸を退去したあとの謹慎先が、この「至善堂」であった。歴史的にも極めて重要な場所である。

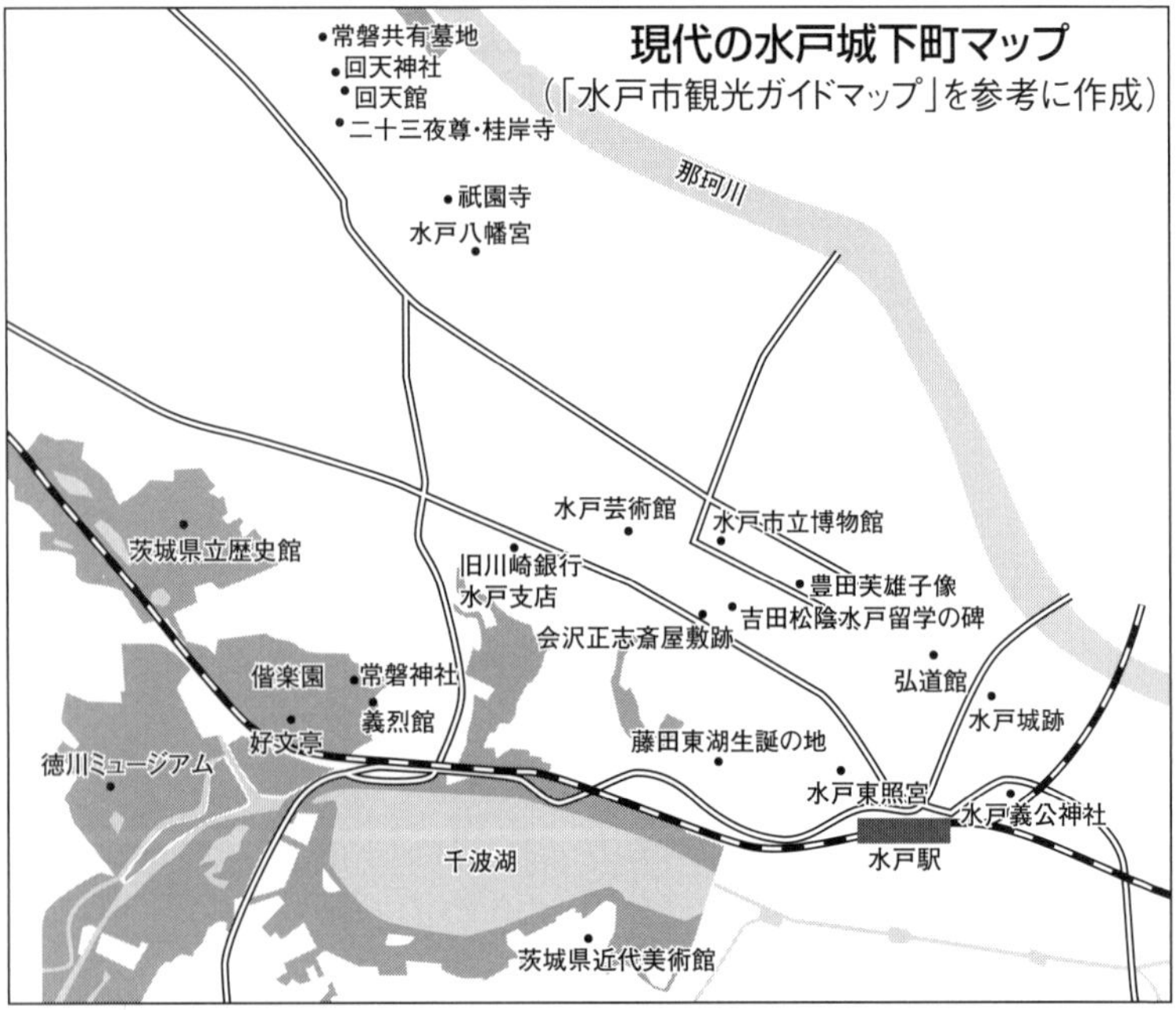

現代の水戸城下町マップ
（「水戸市観光ガイドマップ」を参考に作成）

正庁を出たら、北側にある退出専用口から梅林に向かおう。偕楽園とならんで、この場所も梅の名所である。早春から三月には、六十種八百本の梅が咲き競う。

なぜ梅を多く植えたのかについては、西端にある「種梅記碑《しゅばいき》」にその理由が書かれている。正庁にはその拓本と解説があるので、あらかじめみておくとよい。

正庁の西隣には「**孔子廟**」が建っている。日本の藩校の学びの中心は儒教の四書五経《ししょごきょう》であるから、儒教の祖・孔子の霊廟が置かれることは当然のことであった。

この孔子廟は、光圀が朱舜水に命じて造らせた模型をもとにつくられており、屋根の上には想像上の生き物、鬼《き》狖頭《ぎんとう》（龍頭魚尾《りゅうとうぎょび》で、竜の頭から水を噴出している形の火災除け）・鬼龍子《きりゅうし》（霊獣で聖人の徳に感じて現れる一種の義獣《ぎじゅう》）が載せられている。同じように朱舜水の模型をもとに造られた、東京の湯島聖堂との類似点がみられる。

「孔子廟」の角を曲がると、「**鹿島神社**」がみえてくる。

「孔子廟」が「儒」の象徴であるとするならば、鹿島神社は「神」の象徴。つまり、弘道館の基本理念「神儒一致」を理解することができる配置となっていると同時に、孔子廟の「文」に対して鹿島神宮は「武」の神であるところから、「文武不岐」も想い起こされる。

全国の藩校で孔子を祀《まつ》ることは珍しくないが、藩校に神社が存在する例はほとんどない。国学者・吉田活堂《かつどう》と藤田東湖の提案により、日本の花である桜が神社の周囲に植えられ、孔子廟の梅と一対《いっつい》の景観を成すことを意識されていた。

鹿島神社は、茨城県の南東部に位置する鹿島神宮からの分霊だが、鹿島神宮にある要石《かなめいし》（地震を起こす地底の大鯰《おおなまず》を抑えているとの伝承がある）になぞらえた斉昭の和歌を刻んだ「要石碑」が、神社の手前に立っている。

鹿島神社の西隣にはあるのは「**八卦堂**」。この堂の内部には、弘道館の理念が刻まれた「弘道館記」の石碑が収められている。先の大戦と東日本大震災と二度にわたって被災し、そのたびに修復された。その隣には斉昭自身が鋳造《ちゅうぞう》に関わった「**学生警鐘**《がくせいけいしょう》」がある（実物は正庁内）。

現在の弘道館のエリアは江戸時代当時の約三分の一に過ぎないが、それでもなお規模の大きい藩校であったことが窺《うかが》い知れる。

続いて、街なかに歴史の痕跡を探ってみよう。

二、南町エリア～泉町エリアへ

弘道館八卦堂付近から十分ほど歩き、茨城県立図書館の横を抜けると、巨大な水戸城三の丸の空堀と土塁《どるい》が現れる。

空堀を越えて左に進み、水戸郵便局前の歩道橋を反対側に渡って銀杏坂《いちょうざか》を下ると、右側に大きな鳥居がみえる。鳥居をくぐった先に階段があり、階上に鎮座しているのが**水戸東照宮**である。

この東照宮は徳川家の祖・徳川家康、水戸藩の祖・徳川頼房が祭神で、令和三年（二〇二一）に創建四百年を迎える。

社殿は空襲で焼失後、再建されたものだが、境内《けいだい》にある**銅造灯籠《とうろう》**は創建から三十年後、頼房によって奉納されたものだ。また、斉昭によって考案された日本最古の鉄製戦車「**安神車《あんじんじゃ》**」が、常設展示されている。

東照宮の南側の階段を下り、オリックスレンタカーのある道を右折して四百メートルほど、水戸協同病院を右手にみながら、まっすぐ坂を登りきったところが**藤田東湖生誕の地**。そこには、銅像・石碑・井戸の跡がある。

このほか街なかには、屋敷跡付近の**会沢正志斎像**、**吉田松陰《しょういん》水戸遊学の碑**、日本の幼稚園養育のさきがけとなった**豊田芙雄子《とよだふゆこ》（芙雄）像**など、数々の歴史にまつわる石碑や銅像などが立っている。

残念なことに水戸は、昭和二十年の空襲により、歴史的な遺構のほとんどが灰燼《かいじん》に帰《き》してしまったので、街なかに往時をしのべる武家屋敷は全くない。

空襲に耐えて残っている遺構でみるべきものは三つある。すべて近代建築だが、一つは弘道館に隣接する**茨城県庁三の丸庁舎**。昭和五年（一九三〇）に建築された近世ゴシック建築で、現在でも映画、テレビのロケなどに頻繁に使用されている。

庁舎のすぐ近くには、**水戸市水道低区配水塔**がみえる。これは昭和七年（一九三二）に完成した、国の登録有形文化財指定の建築物。すぐ隣に建つ剣道場**東武館**との和洋のコントラストが、日本の近代化を象徴しているかのようだ。

もう一つは泉町三丁目バス停前に建つ**旧川崎銀行水戸支店**。こちらは明治四十二年（一九〇九）の竣工《しゅんこう》で、平成三十一年（二〇一九）二月まで、実際に銀行店舗として使用されていた。

旧川崎銀行・第百生命を中核とする財閥の基礎を築いたのは、水戸の商人・川崎八右衛門だ。川崎は、幕末に数多くの人材を輩出した加倉井砂山《かくらいさざん》の私塾・日新塾に通い、加倉井砂山の娘婿となったため、天狗党の志士たちとの交流が深く、幕末維新期の水戸藩を陰で支えた。明治以後は、とりわけ金融保険部門で、日本経済の発展に大きく寄与した人物である。なお現在、川崎銀行は三菱ＵＦＪグループに吸収されている。

これらの建築物に比べるとかなり新しいものだが、水戸のどこからでも目立つ、らせん状の塔を持つ**水戸芸術館**に触れないわけにはいかない。

この建物は、建築界のノーベル賞として知られるプリツカー賞を、平成三十一年（二〇一九）に受賞した磯崎新《あらた》の代表作で、平成二年（一九九〇）に竣工した。世界的指揮者の小澤征爾が館長を務める総合芸術施設として、注目を集めている。

ちなみにここは、直木賞受賞作『恋歌《れんか》』（朝井まかて著）の主人公・中島歌子が暮らした屋敷や、日本初の幼稚園教師・豊田芙雄が、初めて女子教育を行なった発櫻《はつおう》女学校のあった場所でもある。

芸術館から北東に四百メートルいくと、**水戸市立博物館**がある。水戸の歴史を先史時代から概観できる常設展示は、時間があれば立ち寄ってみておきたい。

さて、寄り道をしすぎた。先を急ごう。

三、偕楽園・常磐《ときわ》神社・徳川ミュージアム

水戸の観光で、弘道館と並んで、絶対に外せない場所が偕楽園である。

水戸市内を頻繁に走る路線バスを利用して、偕楽園歴史館入口で下車。時間に余裕があるのならば、バス停の向かい側にある**茨城県立歴史館**に立ち寄ってほしい。

茨城県の歴史を概観する展示のなかでも、水戸藩の歴史を理解するには最適の常設展示があり、水戸藩に関わる特別展示も頻繁に実施している。

また、慶喜が養子に入って以来、縁のある一橋《ひとつばし》徳川家の数多くの資料が展示されている、一橋徳川家記念室も一見の価値がある。なお、偕楽園の梅の時期には、一橋家伝来のひな人形が並ぶ。

水戸の歴史をおさらいしたところで、メイン・スポットともいうべき**偕楽園**に向かおう。

歴史館から南に歩いて五百メートルのところに、**偕楽園表門**がある。バスで偕楽園に直行するルートや、臨時駅の偕楽園駅からのルートは東門から入るため、偕楽園の本当の魅力を知ることができない。表門から入ることをお勧めしたい。

偕楽園は天保十三年（一八四二）に徳川斉昭の手によって開園され、眼下に広がる千波湖や周囲の自然林、遠景としての筑波山《つくばさん》などの自然を活かした壮大な規模の回遊式庭園である。金沢の兼六園、

岡山の後楽園と並ぶ日本三名園の一つとして、日本では知らぬ人はいないだろう。

当時の主流である「大名家と一部の家臣のための閉鎖的な大名庭園」とは異なり、中国の古典『孟子』の一節から引用した「民と偕《とも》に楽しむ」という思想を冠した園名の由来通り、当初から一般に開放することを目的としたという点で画期的であり、「日本初の公園」と言われている。

また偕楽園は、弘道館との一体性を意識して造られたのも特徴の一つだ。『偕楽園記』にはその経緯が記されているが、一言で表す言葉が「一張一弛《いっちょういっし》」である。

弘道館で学問に集中し張りつめた気持ちを、偕楽園に来て弛《ゆる》める。弓は弦《つる》を張っただけでは撓《たわ》んで使えなくなることを譬《たと》えに、人にも「弛み」が必要として、偕楽園の効用を説明している。

つまり、まず弘道館を知らないと、偕楽園の庭園としての本当の意味がみえてこない。偕楽園は「学び」あっての「楽しみ」の場なのだ。

さて、表門をくぐり、一の木戸を抜けると、孟宗竹《もうそうちく》と杉に覆《おお》われた「陰」の世界が出現する。これは「弘道館で文武を学び、高揚した心身をクールダウンさせる」との考えから設けられ、薄暗い空間が約四百メートル続く。

途中の崖の下には、好文亭《こうぶんてい》の茶席に使用する水をとるための吐玉泉《とぎょくせん》がある。水戸台地の地下水を、高低差を利用して集水自噴させた泉で、斉昭が重要な産品として売り出そうとしていた大理石、寒水石《かんすいせき》による井筒が構えられている。

その横には、偕楽園が造られる以前からこの地を見守っている樹齢八百年の太郎杉がそびえたつ。

吐玉泉から道に戻ると、程なく明るい空間がみえてくる。この「陽」の空間の際に立つのが、偕楽園を象徴する建物、好文亭である。

「好文」とは「文を好めば則《すなわ》ち梅開き、学を廃すれば則ち梅開かず」の故事に由来する、梅の別名・好文木《ぼく》のことだ。なお、この故事は長年、中国の古典に依拠するといわれてきたが、最近の研究では、菅原道真《みちざね》の伝承に関連しているという説が出てきている。

好文亭は台地の南際にたつ二層三階建ての建物で、ここから南西に筑波山、東には大洗《おおあらい》方面が遠望でき、水戸の南側から敵が攻めてきた場合の出城の意味を持っていた。

手前に、まずあるのが奥御殿である。

奥御殿は、水戸城が火災などの被害にあった場合の避難所の役割を果たし、平時には藩主夫人が来亭した時の休息所になった。実際に斉昭正室の貞芳院《ていほういん》（吉子）が明治二年からの四年間、水戸城周辺が争乱に巻き込まれたため、この奥御殿に住んでいる。

奥御殿の先、太鼓橋《たいこばし》をわたると、本亭一階部分の東広縁《ひろえん》・御座《ござ》の間・西広縁に出る。

東広縁は、斉昭が藩内の家臣、庶民の老人を招いて慰労の催《もよお》しを行なった部屋。ここが偕楽園の面《めん》目躍如《もくやくじょ》たるところで、他の大名庭園に庶民を迎え入れる場所はない。

対古軒《たいこけん》は四畳半の静かな空間で、ここから茶室何陋庵《かろうあん》に入ることができる。外には茶室の客のための待合があり、壁に「茶対《ちゃのたい》」「茶説《ちゃのせつ》」「巧詐拙誠不識《こうさせつさいにしかず》」と刻まれた板が掲げられている。

階段を上がった二階部分には武者控室があり、三階は「楽寿楼《らくじゅろう》」と呼ばれる空間である。

これは『論語』の「知者《ちしゃ》は水を楽しみ　仁者《じんしゃ》は山を楽しむ　知者は動き　仁者は静かなり　知者は楽しみ　仁者は　寿《いのちなが》く」の「楽」「寿」から取っている。楽は水を表し、寿は山を表しているので、楽寿楼とは山と水の眺めの双方を兼ねた楼閣《ろうかく》を意味し、山は筑波山を、水は千波湖の眺めを指す。

明治前期まで他の大名庭園を圧倒した壮大な景観は、近代化とともに失われ、今ではビルなどが目立つが、それでもなお、ここからの眺望は偕楽園最大の魅力といってよいだろう。

なお、楽寿楼の一角には、滑車《かっしゃ》のついた小部屋がある。これは、一階から膳を運ぶために斉昭が考案したとされる、日本最古のエレベーターともいえるものだ。このような設備は、近代以前の日本の歴史的建造物にはみられない。

偕楽園好文亭（坂野秀司氏撮影）

好文亭を出て見晴らし広場に向かうと、そこには「陽」の世界が広がる。

まず、亭の前には春と秋に咲く二季咲桜がある。そして、京都御所から株分けされた左近の桜の巨樹が絶景を誇っていた（令和元年の台風で倒木、再生中）。

五月には、薩摩藩から贈られるなどした躑躅《つつじ》が美しく咲き競い、秋には、仙台藩伊達《だて》家から贈られた萩《はぎ》が美しい。

南側の台地際には仙奕台《せんえきだい》という場所があり、石の碁盤と琴石が構えられている。「奕」とは囲碁を戦うという意味で、千波湖から吹く涼風を感じながら囲碁を打つ最上の環境にあった。

この南崖の下を這《は》うようにのびる道には、斉昭公が制定した「水戸八景」の僊湖暮雪《せんこぼせつ》碑や、近代俳句を確立した正岡子規《まさおかしき》の句碑が建っている。

広場の北側には、偕楽園を代表する広大な梅林が広がる。

ここは、百種類三千本の梅が植えられた日本屈指の梅林であり、見ごろである一月下旬から三月には、園内は馥郁《ふくいく》とした香りに満たされる。

なかでも昭和九年（一九三四）に制定された「水戸の六名木」は、姿・香り・色がすぐれているものとして称えられている品種である。

梅の別名は先述の通り「好文木」であり、斉昭は、学び疲れた心身を、この「好文木」の花咲く園で癒《いや》すことを考えていた。

それと同時に、梅の実は古来、保存食である梅干しとして蓄える習慣があり、戦時の籠城などに備える非常食に向くため、斉昭は積極的にこの梅を植樹した。そのことは、弘道館の「種梅記」碑に詳しく述べられている。

ただ、訪れる人の多くは偕楽園を梅だけで満足してしまうかもしれないが、斉昭は単に梅の園だけを造るつもりではなかった。

東門そばにある見晴亭の奥の壁一面に、偕楽園創園当時の「好文亭四季模様図」という絵の拡大パネルが展示されている。これをみると、偕楽園の南西側の台地上には、桜が咲き競っていることがわかる。この場所は、現在でも**桜山**と呼ばれている桜の名所だ。

「偕楽園記」碑にも、梅の咲く好文亭と桜の咲く桜山の「一遊亭《いちゆうてい》」の二亭を逍遙《しょうよう》せよ、と奨励しているが、梅の名園・偕楽園のもう一つの顔は、桜の園でもあったということを知る人は少ない。なお、昭和十六年（一九四一）、国策により、桜山の東半分を割《さ》いて茨城県護国神社が創建され、桜山の姿は一変してしまった。

桜山の北西崖下には、日本最古といわれる噴水「玉龍泉《ぎょくりゅうせん》」が今も残る。これも斉昭の知識の広さを物語る、当時最先端のアイディアの一つだ。

桜山とならんで、偕楽園とともに一帯の景観を形成しているのが、桜山の南側に位置する**徳川ミュージアム**である。

江戸前期には光圀の別荘である高枕亭《こうちんてい》が構えられていたが、光圀の没後に破却され、斉昭の時代には茶畑となった。

明治以降、華族となった水戸徳川家の私邸が構えられ、水戸徳川家が伝承した博物館として昭和五十二年（一九七七）に開館した。

徳川家康の遺品として水戸徳川家に分与された品々や、光圀・斉昭・慶喜ゆかりの品々、圀順《くにゆき》公爵の収集美術品など、約三万点の美術品・工芸品、そして『大日本史』を編纂した彰考館の文庫に収蔵されていた古文書三万点が収められている。近世大名家の一大コレクションである。

常設展示には、光圀・斉昭の直筆の額や愛用品が並ぶ。西洋の科学的知識が不足している中で、日本初の電池などを考案してしまう斉昭のアイディアマンぶりを窺い知れるのも、この館ならではの展示だろう。

偕楽園本園の東門を出ると**常磐神社**がある。この神社は光圀と斉昭を祭神とし、明治八年（一八七五）、偕楽園の東端の一部を割いて造られた。

斉昭は天保十一年（一八四〇）に会沢正志斎ら側近の学者たちを呼んで、密かに石で造った自らの名を刻んだ神位（位牌）を預け、自分の没後、好文亭内に安置するように指示していた。この神位は、創建後に常磐神社に移されたという。

神社境内には**東湖神社**、**三木神社**（前述の浅草雷門を参照）などの摂社《せつしゃ》が点在する。

このうち東湖神社は、斉昭の側近で幕末、全国にその名を知られた水戸学の巨星・藤田東湖を、三木神社は光圀の出生から養育に関わった三木之次・武佐《むさ》夫妻を祀っている。

また、境内には両祭神にまつわる遺物を展示した義烈館があり、斉昭が造らせた巨大な陣太鼓や大砲などが展示されている。斉昭が日本の国旗、日の丸の提案者の一人であったことの説明展示にも注目してほしい。

境内南側には外交官・室田義文《むろだよしあや》植樹のソメイヨシノの老木がある。攘夷を信奉しながら、維新後に外交官となった唯一の水戸人である室田が、外国へ立つ際の決意を示すため植樹したものだという。彼はその後、伊藤博文の側近として、ハルビンで伊藤が暗殺された現場にも立ちあっている。

偕楽園の眼下には広大な近代的公園が広がるが、以前は水田、そして耕作放棄地となった湿地だった。前出の「好文亭四季模様図」をみると明らかだ。

中でも水田は、光圀や斉昭など、歴代の水戸藩主が景観の一つとして重んじてきた、小石川後楽園内の水田と同様、藩主として農民を思い、農業を重んじるための景観であったが、その意味は忘れ去られてしまった。

面積の点でいえば、偕楽園は本園以外の千波湖はじめ、拡張部を含めて日本有数の都市公園であることは間違いない（世界二位の面積をもつ都市公園という説もある）。

四、八幡宮・祇園寺・回天神社・常磐共有墓地

偕楽園から水戸駅方面のバスに乗り、中心市街地の大工町で降りて、反対側の茨城大学方面へ行く

バスに乗り換えよう。栄町二丁目のバス停で下車して北東に四百メートルほど歩くと、**水戸八幡宮**がみえてくる。

水戸徳川家が統治する以前の文禄《ぶんろく》元年（一五九二）、常陸《ひたち》一国を支配した佐竹義宣《さたけよしのぶ》が創建し、水戸総鎮守とされた。本殿は慶長《けいちょう》三年（一五九八）の建立で、国指定の重要文化財。安土桃山文化の特徴を残す、水戸では数少ない建築物の一つである。

特に斉昭に保護され、本殿前にはお手植えの右近《うこん》と左近の桜、本殿東側には樹齢六百年の国指定天然記念物のオハツキイチョウが、水戸の歴史を刻むように立っている。

八幡宮から北西へ二百メートルのところに**祇園寺**《ぎおんじ》がある。この寺は、光圀に仕えた亡命明僧《みん》・東皐《とうこう》心越《しんえつ》を開山としている。

終章で述べたように、日本近代ジャーナリズムの魁《さきがけ》となる朝比奈知泉《あさひなちせん》は、諸生派だった父が処刑され、この寺に預けられて育った。常磐神社のところで紹介した室田義文らの後援で造られた、諸生派のための水戸戊辰殉難慰霊碑が立ち、墓地内には日本を代表する洋画家で早逝《そうせい》した中村彝《つね》の墓所などもある。

祇園寺から北へ七百メートルのところに、**二十三夜尊**《にじゅうさんやそん》・**桂岸寺**《けいがんじ》がある。

桂岸寺は真言宗豊山《ぶざん》派の寺院で、水戸家家老・中山家の菩提《ぼだい》所。その奥にある保和苑《ほわえん》は、光圀に愛された庭園で、六月には百種六千株の紫陽花《あじさい》が咲き競うことで知られている。なお、水戸八幡宮も六十種五千株の紫陽花で彩《いろど》られ、六月は約一カ月、この場所を中心に水戸のあじさい祭りが行なわれる。

二十三夜尊・桂岸寺のすぐ北隣にあるのが、**水戸殉難志士の墓**と**回天神社・回天館**である。

元治《げんじ》元年（一八六四）、尊王攘夷の志半ばで幕府に降伏した天狗《てんぐ》党の志士八百余名は、越前《えちぜん》国（福井県）敦賀《つるが》にあった十六棟の鰊倉《にしんぐら》に押し込まれた。苛烈《かれつ》な処遇を受けた志士たちのうち、三百五十二名が処刑され、二十名以上が病死している。

昭和に入って、有志が鰊倉一棟を敦賀市より譲り受けて回天館と名付け、当初、常磐神社境内に移築。その後、現地へ再移築となった。扉や板壁などに、押し込められた志士たちの血書《けつしょ》の文字が散見され、その凄惨《せいさん》さを今に伝えている。

水戸殉難志士の墓は、大正三年（一九一四）に氏名が判明した殉難志士三百七十一名の墓碑が整然と並び、回天神社には安政の大獄以降、国事に奔走し斃れた水戸の志士約千七百柱を合祀《ごうし》している。ここに祀られている霊は天狗党が中心である。

その北隣に**常磐共有墓地**がある。これは、寛文《かんぶん》六年（一六六六）に光圀が藩士たちのために造った、特定の宗派に属さない墓地だ。テレビドラマ「水戸黄門」の格さんのモデルとなった安積澹泊《あさかたんぱく》（前期水戸学を代表する学者である）、藤田幽谷《ゆうこく》・東湖父子等、水戸の代表的な人物の墓所ともなっている。

藤田東湖の墓誌には、その略歴や功績が丁寧に刻まれている。墓誌は、それ自体が人物の歴史を刻んだ「いしぶみ」なのである。被葬者に敬意を表しながら、その墓誌に何が刻まれているのかを読み取ることも、歴史探訪の一つの方法だ。

ここと同時につくられた宗派に属しない墓地としては、**酒門《さかど》共有墓地**がある。

このほかにも、**備前堀《びぜんぼり》**、**笠原水道**、**吉田神社**、**薬王院**、**常照寺《じょうしょうじ》**、**六地蔵寺**、**妙雲寺**、**本法寺《ほんぽうじ》**など、水戸市内には重要な社寺や遺跡が数々ある。

また、水戸の近代化の帰結という点でいえば、茨城県立近代美術館もお薦めしたい。東京編で紹介した近代日本画の大成者・横山大観のコレクションがあるからだ。

三日目

一、水戸周辺の見どころ

水戸藩のエリアは、おおよそ現在の水戸市とその周辺、それから茨城県北部一帯であった。そのなかで、水戸の歴史を知るうえでみておくべき重要な場所を、いくつか紹介しよう。

常陸太田市は、光圀が藩主を退《しりぞ》き、隠居暮らしをした場所として知られている。

国指定の史跡名勝である**西山御殿**《にしやまごてん》（通称「西山荘《せいざんそう》」）は、光圀の隠居所として元禄四年（一六九一）に建てられた、驚くほど質素な茅葺《かやぶき》屋根の建物である。光圀はここで『大日本史』の監修作業を行い、少人数の家臣たちとともに晩年を過ごした。

同じ常陸太田市には、国指定史跡の**水戸徳川家墓所**（通称「瑞龍山《ずいりゅうさん》」）がある。日本では珍しい儒教形式の墓制で、歴代藩主とその家族や分家も、この地を墓所としている。それだけでなく、光圀に招かれ、水戸学形成に影響を与えた朱舜水の墓もある。しかし、残念ながら通常は非公開。秋などに催される特別公開の機会を待つほかない。

その他、佐竹時代やそれ以前からの寺社が多く、斉昭制定の水戸八景「山寺晩鐘《やまでらのばんしょう》」「太田落雁《おおたのらくがん》」碑、日本の芸能に大きな影響を与えた都々逸《どどいつ》の創始者・**都々逸坊扇歌**《どどいつぼうせんか》**の碑**など、数々の見どころがある。

大洗町《おおあらいまち》は、水戸の東隣にあたる海岸の街だ。**幕末と明治の記念館**には「桜田門外襲撃図」「好文亭四季模様図」、日本初の洋式帆船旭日丸の模型といった、水戸藩に関わる重要な絵画や資料のほか、吉田松陰、西郷隆盛といった、水戸から影響を受けた人々の墨蹟《ぼくせき》などが展示されている。

願入寺《がんにゅうじ》は光圀に保護された浄土真宗の古刹《こさつ》。光圀がたびたび足を運んだ場所として知られており、境内には歌碑もある。また、この地には地元の民謡『磯節《いそぶし》』の碑、その裏手には水戸八景の「**水**《みな》**門**《との》**帰**《き》**帆**《はん》**碑**」が立つ。

大洗町の高台は、海に向かってすばらしい眺望の場所が多いが、江戸初期に三代水戸藩主・徳川綱條によって造営された**大洗磯前神社**は、美しい本殿と海の中に立つ**神磯**《かみいそ》**の鳥居**が神々《こうごう》しさを感じさせる。

光圀はここで「荒磯の　岩にくだけし　月影を　一つになして　返える浪かな」という和歌を詠んだ。明治の作曲家・滝廉太郎《れんたろう》の最後の歌曲「荒磯」は、この和歌に曲をつけたものである。満月の夜にこの海岸に佇《たたず》むと、明治時代の日本人が水戸からどのような影響を受けてきたのかを、しみじみと感じ取ることができるだろう。

ひたちなか市那珂湊《なかみなと》地区には、いくつかの重要な史跡がある。

一つ目は**反射炉跡**である。反射炉とは高温を効率的に保ちながら加熱し鉱石や金属を製錬・溶解する炉のこと。海防の必要性を説いていた斉昭により、安政四年（一八五七）に造られた水戸藩営大砲鋳造所で、オランダの技術により二基建設された。

ここで二十八門以上の大砲を鋳造し、完成した大砲は藩内の砲台だけでなく、一部は幕府へ献納されて、江戸のお台場に据え付けられた。元治元年の天狗党の乱で破壊されたが、昭和十二年（一九三七）に復元。経済産業省認定産業近代化遺産となっている。

二つ目は湊公園内の**夤賓閣《いひんかく》跡**だ。光圀によって元禄十一年（一六九八）に建てられた水戸藩別邸で、元治元年の天狗党の乱で破壊された。現在は、光圀が兵庫須磨《すま》から取り寄せたといわれる、樹齢三百年超の美しい松の巨木が往時をしのばせるのみ。

ところで先述の反射炉跡の近くには山上門と呼ばれる古い門が建っている。これはかつて、水戸藩江戸小石川邸正門の右側にあったもので、江戸時代後期に勅使奉迎のために設けられた門だった。のちに勅使奉迎の役割を終えて邸内の北側に移築され山上門と呼ばれたが、この門は小石川邸のうちで現存する唯一の建造物であり、山上門となってからは、横井小楠《しょうなん》、西郷隆盛、橋本左内《さない》、佐久間象山《しょうざん》なども出入りした、水戸の歴史の生き証人でもある。

東京小石川から始まった水戸の歴史を探訪する旅は、山上門をもって終わりとすることにしよう。

二、水戸の食

水戸は、飲酒の文化を持った土地である。江戸幕末期に「紀州着倒れ、尾張食い倒れ、水戸の飲み倒れ」といわれたが、水戸人は酒を飲み、胸襟《きょうきん》を開いて交流することを大いに好んだ。

吉田松陰の「東北遊日記《とうほくゆう》」には「訪《おとな》ふこと数次なるに率《おおむ》ね酒を設《ま》く。水府の風、他邦の人に接するに歓待甚《はなは》だ渥《あつ》く、歓然として欣《よろこ》び交《まじ》へ、心胸《しんきょう》を吐露《とろ》して隠匿《いんとく》する所なし」という一文がみえる。酒を交えて大いに語ることを「水府の風」と松陰は称《たた》えているのだ。

ぜひ、水戸で飲食文化に触れ、水戸人と語ってみてほしい。

光圀は食に対する関心が強く、当時ほとんど知られなかったラーメンや餃子《ぎょうざ》のようなものを食した経験があったことが、古記録からわかっている。記録文献を丹念に紐解《ひもと》いて、光圀のメニューを現代向けに再現したのが**黄門料理**である。とう粋庵《すいあん》など、水戸市内各所で食べることができる。

水戸大工町には、鰻割烹《うなぎかっぽう》が軒《のき》を連ねる。江戸時代創業の店もあるが、川や湖沼に囲まれた水戸は昔から川魚料理が多かった。

水戸藩士たちは、質素倹約を旨《むね》として食卓も質素だったとされるが、江戸時代の文化文政期に活躍し、一介の農民から水戸藩勘定吟味役《かんじょうぎんみやく》まで出世した大久保今助《いますけ》は、鰻丼の発明者だといわれている。

実際、水戸藩士の家の女性の証言記録『武家の女性』には、那珂《なか》川の鰻、鮭《さけ》、久慈《くじ》川の鮎《あゆ》、海の物では鰹《かつお》・鰯《いわし》をよく食していたと書かれている。涸沼《ひぬま》のしじみもよく食されていたようだ。

現在、海産物は、冬季のあんこう鍋、はまぐり、鹿島灘のたこ、ひらめなどが特産である。あんこう鍋は、料亭山口楼をはじめ、水戸の多くの店舗で味わうことができる。

そばは日本各地で生産されているが、水戸藩領北部では昔から生産が行なわれており、近年、常陸秋そばは、そば粉のトップブランドとして知られている。水戸近辺では「**けんちんそば**」として食されることが多い。

ローカロリー食品として世界的に注目されている**蒟蒻**《こんにゃく》だが、安永《あんえい》五年（一七七六）に現在の製法をあみだしたのが、水戸藩山方《やまがた》村の農民、中島藤右衛門《とうえもん》だ。一時期、水戸藩の専売品として江戸で人気を博し、全国に広がっていったとされる。大子町《だいごまち》には藤右衛門を祀った**蒟蒻神社**があり、製造業者は大子町に多い。

水戸といえば納豆。日本の朝食には欠かせないものの一つである。**水戸納豆**のルーツは、永保《えいほう》三年（一〇八三）、源義家《よしいえ》が奥州へ出征する時に偶然つくられたという巷説《こうせつ》があるが、定かではない。

水戸納豆が全国的に有名になったのは明治二十二年（一八八九）、水戸まで鉄道が開通したことで、偕楽園の観梅に多くの観光客がやってきたことによる。この観光客向けの土産物として、水戸藩士だった笹沼清左衛門《せいざえもん》が、極小粒大豆をつかった納豆をわらづとに入れて、「**天狗納豆**」の名で売り出したところ人気を博し、次第に名声を得ていった。「天狗」はもちろん、尊王派であった笹沼が天狗党をイメージしたものであり、ここにも幕末水戸の影響をみて取ることができる。

納豆には独特の臭いや粘りがあるため好き嫌いがあるが、現在では粘りと臭いをおさえた納豆も商品化されている。

水戸にはいくつかの銘菓があるが、吉原殿中は質実剛健な水戸らしい菓子といえるだろう。斉昭の時代の奥女中吉原が飯粒を乾燥させて焼き、きなこをまぶしたものを起源としている。埼玉の五家宝の起源はこの吉原殿中だという説がある。

水戸のある茨城県は、日本第二位の農業生産額、日本第六位の漁獲高を誇っている。江戸時代にはなかった豚肉・牛肉・鶏肉も生産は日本有数で、鶏卵《けいらん》生産高は日本一だ。伝統的な食に加えて、食材の宝庫茨城の誇る優れた食を楽しんでほしい。

（多言語観光ガイドパンフレット）

茨城県

https://www.pref.ibaraki.jp/soshiki/shokorodo/kokukankou/documents/tagengo-panfu.html

英語、中国語、韓国語、ベトナム語、タイ語などがある。

水戸市

英：https://www.city.mito.lg.jp/001433/003463/p004128.html

【付記・参考文献】

・永井　博「偕楽園の領域　徳川斉昭の「庭園」構想」（茨城県立歴史館『茨城県立歴史館報』四十一号、二〇一四年）
・原　祐一「水戸藩駒込邸の研究　藩邸内外の景観と造園の検討」（東京大学史料室『東京大学史紀要』二十八号、二〇一〇年）
・関　孤円『梅と歴史に薫る水戸の心』（川又書店、一九八一年）
・安見隆雄『水戸斉昭の『偕楽園記』碑文』（水戸史学会・錦正社、二〇〇六年）
・但野正弘『水戸烈公と藤田東湖『弘道館記』の碑文』（水戸史学会・錦正社、二〇〇二年）
・宮田正彦『水戸光圀の『梅里先生碑』』（水戸史学会・錦正社、二〇〇四年）
・但野正弘『水戸八景碑』（水戸史学会・錦正社、一九九七年）
・鈴木暎一『水戸弘道館小史』（五浦歴史叢書3、文眞堂、二〇〇三年）
・吉川需・高橋康夫『小石川後楽園』（東京公園文庫28、公益財団法人東京都公園協会、二〇一二年）
・展覧会図録「徳川昭武の屋敷　慶喜のすまい」（戸定歴史館、二〇一一年）
・山川菊栄『武家の女性』（岩波文庫〈原典・三国書房〉、一九八三年）
・観光いばらき　公式ＨＰ　https://www.ibarakiguide.jp/
・水戸観光コンベンション協会　公式ＨＰ　http://www.mitokoumon.com/

水戸徳川家系図

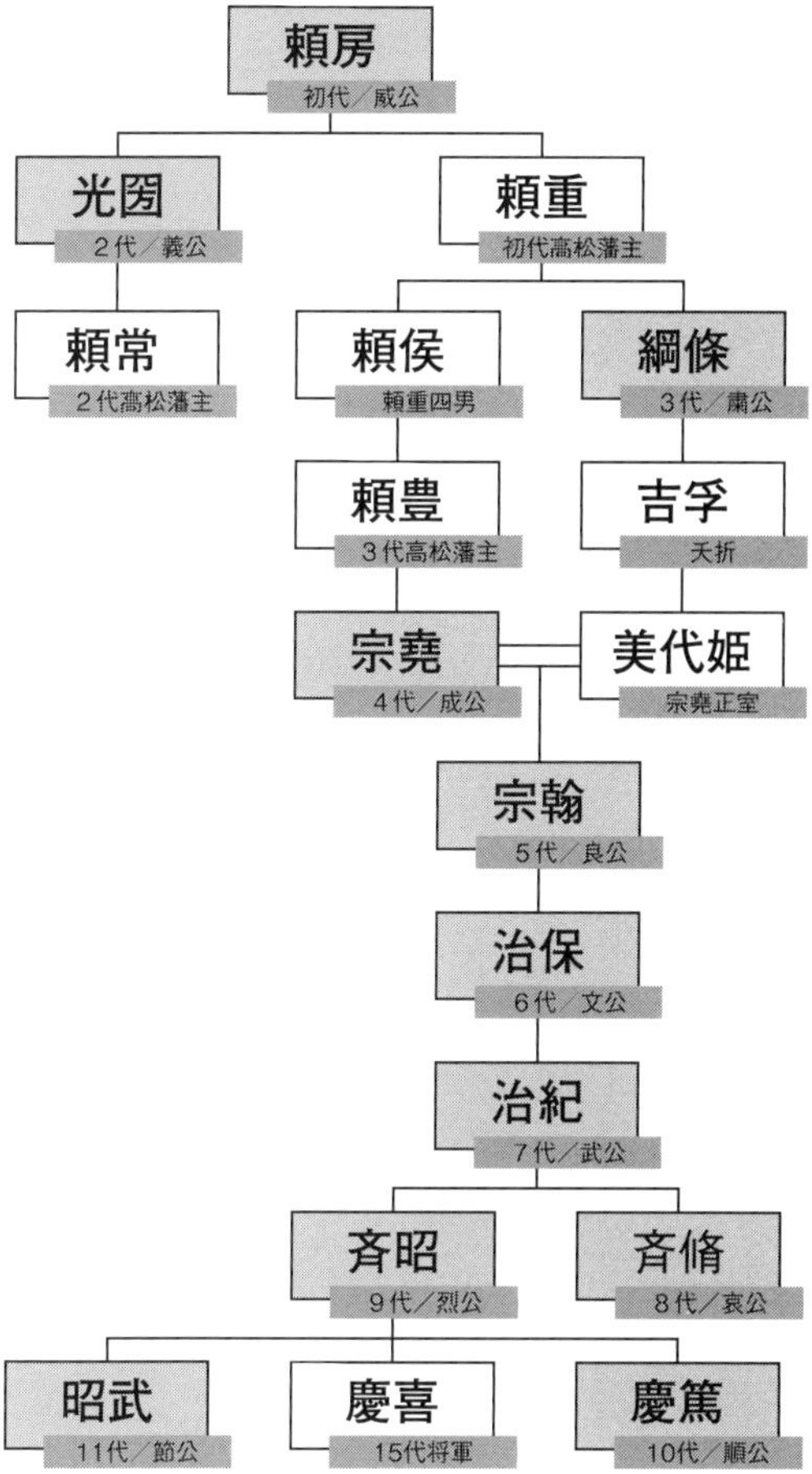

頼房
初代／威公
光圀
2代／義公
頼重
初代高松藩主
頼常
2代高松藩主
頼侯
頼重四男
綱條
3代／粛公
頼豊
3代高松藩主
吉孚
夭折
宗堯
4代／成公
美代姫
宗堯正室
宗翰
5代／良公
治保
6代／文公
治紀
7代／武公
斉昭
9代／烈公
斉脩
8代／哀公
昭武
11代／節公
慶喜
15代将軍
慶篤
10代／順公

水戸藩略年表

和暦	西暦	月日	事項	国内重要事項
慶長七	一六〇二	五月	佐竹氏、国替え、十一月、家康五男・武田信吉、水戸入封	
慶長八	一六〇三	十一月七日	家康十男・徳川頼宣、水戸入封	一六〇三年　徳川家康、征夷大将軍就任
慶長一四	一六〇九	十二月十二日	家康十一男・徳川頼房、水戸二十五万石入封＝水戸徳川家、成立	
寛永五	一六二八	六月十日	徳川光圀、誕生	
寛永一〇	一六三三	十一月	光圀、兄頼重を越えて水戸家世継に決定	一六四一年　出島にオランダ人商館
明暦三	一六五七	二月二十七日	光圀、『大日本史』編纂開始	一六五七年　明暦の大火・林羅山、没
寛文元	一六六一	八月十九日	光圀、二代水戸藩主就任	
寛文三	一六六三		光圀、社寺改革開始	
寛文五	一六六五	七月	光圀、朱舜水を招聘	
貞享三	一六八六		光圀、快風丸を蝦夷地に派遣	一六八七年　生類憐みの令
元禄三	一六九〇	十月十四日	光圀が隠居、三代綱條、襲封	
元禄七	一六九四	十一月二十三日	藤井紋太夫を誅殺	
元禄一三	一七〇〇	十二月六日	光圀、没（諡号は義公、七十三歳）	
元禄一四	一七〇一		水戸藩、表高三十五万石となる（格式のみ。財政悪化へ）	一七〇二年　赤穂事件
宝永三	一七〇六		綱條、松波勘十郎を登用。「宝永の新法」開始	一七〇七年　富士山宝永の大噴火
宝永五	一七〇八	十二月	宝永の全藩一揆、はじまる	
宝永六	一七〇九		借金八万両に達する。松波、罷免	一七〇九年　家宣、将軍就任
宝永八	一七一一		松波勘十郎、獄死	一七一六年　吉宗、将軍就任（享保の改革）
享保三	一七一八	九月十一日	綱條、没。四代宗堯、襲封	
享保八	一七二三	八月	那珂川洪水	
享保一一	一七二六		水戸城下大火、一揆発生	一七二八年　荻生徂徠、没
享保一五	一七三〇	四月七日	宗堯、没。五代宗翰、襲封	
元文二	一七三七		安積澹泊、没	

和暦	西暦	月日	事項	関連事項
寛延二	一七四九		幕府より藩政改革指令（守山・府中両藩主藩政関与）	
宝暦七	一七五七	五月	那珂川洪水	一七五八年　宝暦事件
宝暦一〇	一七六〇		立原翠軒、徂徠学者・田中江南の門下となる	
宝暦一三	一七六三		立原翠軒、江戸彰考館勤務となる	
明和三	一七六六		宗翰、没。六代治保、襲封。立原翠軒、水戸史館勤務	一七七二年　田沼意次、老中就任
安永二	一七七三		藩士、俸禄借上	
安政四	一七七五		長久保赤水、「日本輿地路程全図」完成	
安永六	一七七七		長久保赤水、藩主侍講に抜擢	
安永七	一七七八		幕府より財政再建命令	一七八二年〜　天明の大飢饉
天明三	一七八三		那珂川大洪水	一七八三年　工藤平助『赤蝦夷風説考』
天明六	一七八六		立原翠軒、彰考館総裁就任	一七八六年　最上徳内、千島探検
天明七	一七八七		立原翠軒、老中松平定信に「天下三大患」上書提出	一七八七年　松平定信、老中就任（寛政の改革）
天明八	一七八八		藤田幽谷が彰考館生員	
寛政二	一七九〇		木村謙次、意見書提出	
		六月三十日	高山彦九郎、来水し、立原翠軒、藤田幽谷などに面会	
寛政三	一七九一		藤田幽谷、『正名論』を松平定信に呈す。会沢正志斎、幽谷に入門	一七九二年　ラクスマン、根室来航
寛政九	一七九七		藤田幽谷、『校正局諸学士に与ふるの書』で師・立原翠軒を批判	
寛政一〇	一七九八		木村謙次、近藤重蔵らと「大日本恵土呂府」標柱を建立	
寛政一一	一七九九		小宮山楓軒、郡奉行就任。会沢正志斎、彰考館写字生となる	一七九九〜一八〇七年　幕府、蝦夷地を天領化
享和元	一八〇一		会沢正志斎、『千島異聞』を著す	
享和三	一八〇三	二月	立原翠軒、彰考館総裁辞職、隠居	一八〇四年　レザノフ、長崎来航
文化二	一八〇五	十二月	治保、没。七代治紀、襲封	

立原翠軒
会沢正志斎
徳川斉昭

年号	西暦	月日	事項	関連事項
文化四	一八〇七		藤田幽谷、彰考館総裁就任	一八〇八年　間宮林蔵、樺太探検
文化一三	一八一六		治紀、没。八代斉修、襲封	一八一七年〜　英国船、浦賀に出没
文政七	一八二四		大津浜に英国船員上陸（大津浜事件）	一八二三年　シーボルト、長崎着任
文政八	一八二五		会沢正志斎、『新論』完成。藤田幽谷、没	一八二五年　異国船打払令（無二念打払令）
文政一〇	一八二七		藤田東湖、家督を相続し、史館勤務となる	
文政一二	一八二九	五月十九日	藤田東湖、彰考館総裁代役就任し、弊害を批判	
		十月	斉脩、重篤。斉昭擁立のため東湖ら江戸出府	
		十月十七日	斉脩、没。九代斉昭、襲封	
天保元	一八三〇	四月	藤田東湖ら無断出府で一旦逼塞後、郡奉行に登用	
天保二	一八三一	十月	会沢正志斎、彰考館総裁就任	
天保三	一八三二		藤田東湖、豊田天功、相次いで意見書上呈	一八三三年〜　天保の大飢饉
天保七	一八三六		斉昭、「岩戸隠れ」	一八三七年　大塩平八郎の乱
天保九	一八三八		「弘道館記」成る（前年に藤田東湖、草稿提出） 斉昭、幕府に「戊戌、封事」	
天保一二	一八四一		弘道館仮開館	一八四一年　水野忠邦による天保の改革が始まる
天保一三	一八四二		偕楽園開園	
弘化元	一八四四	五月六日	斉昭、致仕を命じられ十代慶篤、襲封、藤田東湖らも失脚	
		六月一日	藤田東湖、小石川幽閉中に「回天詩史」作成	
		七月二十日	真木和泉が水戸遊学、会沢正志斎らに学ぶ	
		十月	水戸領民による斉昭雪冤運動が最高潮に達する	
		十一月二十六日	斉昭の謹慎解除	
弘化二	一八四五	十一月	藤田東湖、小梅邸幽閉中に「正気歌」作成	一八四六年　ビッドル、来航
弘化四	一八四七	十一月	斉昭の子・慶喜、将軍家慶の命により、一橋徳川家を継ぐ	
嘉永二	一八四九	三月十三日	斉昭の藩政参与許可	
嘉永四	一八五一	十二月十九日	吉田松陰が水戸遊学、会沢正志斎らに学ぶ	
嘉永六	一八五三	七月三日	斉昭、幕府海防参与となる	一八五三年　ペリー、来航
安政元	一八五四	三月十日	斉昭、海防参与を辞退（七月、軍制参与就任）	一八五四年　日米和親条約

藤田東湖

徳川慶喜

		四月	西郷隆盛、小石川邸で藤田東湖に学ぶ		
安政二	一八五五	十月二日	安政の大地震で藤田東湖ら圧死		
安政五	一八五八	六月二十四日	条約無断調印で斉昭ら不時登城、大老井伊直弼を詰問	一八五八年	日米修好通商条約 家茂、将軍就任
		六月二十五日	将軍世子に紀州の慶徳が決定（のちの家茂）		
		八月八日	水戸藩に戊午の密勅下る。藩論二分、尊攘派は鎮派・激派分裂へ		
		八月	安政の大獄、はじまる		
安政六	一八五九	八月二十七日	斉昭に国許永蟄居、慶喜に隠居謹慎の命		
			この年、藩士・庶民たちが小金原、長岡などに屯集		
万延元	一八六〇	三月三日	桜田門外の変		
		八月十五日	斉昭、没（諡号は烈公）		
文久元	一八六一	五月二十八日	東禅寺事件		
文久二	一八六二	一月十五日	坂下門外の変	一八六二年	将軍家茂・和宮、婚儀 勅命による文久の改革開始
		六月	会沢正志斎、「時務策」成稿		
		七月六日	慶喜、将軍後見職に就任		
文久三	一八六三	二月十六日	慶篤、藩兵千名を率いて上洛し、京都駐屯（本圀寺勢）	一八六三年	下関事件、薩英戦争 八月十八日の政変
		七月十四日	会沢正志斎、没		
元治元	一八六四	二月	渋沢栄一、慶喜の家臣となる		
		三月二十五日	慶喜、禁裏守衛総督に就任	一八六四年	禁門の変
		三月二十七日	藤田小四郎ら尊王攘夷激派、筑波山挙兵	一八六四年～	第一次長州征討
		十月二十六日	天狗党、慶喜を頼って西上することを決定		
		十二月二十日	天狗党、敦賀にて投降し、年始に鰊蔵へ収監		
慶応元	一八六五	二月四日	天狗党首領藤田小四郎・武田耕雲斎らの処刑		
慶応二	一八六六	十二月五日	慶喜、十五代将軍就任	一八六六年	薩長同盟、成立 第二次長州征討中止 孝明天皇、崩御
慶応三	一八六七	二月	斉昭の子・昭武、将軍名代としてパリ万博へ。水戸藩士や渋沢栄一ら同行	一八六七年	明治天皇、即位 王政復古の大号令

		五月二十四日	兵庫開港、勅許	
		十月十四日	慶喜、大政奉還を奏上	
		十二月九日	慶喜に辞官納地命令	
明治元	一八六八	一月三日	鳥羽伏見の戦い	一八六八年　五カ条の御誓文 江戸無血開城 明治改元
		一月六日	慶喜、大坂から江戸へ	
		三月十日	市川勢（保守門閥派）、水戸を脱出。本圀寺勢、水戸入り	
		四月五日	慶篤、没	
		四月十五日	慶喜、水戸に到着。弘道館にて謹慎	
		九月十八日	横山大観、水戸下町に酒井捨彦の子として生まれる	
		十月一日	市川勢、水戸に戻り戦闘（弘道館の戦い）	
		十月六日	市川勢、八日市場で壊滅	
		十一月二十五日	十一代昭武、襲封	
明治二	一八六九	七月二十五日	昭武、水戸藩知事となる	一八六九年　東京遷都、版籍奉還
明治四	一八七一	十一月十四日	茨城県誕生	一八七一年　廃藩置県
明治五	一八七二	八月	黒澤止幾、日本初の女性小学校教師となる	一八七二年　学制発布
明治七	一八七四	五月十二日	義公光圀と烈公斉昭に神号宣下、常磐神社遷座祭	
明治九	一八七六	十月十二日	豊田芙雄、日本初の幼稚園教員となる（東京女子師範学校教師兼務）	一八七七年　西南戦争
明治二二	一八八九		憲法発布大赦により、断絶していた諸生派の家名復興を許可される	一八八九年　大日本帝国憲法発布
明治二三	一八九〇		明治天皇・昭憲皇太后、水戸行幸啓	一八九〇年　教育勅語発布
明治二五	一八九二		朝比奈知泉、『東京日日新聞』主筆となる	一八九四年〜　日清戦争
明治三九	一九〇六		『大日本史』完成（編纂開始から二四九年）	一九〇四年〜　日露戦争
大正二	一九一三	十一月二十二日	慶喜、没	
大正一一	一九二二	十一月二十五日	渋沢栄一、藤田東湖記念会講演で「回天誌史」を語る	一九二三年　関東大震災

主要参考文献

・水戸市史編さん委員会『水戸市史』中巻一〜五、下巻一〜三（水戸市）
・水戸市史編さん委員会『概説水戸市史』（水戸市、平成十一年）
・水戸市史編さん委員会『水戸市近現代年表』（水戸市、平成三年）
・江原忠昭編『改訂水戸の町名―地理と歴史―』（水戸市、昭和六十年）
・水戸市教育委員会編『水戸の先人たち』（水戸市教育委員会、平成二十二年）
・水戸徳川家編『水戸藩史料』上編乾・同坤・下編・別記上・同下（吉川弘文館、大正四年）
・渋沢栄一編『徳川慶喜公伝』全四巻（龍門社、大正七年）
・渋沢栄一編『昔夢会筆記』（平凡社東洋文庫、昭和四十二年）
・茨城県史編さん近世史第一部会編『茨城県史料　近世政治編』Ⅰ〜Ⅲ（茨城県）
・茨城県史編さん近世史第一部会編『茨城県史料　近世地誌編』（茨城県）
・茨城県史編さん近世史第二部会編『茨城県史料　近世社会経済編』Ⅰ〜Ⅳ（茨城県）
・茨城県立歴史館編『茨城県史料　幕末編』Ⅰ〜Ⅲ（茨城県）
・東京大学史料編纂所編『大日本古文書　幕末外国関係文書』一、二、十八（東京大学出版会）
・今井宇三郎他校注『水戸学』（日本思想大系五三・岩波書店、昭和四十八年）
・高須芳次郎編『藤田東湖全集』全六巻（章華社、昭和十年）
・徳川圀順編『水戸義公全集』全三巻（角川書店、昭和四十五年）
・常磐神社・水戸史學會編『水戸義公傳記録逸話集』（吉川弘文館、昭和五十三年）
・山川菊栄『武家の女性』（岩波文庫、昭和五十八年）

・山川菊栄『覚書幕末の水戸藩』（岩波文庫、昭和四十九年）
・高橋裕文『幕末水戸藩と民衆運動』（青史出版、平成十七年）
・木村謙次「惻隠語録」（北海道大学附属図書館所蔵）
・小宮山楓軒「楓軒年録」（国立国会図書館所蔵）
・前田香径『立原翠軒』（立原善重、昭和三十八年）
・家近良樹『徳川慶喜』（人物叢書・吉川弘文館、平成二十六年）
・大平喜間多『佐久間象山』（人物叢書・吉川弘文館、昭和三十四年）
・鈴木暎一『徳川光圀』（人物叢書・吉川弘文館、平成十八年）
・石原道博『朱舜水』（人物叢書・吉川弘文館、昭和三十六年）
・山口宗之『真木和泉』（人物叢書・吉川弘文館、昭和四十八年）
・山口宗之『橋本左内』（人物叢書・吉川弘文館、昭和三十七年）
・圭室諦成『横井小楠』（人物叢書・吉川弘文館、昭和四十二年）
・瀬谷義彦『水戸の斉昭』（茨城新聞社、平成十二年）
・永井　博『徳川斉昭―不確実な時代に生きて―』（山川出版社、令和元年）
・長尾政憲『横山大観と近親の人々』（鉦鼓洞、昭和五十九年）
・前村　晃他『豊田芙雄と草創期の幼稚園教育』（建帛社、平成二十二年）
・鈴木暎一『水戸藩学問・教育史の研究』（吉川弘文館、昭和六十二年）
・瀬谷義彦・鈴木暎一『流星の如く―幕末維新・水戸藩の栄光と苦境―』（ＮＨＫ出版、平成十年）
・吉田俊純『徳川光圀―悩み苦しみ、意志を貫いた人―』（明石書店、平成二十七年）
・吉田俊純『寛政期水戸学の研究』（吉川弘文館、平成二十三年）
・吉田俊純『後期水戸学研究序説』（本邦書籍、昭和六十一年）

・吉田俊純『水戸学と明治維新』（歴史文化ライブラリー・吉川弘文館、平成十五年）
・名越時正『水戸光圀』（水戸史学選書・錦正社、昭和六十一年）
・名越時正『水戸学の達成と展開』（水戸史学選書・錦正社、平成四年）
・吉澤義一『北方領土探検史の新研究―その水戸藩との関はり―』（水戸史学選書・錦正社、平成十五年）
・仲田昭一『慈愛の郡奉行　小宮山楓軒』（水戸の人物シリーズ九・錦正社、平成二十四年）
・安見隆雄『会沢正志斎の生涯』（水戸の人物シリーズ一〇・錦正社、平成二十八年）
・但野正弘『藤田東湖の生涯』（水戸の人物シリーズ六・錦正社、平成九年）
・梶山孝夫『藤田幽谷のものがたり』（錦正社叢書・錦正社、平成二十六年）
・鈴木暎一『水戸弘道館小史』（五浦歴史叢書三・文眞堂、平成十五年）
・乾　宏巳『水戸藩天保改革と豪農』（清文堂出版、平成十八年）
・岩崎英重『桜田義挙録』（吉川弘文館、明治四十四年）
・市村眞一『市川勢の軌跡』（いばらきｂｏｏｋｓ２・茨城新聞社、平成二十年）
・照沼好文『新装版　常磐神社史』（常磐神社、平成十一年）
・桐原健真『吉田松陰』（ちくま新書、平成二十六年）
・海原　徹『吉田松陰―身はたとひ武蔵野の野辺に―』（ミネルヴァ日本評伝選・ミネルヴァ書房、平成十五年）
・海原　徹『高杉晋作―動けば雷電のごとく―』（ミネルヴァ日本評伝選・ミネルヴァ書房、平成十九年）
・池田敬正『坂本龍馬』（中公新書、昭和四十年）
・土屋喬雄『渋沢栄一』（人物叢書・吉川弘文館、平成元年）
・山田済斎編『西郷南洲遺訓』（岩波文庫、昭和十四年）
・新渡戸稲造『武士道』（岩波文庫、昭和十三年）

・内村鑑三『代表的日本人』（岩波文庫、平成七年）原題Japan and the Japanese（1894）改訂Representative Men of Japan（1908）
・渋沢栄一「開会の辞」（川崎巳之太郎編『東湖会講演集』保生舍　所収）デジタル版『渋沢栄一伝記資料』第四十九巻所収
・中野剛志『日本思想史新論』（ちくま新書、平成二十四年）
・小島　毅『近代日本の陽明学』（講談社選書メチエ、平成十八年）
・吉川　需・高橋康夫『小石川後楽園』（財団法人東京都公園協会、昭和五十六年）
・小室正紀『草莽の経済思想』（御茶の水書房、平成十一年）
・三谷　博『維新史再考』（NHKブックス、平成二十九年）

【論文等】

・原祐一「水戸藩駒込邸の研究」（『東京大学史紀要』二十八号、平成二十二年三月）
・原祐一「「朱舜水先生終焉の地」碑」（『向ヶ岡弥生町News Letter』九号、平成二十六年）
・徐興慶「「西山隠士」七十年の歳月―徳川光圀の学問、思想形成およびその文化遺産」（『季刊日本思想史』八十一号、平成二十六年）
・照沼好文「E・W・クレメント氏の水戸藩研究」（『水戸史学』三十六号、平成四年）
・寺門守男「水戸藩領宝永六年の全藩一揆」（植田敏雄編『茨城百姓一揆』風濤社　所収、昭和四十九年）
・但野正弘「若き日の渋沢栄一」（『水戸史学』四十八号、平成十年）
・藤井義博「新渡戸稲造が模索した日本人の生き方」（『藤女子大学紀要』四十九号、平成二十四年）
・久野勝弥「「水戸黄門」と松下幸之助（高橋三郎聞き書き）」（『これが水戸黄門だ！』日の出出版　所収、平

成十五年）

【英文】

・Fabian Drixler, Mabiki: Infanticide and Population Growth in Eastern Japan, 1660-1950（Berkeley: University of California Press, 2013）
・Marcia Yonemoto, Mapping Early Modern Japan（Berkeley: University of California Press, 2003）
・Gabor Lukacs, "Chikyu bankoku sankai yochi zenzu setsu: the First Japanese World Map with Latitudes and Longitudes and with an Extensive Japanese Explanatory Note", The Cartographic Journal Vol. 53, no. 2（May 2016）
・David L. Howell, "Foreign Encounters and Informal Diplomacy in Early Modern Japan", Journal of Japanese Studies Vol. 40, no. 2（Summer 2014）
・Ernest W. Clement, "Mito Samurai and British Sailors in 1824", Transactions of the Asiatic Society of Japan, Fourth Series, Vol. 33, Part 1（1905）
・Bob Tadashi Wakabayashi, Anti-Foreignism and Western Learning in Early-Modern Japan: The "New Theses" of 1825（Cambridge, MA: Council on East Asian Studies, Harvard University, 1986）
・David L. Howell, "The Social Life of Firearms in Tokugawa Japan", Journal of Japanese Studies, Vol. 29, no. 1（2009）
・Harold Bolitho, "The Tenpō Crisis," in The Nineteenth Century, Vol. 5 of The Cambridge History of Japan,
・Conrad Totman, "Abe Masahiro and Tokugawa Nariaki, 1844-52," Personality in Japanese History, Berkeley: University of California Press, 1970.

著者あとがき

本書は様々なご支援をいただくことで完成できたのである。

水戸ど真ん中再生プロジェクト座長・堀義人氏に、本書の執筆を誘われた。水戸について学び、本書を執筆することができたことに、まずもってお礼申し上げる。堀氏の水戸の歴史に対する情熱は、本書の原動力であると言っても過言ではない。東京と水戸を何回も訪れることができたのは、堀氏と水戸ど真ん中再生プロジェクトのおかげである。東京や水戸でセミナーの手配をしてくださったグロービスの方々にも感謝申し上げる。それに、イェスパー・コール氏のご紹介なしには堀さんに会う機会はなかっただろう。彼にも感謝する。

水戸ではサポーターの数も多い。茨城県や水戸市の支持は不可欠で、特に茨城県営業戦略部の橘川栄作氏にお礼申し上げる。もう一人はグロービスの川﨑篤之《あつし》氏だ。水戸で本書の宣伝や出版過程の管理など、本書が完成できたのは彼の指導があったからだ。

本書は、ほとんど米国ニューヘーブン市とニューヨーク市で過ごした期間に執筆した。二〇一八年夏以来、博士研究員としてイェール大学東アジア研究所で豊かな学究生活を送ることができている。ファビアン・ドリクスラー教授の日本史ゼミで本書について発表することができ、貴重なコメントをいただいた。ゼミの参加者にも感謝する。ドリクスラー教授は本書の地図作成をしてくださった。イェール大学図書館の日本学担当中村治子氏は、新型コロナウイルスの感染拡大で図書館が閉館した時、史料の入手を手伝ってくださった。ダニエル・ボツマン教授と水戸について何回も話ができ、いろいろ勉強になった。

恩師と家族にもお礼を申し上げる。ハーバード大学博士課程で、アンドリュー・ゴードン教授、デビッド・ハウエル教授、イアン・ミラー教授から日本近世近代史のご指導をいただいた。本書は博士論文とはかなり離れているものだが、彼らの教えは私の歴史観を徹底的に形作ったので、本書にもその影響が反映されている。日本史を初めて勉強したのは高校のアメリカン・スクール（東京都調布市）で、キャッシー・クラウス先生の授業だった。先生方に感謝の意を表したい。

父母は、本書の原稿を全部読んでくれ、イギリスの田舎からＺｏｏｍ会議で各章にコメントをくれた。自宅では、ほぼ毎日水戸の歴史の細かい話をしていたにもかかわらず、パートナーであるジョンが忍耐強く聞いてくれた。

本書の研究や出版には多量の資金が必要となった。その多くは水戸をはじめ日本中の方々からクラウドファンディングなどを通じていただいたものである。水戸人ではない私にとって、水戸の歴史に足を踏み入れることは無謀な冒険だったかもしれないが、水戸の方々のご理解と多大なご支援により執筆を進めることができた。セミナーや講義でいただいたコメントや指摘について少しでも本書で触れることができたなら幸いだ。

ＰＨＰ研究所の大山耕介編集長は、本書を出版過程に速やかに導いてくださった。硬い学問的な文章が読みやすい本になったことは、大山編集長とＰＨＰの方々のおかげである。

様々な図書館や研究機関は、資料の閲覧や本書での利用・掲載までお許しくださった。茨城県立図書館、茨城県立歴史館、常磐神社、水戸東照宮、水戸市、茨城県弘道館事務所、水戸観光コンベンション協会、田原市博物館、東京大学史料編纂所、北海道大学北方資料室、米国議会図書館、その他、個人の所蔵者の方々にも感謝申し上げる。

最後に、稲葉寿郎《じゅろう》氏に感謝したい。彼の水戸に関する深い知識と寛大な性格は、本書の各章に反映されている。原稿を何度も丁寧に訂正してくださったことで、私の解釈ミスや誤認を避けることができた。彼の任務以上の努力は本書をよりよくしたに違いない。今後も歴史について話す機会があれば嬉しい。心を込めて感謝申し上げたい。

ニューヨークにて　　マイケル・ソントン

おわりに

本書の日英双方の言語での同時出版を思いついたのは、二〇一六年二月に発足した「水戸ど真ん中再生プロジェクト」がきっかけであった。簡単にその経緯を説明したい。

僕は、水戸の歴史が深く根ざす場所で育ってきた。本書にも記載があるが、小学校は徳川斉昭《なりあき》公が藤田東湖《とうこ》に命じて創設した「弘道館《こうどうかん》」の跡地にできた三の丸小学校だ。中学校は、徳川光圀《みつくに》公が『大日本史』を編纂《へんさん》するために設立した「彰考館《しょうこうかん》」の跡地にできた水戸二中。そして高校が、「水戸城本丸」にあたる水戸一高である。尊王攘夷《そんのうじょうい》の思想が根付くこの地で、文武不岐《わかれず》の精神で勉学と水泳とに励み、一張一弛《いっちょういっし》の理念に従い遊んできた。

しかしながら、一九八一年に高校を卒業して京都大学に進学してから、両親が東京に転勤となったこともあり。その後三十四年以上にも亘《わた》り水戸とは疎遠となってしまった。その間に商社に就職し、ハーバードに留学し、グロービスを立ち上げて、子供五人を授かり、「日本を良くする」G1を立ち上げた。

久しぶりに僕のふるさと水戸に戻ってきたのが二〇一五年八月、水戸スイミングクラブの同窓会に参加するためだった。その時に僕がみた街なかの光景には、愕然《がくぜん》としてしまった。通行人がいなくなってしまっていた。あったのは廃墟となったデパートやシャッター街と空き地だったからだ。

過去三十年以上も水戸に何も貢献できなかったことに深く反省し、高橋靖水戸市長に直談判《じかだんぱん》して発足したのが「水戸ど真ん中再生プロジェクト」であった。思いはただ一つである。「ふるさと水戸を盛り上げたい」、この一点だけだ。

先《ま》ず着手したのが、水戸にホームを移したプロバスケットボールチーム「茨城ロボッツ」に経営参画し、オーナーとなったことだ。そして矢継ぎ早に、「グロービス経営大学院茨城水戸・特設キャンパス」を創設し、水戸ど真ん中の空地をアリーナ・カフェ・スタジオ・公園の複合施設に変えて、偕楽園《かいらくえん》の横と千波《せんば》湖畔の土地を取得して観光地としての魅力を増す計画を練った。さらには、茨城県で唯一の民間県域放送局である茨城放送の経営権も取得して、改革を進めてきた。

その中で常にあったのが、「明治維新を中心的な立場で完遂《かんすい》した水戸の歴史を日本・世界の人々にもっと知ってほしい」という思いであった。知人を通して、二〇一六年に紹介を受けたのが、筆者であるマイケル・ソントン博士であった。意気投合し、出会ってすぐにお願いしたのが、本書の英語での執筆・出版であった。幸いマイケルは快く引き受けてくれた。

そして、その実現に向けて、M－SPO代表でグロービス水戸キャンパスリーダーの川崎篤《あつ》之《し》氏とともに、プロジェクトメンバーを組成した。日本語本執筆の中心人物が、清真《せいしん》学園の稲葉寿郎《じゅろう》教諭であった。寿郎は、僕のスイミングクラブの後輩である。先輩の依頼には二つ返事しかない、と引き受けてくれた。翻訳の監修や史実の確認や資料の整理、および付記の執筆を全力でサポートしてくれた。マイケルと寿郎には、この場を借りてお礼を申し上げたい。お二人のおかげでこのプロジェクトが実現した。Good Jobでした。感謝です。

二〇一八年にクラウドファンディングを実施して、六百万円を超える寄付が集まり執筆費用に充当した。二〇二〇年に再度三百万円規模で実施して出版費用に充当した。寄付してくださった数多くの方々には、この場を借りて深くお礼を申し上げたい。

さて、この書について説明しよう。執筆するにあたり立てたコンセプトは、明快である。

1　外国人や歴史に興味がない人にもわかりやすいものにする。
2　歴史書だけど、人物にフォーカスをして面白いものにする。

3　六人の人物の哲学や思い、そして風景や遭遇した事件を章ごとに描くことにより、明治維新の源流となった水戸学から、幕末まで時代の流れを追うことができるようにする。

4　コラムや写真・地図などを多用して、飽きないものにする。

ここで僕の歴史観を披露したい。僕は明治維新を起承転結でとらえている。

起：光圀公による大日本史の編纂を**起**因とし立原翠軒《たちはらすいけん》を経て「尊王攘夷の思想」が醸成され、

承：会沢正志斎《あいざわせいしさい》や藤田東湖らにより水戸学の精神が「薩長土肥へ伝**承**」し、

転：斉昭公の時代に「桜田門外の変」が勃発し、維新へと**転**換し、

結：慶喜《よしのぶ》公による「大政奉還」により、明治維新が完**結**する。

水戸学の尊王攘夷の思想の醸成と、吉田松陰《しょういん》・西郷隆盛など志士への伝承。桜田門外の変から大政奉還まで、明治維新の起承転結は、水戸によって完遂されたと言っても過言では無い。つまり、明治維新とはまさに水戸維新なのであるとすら認識している。

歴史は勝者が作るものという言葉がある。薩長を中心とした藩閥政治の中で、水戸の姿は消し去られていったのであろう。水戸っぽとしては、とても寂しいことである。僕は水戸こそが

現代の礎《いしずえ》を築いたと、確信している。近現代において、渋沢栄一氏や松下幸之助氏へとその精神性が引き継がれていったということは、その証左の一つと言えよう。

二百年以上の時を超えて貫かれた水戸の志と大義が、全国の志士たちを鼓舞し、新たな時代の幕開けの原動力となっていることは間違いない。その水戸の視点から六人の偉人とコラムを通して、明治維新を振り返るのがこの書の目的である。

さあて、どんな仕上がりとなったかは、読者の皆様のご判断に委《ゆだ》ねたい。ぜひ多くの方に読んでもらい、水戸を訪問してもらい、この地で明治維新の源流から大政奉還に至るまでの息吹《いぶき》を感じ取って頂きたい。

末筆になりますが、出版にあたりご協力頂いたＰＨＰ研究所の大山耕介さんと米国Lexington Books社に御礼申し上げます。

水戸ど真ん中再生プロジェクト
発起人・座長　堀　義人

「ハーバード歴史学者による『明治維新と水戸の物語』」プロジェクトにご支援いただいた方々

会沢 卓也／北島 弘之／高橋 亨／中井川 正男／中西 聖／福田 泰己／
一般社団法人MIJW-水戸発夢を叶えるプロジェクト／
100万人の国際都市を作ろうの会 IN IBARAKI／
カセイ物産株式会社／和知商事株式会社

磯﨑 寛也／薄葉 直也／河野 慎介／水戸藩かご屋ほいさっさ／
栗原 英則／藏野 康造／株式会社躍進 笠井 輝夫／須原 敦彦／
田口 弘／高野 恭一（Kyoichi Takano）／別所 宏恭／松尾 正俊／
"Kenji Yabuno, Founder and CEO for Cookbiz Co.,Ltd."

"SUNTECH CO., LTD. 青木 大海"／
YOSHITOMO ASAKURA（朝倉 啓友）／井上 陽介／岩間 張良／
梅田 優祐／大久保 伸一／株式会社OLS代表取締役　大蔵 勇人／
小國 裕和／小高 智男／小野 兼資／鹿志村 茂／日下部 武雄／
鎌田 英治／窪田 良／里見 治紀／下平 達也／須田 将啓／染谷 洋平／
高野 真／株式会社高正（イーストゴルフ）／高濱 正伸／
田島 まいこ／土田 誠／Rieko Tsubouchi／遠山 正道／
徳田 和嘉子／中山 義雄／銀座柳画廊　野呂 洋子／花崎 徳之／
林 恭子／林 浩平／株式会社アダストリア 福田 泰己／細谷 真人／
まちグループ（要建設）／松田 悠介 / Crimson Education Japan／
南 和宏／株式会社オフィスバンク代表取締役　森村 泰明／
柳沢 正和／Yuya Yamazaki／Sakiko Yamada／Yuito Yamada／
李 忠烈／渡部 幸治

上記のほか、クラウドファンディングのご支援をいただいた439名の皆様に感謝申し上げます。

本書は、書き下ろし作品です。

企画協力：水戸ど真ん中再生プロジェクト

装丁――一瀬錠二（Ａｒｔ ｏｆ ＮＯＩＳＥ）
装丁写真――「尊攘」の掛け軸（弘道館所蔵）

〈著者略歴〉
マイケル・ソントン（Michael Thornton）
イェール大学東アジア研究所博士研究員。
昭和63年（1988）、神戸生まれ。18歳まで日本で育ち、アメリカのイェール大学で歴史を学ぶ。その後、ハーバード大学大学院歴史学科を卒業し、博士号を取得。この間、北海道大学大学院に留学し、幕末から開拓使時代における札幌の発展と北海道の植民地化の相互関係を研究する。平成30年（2018）、現職に就任。東アジアの都市史などを教え、19世紀の日本史の研究を進める。ニューヨーク在住。

水戸維新
近代日本はかくして創られた

2021年2月9日　第1版第1刷発行
2023年2月6日　第1版第5刷発行

著　者　マイケル・ソントン
発行者　永田貴之
発行所　株式会社ＰＨＰ研究所
東京本部　〒135-8137　江東区豊洲5-6-52
文化事業部　☎03-3520-9620（編集）
普及部　☎03-3520-9630（販売）
京都本部　〒601-8411　京都市南区西九条北ノ内町11
PHP INTERFACE　https://www.php.co.jp/
組　版　朝日メディアインターナショナル株式会社
印刷所　株式会社精興社
製本所　株式会社大進堂

ISBN978-4-569-84839-6

PHPの本

梅と水仙

植松三十里 著

父との葛藤、帰国子女ゆえの周囲との軋轢を乗り越え、女子教育の先駆けとなった津田梅子の知られざる生涯を描いた感動の長編小説。

定価 本体一、八〇〇円（税別）

帝国ホテル建築物語

植松三十里 著

日本を代表するホテルを！　世界的建築家フランク・ロイド・ライトによる帝国ホテル本館建設を巡る、男たちの闘いを描いた長編小説。

定価　本体一、八〇〇円（税別）